Hannoversche Schriften 2
Herausgegeben von Detlev Claussen, Oskar Negt und Michael Werz

Kritik des Ethnonationalismus

VERLAG NEUE KRITIK

Übersetzungen aus dem Englischen von Christoph Bestian (Benedict Anderson, Victor Zaslavsky) und Michael Werz (David Hollinger).
Mitarbeit und Lektorat: Tim Darmstädter

Die Deutsche Bibliothek – CIP-Einheitsaufnahme

Ein Titeldatensatz für diese Publikation ist bei
Der Deutschen Bibliothek erhältlich

Umschlaggestaltung Roger Hassler
Druck Druckerei Euroadria Ljubljana Slowenien
ISBN 3-8015-0343-7

Inhalt

Verkehrte Welt des *short century*

Zur Einleitung

Michael Werz

Was heißt Ethnonationalismus? Der Vergleich mag sich vielleicht aufdrängen, doch handelt es sich nicht um Ideologie im herkömmlichen Sinne. Selbst die angedeutete Verbindung nationalistischer Motive mit ethnischen gilt nur mittelbar. Zwar wird allenthalben von der Wiederkehr des Nationalismus gesprochen und auch die Akteure gegenwärtiger ethnonationalistischer Bewegungen interpretieren sich und ihre Gegner häufig in den Kategorien des 19. Jahrhunderts – aber eine Anknüpfung daran ist nicht bruchlos möglich. Die Verbindung erscheint vielmehr als eine fortgesetzte Regression: Die universalen, fortschrittlichen Bestandteile aus den Anfangszeiten nationaler Befreiungsbewegungen waren nicht von langer Dauer; heute werden nationalistisch verkleidete ethnische Kategorien in Erklärungsmuster für soziale und politische Konflikte sowie historische Traditionslinien umgefälscht. Jahrhundertelanges Leid und Opfererfahrungen verschworener ethnischer Gemeinschaften gelten oftmals als Bezugspunkte politischen Handelns. Dabei wurde die *invention of ethnicity* vor allem durch emanzipatorische Eliten – etwa US-amerikanische Schwarze in der Folge des Bürgerkrieges oder die Protagonisten der Dekolonisierungskriege auf dem afrikanischen Kontinent – betrieben. Inzwischen haben sich nationale und ethnische Ideologeme zu einer düsteren Melange verschmolzen, die unter anderem im Zerfall osteuropäischer Gesellschaften an Dynamik gewonnen hat.

Eine solche Konstellation ist mit den Werkzeugen traditioneller Ideologiekritik nicht mehr zu erfassen. Deren aufklärungsphilosophisches Thema war zuerst das Rätsel vom falschen gesellschaftlichen Bewusstsein trotz vernünftigen Gebrauchs der menschlichen Sinne, später wurde die verhinderte Möglichkeit, die eigenen Geschicke in die Hand zu nehmen, mit übermächtigen und verborgenen sozialen und ökonomischen Gegebenheiten in Zusammenhang gebracht. In diesem Zusammenhang läßt sich an Horkheimers (ideologiekritische) Formulierung anknüpfen, dass die fortschreitende Erkenntnis mit der Entzauberung der Welt identisch sei: Die Entzauberung der Welt, der Verlust von Traditionen und Fixpunkten, der Zerfall vertrauter sozialer Bindungen hat nur noch die individuelle, vereinzelte Existenz übrig gelassen. Denn die Traditionen der Klassengesellschaft des 19. Jahrhunderts sind aufgelöst in Zugehörigkeitsschemen einer indifferenten Mittelschichtsgesellschaft, religiöse Orientierungsmuster haben ihre Gültigkeit verloren und existieren als ethno-religiöse Privatismen weiter, kulturelle und Sprachzugehörigkeiten werden als Insignien der Differenz in den Vordergrund gestellt.

Das gesellschaftliche Ensemble, von dem Marx noch ausging, hat seine Verbindlichkeiten mit diesen Entwicklungen eingebüßt, und weil nichts mehr verbindlich ist, wird alles möglich – ethnonationalistische Ideologie hat eine immanente totalitäre Logik, weil sie die »Identität« der eigenen Gruppe zur Lebensgrundlage des Einzelnen macht. Sie umschreibt einen durchaus konsistenten Bewusstseinszustand, der das »Fremde« auszuschließen bestrebt ist, vorurteilsgesättigt und zugleich alltagstauglich ist. Er wirkt als Orientierungsschablone der Ungleichzeitigkeit, religiöse und Abstammungskategorien erstrahlen plötzlich in neuem Glanz. Es handelt sich auch nicht um Nationalismus; dieser Begriff greift zu kurz, denn Bezugspunkt der neuen Ideologien sind nicht mehr Nationen als politische Einheiten, sondern changierende Vorstellungen kultureller Zugehörigkeit, die sich in imaginierten und erfundenen Traditionen, zu Sprachen mutierten regionalen Dialekten und runderneuerten Religionen ausdrücken.

In gewisser Weise hat die traditionelle Ideologiekritik ihren Gegenstand verloren, denn sie kann die Dynamik von gesellschaftlichem Zerfall und das Entstehen von Partikularideologien als ungleichzeitige Phänomene ökonomischer Expansion und Monopolisierung im Weltmaßstab nicht angemessen erfassen. Denn Begriff und Sache, die damit seit Mitte des 19. Jahrhunderts kritisch bezeichnet wurden, sind auseinander getreten, ohne dass die Dinge einfacher geworden wären. Spätestens mit dem Ende des Kalten Krieges ist deutlich geworden, dass die Bewegung der Sache auch den Begriff der Ideologie verändern muss; darum bedarf die Kritik sozialgeschichtlicher Vergewisserung. Ethnonationalismus lässt sich als eine bestimmte Form des gesellschaftlichen Übergangs zum Ende des 20. Jahrhunderts verstehen. Er vollbringt das soziologische Wunder, die Menschen zugleich zu Opfern und Siegern, zu Angehörigen einer Elite und des Kollektivs zu machen, er ist gemeinschaftliches Organisationsprinzip und ungleichzeitige Bewusstseinsform, die sich vereinheitlichender Denkmuster bedient. Diese neue Ordnung kollektiver Orientierung formt die Individuen in besonderer Weise: Subjektives stellt sich nur als Überindividuelles her, die Einzelnen verändern nicht die Gesellschaft, sondern werden von ihr verändert.

Ethnonationalismus ist als *moderne* Ideologie, als Alltagsreligion beschreibbar, in der sich Restbestände der geschichtlichen Erfahrungen von Säkularisierung, Nationenbildung und Realsozialismus miteinander verbinden. Er muss von Nationalismus unterschieden werden, weil sich Ethnonationalismus auf kein konkretes historisches Subjekt mehr bezieht, sondern willkürlich und opportunistisch seine Legitimationen aus der Geschichte zusammenraubt. Nationale Ideologie ist im 18. und 19. Jahrhundert an staatliche Institutionen gebunden gewesen – sie waren Adressaten der säkularen Bedürfnisse von Sicherheit, Orientierung und Sinnstiftung. Allerdings relativierte eine zunehmend grenzüberschreitende Dynamik von Warenmarkt und individueller Mobilität die nationale Hermetik recht bald, und neue Grenzziehungen wurden erforderlich. Weil der Warenhandel sichtbarster Ausdruck dieser Veränderungen gewesen ist, steckt im alltagsreligiösen Ressentiment bis heute ein antizirkulativer Gestus. In dem Maße, wie Grenzen an Materialität verloren, entfaltete sich eine ethnische, religiöse, nationale Geographie der Abgrenzungen und Selbstversicherungen. In dieser Uminterpretation ist eine durchaus reale geschichtliche Erfahrung präsent, weil Grenzen und Abgrenzungen zumeist ein Zeichen der Schwäche sind, der Versuch der Vereinheitlichung von etwas, das sich nur unter Absehung von Widersprüchen und Nichtkompatiblem, also widerstrebend einbeziehen lässt.

Darum sind Grenzen auch historisch dort am schärfsten konturiert und umkämpft, wo die Übergänge sichtbar, aber zugleich schwer zu bestimmen sind. Bis in die Begriffsgeschichte hinein ist dieses Moment erkennbar. Das slawische, aus dem Polnischen übernommene *granica*, nicht das lateinische *limes* wurde als Bezeichnung eingebürgert; die (Sprach-)Grenze im Osten war über Jahrhunderte hinweg umstritten. Insofern ist auch die nationale Verfasstheit der kontinentaleuropäischen Gesellschaften mit ihrem expliziten Anspruch, einen umfassenden Bezugsrahmen für kulturelle Traditionen, ökonomische Reproduktionsfähigkeit und relative sprachliche Einheitlichkeit zu schaffen, immer schon eine idealtypische Konstruktion gewesen und stimmte nur selten mit der sozialen Wirklichkeit überein. Am komplizierten Schweizer Fall zeigt Bruno Schoch in diesem Band einige der Probleme solcher nationalen Separationen auf. Gerade weil die Grenzen weniger konsistent sind als allgemein vermutet, ist ihr Schutz so wichtig, und sie handgreiflich in Frage zu stellen, hat meist unangenehme Folgen.[1]

Diese Fragen kommen in den *Hannoverschen Schriften* zur Sprache, weil es nicht um eine bloße Fortschreibung Kritischer Theorie geht, die ihrem innersten Selbstverständnis entgegen liefe. Vielmehr muss die Wiederaufnahme ihrer Kategorien und methodischen Ansätze sich an der Wirklichkeit messen, die es zu verstehen gilt. Darum stehen im ersten Band der Schriften, *Keine Kritische Theorie ohne Amerika*, wie in dem Vorliegenden diese neuen

1 § 274 StGB: »Mit Freiheitsstrafe bis zu fünf Jahren oder mit Geldstrafe wird bestraft, wer ... einen Grenzstein oder ein anderes zur Bezeichnung einer Grenze oder eines Wasserstandes bestimmtes Merkmal ... wegnimmt, vernichtet, unkenntlich macht, verrückt oder fälschlich setzt«. Wir befinden uns in Deutschland: bereits der Versuch ist strafbar.

Themen im Mittelpunkt der Diskussion. Der Titel der *Hannoverschen Schriften* soll dabei keine geographische Begrenzung suggerieren sondern das Gegenteil: Es ist ein Ort, an dem diese Debatten aufgenommen und geführt werden. Weil ein solches Unternehmen nur arbeitsteilig und interdisziplinär angegangen werden kann, sind auch die kommenden Bände thematisch breit angelegt. Im Herbst dieses Jahres wird es mit Blick auf die Geschichte des modernen Antisemitismus und kulturindustrielle Verformungen von Gedenken und Gedächtnis um eine Annäherung an den Begriff der Alltagsreligion gehen. Im folgenden Frühjahr steht dann das Verhältnis von Kritischer Gesellschaftstheorie und Subjektkonstitution unter dem Arbeitstitel *Philosophie und Empirie* im Mittelpunkt und soll auf produktive Anknüpfungspunkte hin diskutiert werden.

Diese methodischen Fragestellungen stehen in unmittelbarem Zusammenhang mit den praktischen Untersuchungen der Kritischen Theorie. So sind Ethnisierungsprozesse bereits während der vierziger Jahre des vergangenen Jahrhunderts von den emigrierten Frankfurter Wissenschaftlern nachgezeichnet und analysiert worden. Die umfangreiche empirische Studie zur *Autoritären Persönlichkeit* – im Exil in den USA entstanden – bestärkte damals die Vermutung, dass ethnozentrische Ideologie vor allem durch die Ablehnung einer als fremd wahrgenommenen anderen Gruppe und die »Verschiebung dieser outgroup auf unterschiedliche Ebenen sozialer Organisation« gekennzeichnet gewesen ist. Theodor W. Adorno ging in seinem Aufsatz »Zum Verhältnis von Soziologie und Psychologie« 1955 noch einen Schritt weiter und analysierte das, was er als moderne Ideologie, als neue psychische Form verzerrter Wirklichkeitswahrnehmung zu fassen suchte. »Die private Rationalisierung, der Selbstbetrug des subjektiven Geistes«, heißt es in dem Text, »ist nicht dasselbe wie die Ideologie, die Unwahrheit des Objektiven.« Dieser Selbstbetrug bezeichne eine mehr oder minder eigenständige interpretatorische Leistung, eine vereinfachende Dichotomisierung der Welt in gut und schlecht, eigen und fremd, die Stilisierung der Vergangenheit als Gegenwart.

Die Frage nach der neuen, modernen Ideologie war keine bloße Grille der Kritischen Theorie, sondern notwendige Reflexion auf die Folgen der Weltkriege, des nationalsozialistischen Antisemitismus und einer Ethnisierung des Sozialen, die sich in den USA seit den vierziger Jahren abzeichnete. Die Frage nach der Formveränderung von Ideologie war seitdem zur *conditio sine qua non* der Gesellschaftstheorie geworden. Vorgeschichte und Wirklichkeitsmächtigkeit des ethnizistischen Nationalismus, von dem sie geprägt wurde, sind Themen dieses Buches. Die Entwicklungen werden fast immer von ihrer negativen, zerfallsgeschichtlichen Seite gefasst, weil die positive Bestimmung der neuen sozialen Formen sich als überaus schwierig erweist. Die Stichworte einer Kritik des Ethnonationalismus lauten daher: gesellschaftliche Desintegration, Missglücken der Emanzipation aus kolonialen und nationalen Beschränkungen, Ende der singulären Epoche westlicher Wohlfahrtsstaaten, Zusammenbruch des »real existierenden Sozialismus« in Osteuropa.

Als zeitgeschichtliches Scharnier der Problemstellung des vorliegenden Bandes wird das Jahr 1989 erachtet, in dem sich nicht nur das Gleichgewicht nuklearer Abschreckung verschob, sondern auch das Schema von Erster, Zweiter und Dritter Welt hinfällig wurde. Es kündigt sich eine neue Ära an, die noch nicht auf den Begriff zu bringen ist. Einerseits zeichnet sich eine Dekolonisierung des Bewusstseins vom Ballast des Kalten Krieges ab und an die Stelle der politischen Polarität von Ost und West treten neue Formen der Selbstvergewisserung. Vielleicht wird später, aus der Perspektive des weiter fortgeschrittenen 21. Jahrhunderts, das Jahr 1989 als Datum eines unerwarteten, neuerlichen Säkularisierungsprozesses in Erinnerung bleiben. Es scheint jedoch, das lässt sich in aller Vorläufigkeit festhalten, wiederum ein ambivalenter Prozess zu sein. Die Befreiung von der starren Systemkonfrontation setzte neue, auch demokratische gesellschaftliche Phantasien frei. Andererseits werden substanzielle Umbrüche in Umrissen erkennbar, die über vier Jahrzehnte hinweg verdeckt gewesen sind und sich nun Bahn brechen. Die Schattenseite der Dekolonisierung des Bewusstseins ist der vielfache Rückgriff auf religiöse und ethnische Traditionsbestände; die verbrauchten Formeln vergangener Jahrhunderte kehren zurück, neue Eliten finden in ihnen eine dankbare Begründung zur Durchsetzung ihrer bornierten Interessen. Viel einfacher als vermutet und ungeachtet der verflossenen Zeit gelingt dieser Rekurs. Doch wenn geschichtliche Barrieren durchbrochen und alte Konzepte in die Gegenwart transplantiert werden, um aktuelle Bedürfnisse nach Orientierung und Sinn zu befriedigen, stellt sich die neue Gemengelage komplizierter dar, als auf den ersten Blick offensichtlich ist.

Seit 1989 wird mit Verspätung ein Veränderungsprozess sichtbar, der vielleicht weitgehender ist, als heute abzusehen. Politische und wissenschaftliche Gewissheiten sind in Frage gestellt und die Krisen westlicher wie östlicher Gesellschaften deuten darauf hin, dass die Zeitreise in die Gegenwart noch nicht beendet ist. Über die möglichen Konsequenzen vermag heute kaum jemand Auskunft zu geben – das gilt für europäische Politiken nicht weniger als für die Unaufgeschlossenheit gegenüber neuen Themen in der akademischen Zunft. Die gegenwärtige Sprachlosigkeit hängt vielleicht auch mit dem Widerwillen zusammen, den Stellenwert der eigenen Theorien und Begriffe neu zu justieren. Will man diesen Prozessen auf die Spur kommen, müssen mit der zerfallenden politischen Geographie des Kalten Krieges auch die Kategorien des vergehenden 20. Jahrhunderts neu konfiguriert werden. Keiner kann behaupten, 1989 ließe diese Fragestellungen unbeeindruckt. Gerade die Vorstellung einer festen, unverbrüchlichen Konstellation gehört selbst noch dem vergangenen Jahrhundert an; sie ist unversehens gealtert. Dass der real existierende Sozialismus nichts mit dem emanzipatorischen Projekt Marxens zu tun hatte, ist richtig und falsch zugleich – Eric Hobsbawm hat sich im *Zeitalter der Extreme* die Frage abgerungen, inwieweit das dramatische Scheitern des sowjetischen Experiments Zweifel am »gesamten Projekt des traditionellen Sozialismus« aufkommen lässt. Wer diese Frage nicht ernsthaft stellt, hat die Zukunft schon aufgegeben.

So beschäftigen sich die in diesem Band versammelten Texte mit recht unterschiedlichen Konstellationen und Denkansätzen, weil die internationale, um nicht zu sagen universale Dimension des Umbruchs anders kaum zu fassen ist. Benedict Anderson hat an der Bruchstelle von Kolonie und Nation seine Begriffe in die entstandenen Risse eingesetzt und gewinnt tiefe Einblicke in die faszinierenden Ungleichzeitigkeiten des Emanzipationsprozesses im Südpazifik. Dan Diner sucht die Loslösung von einer europazentrischen Perspektive, um die Dialektik von Übergang und Zerstörung an der europäischen Peripherie in allgemeineren Begriffen zu beleuchten. Der sozialrevolutionäre Versuch der Beschleunigung geschichtlicher Zeit in der Sowjetunion wird ebenfalls einer intensiven Betrachtung unterzogen. Victor Zaslavsky arbeitet die unüberwindlichen Widersprüche einer auf imperiale Integration gerichteten Politik heraus, die sich in nationalen und Minderheitenkategorien organisiert. Detlev Claussen reflektiert vor dem Hintergrund des ethnisierenden Zerfalls des Realsozialismus darüber hinaus die Funktion, die Theoriebildung und akademische Institutionen in jenen Gesellschaften erfüllten.

Die Vielzahl der Zugriffe ist der Menge unbeantworteter Fragen geschuldet. Sie sind Teil eines globalen Mosaiks, können nur vorläufigen Charakter haben, führen aber vielleicht auf die richtige Fährte. Sie kreisen um die Frage, wie und warum ethnisches Bewusstsein so massiv Einzug in die Köpfe der Menschen hält. Es wird untersucht, an welchen geschichtlichen Bezügen die neuen Ideologien befestigt werden, auf welche soziale Konstellationen sie sich berufen und wo – im Vergleich zu anderen Gesellschaften – Unterschiede oder Gemeinsamkeiten ausgemacht werden können. Denn der Ethnonationalismus ist eine europäische Erfindung des ausgehenden 19. Jahrhunderts und hat sein verwandtes Gegenbild in den Vereinigten Staaten. Darum ist es in diesem Zusammenhang sinnvoll, die Identität und Differenz gesellschaftlicher Entwicklungen dieser Kontinente zu akzentuieren, wie Dan Diner dies in seinem Buch *Das Jahrhundert verstehen* unternimmt. Europa gründet sich auf die Neutralisierung konfessioneller Gegensätze, das heißt gesellschaftliche Vereinheitlichung, die USA dagegen auf die interventionistische Parteilichkeit der *Great Nation.* Während europäische Geschichte ethnisch-religiösen Ballast transportiert, ist in der amerikanischen Historie die Utopie nicht in die Zukunft verlegt, sondern die Alltagspraxis der Individuen darauf ausgerichtet, »Geschichte hinter sich zu lassen«, um an der »Utopie der Gegenwart teilzuhaben« (Diner). David Hollinger, Berndt Ostendorf und Britta Waldschmidt-Nelson beschreiben aus unterschiedlichen Blickrichtungen die Situation in den USA. Auch die von Diner idealtypisch gefassten republikanischen Traditionen unterliegen einer Transformation, deren Ausgang ungewiss ist. Demokratisches Selbstverständnis und verfassungsmäßiger Interessenausgleich (Hollinger) werden durch den segmentierten Zugang zu ökonomischen Ressourcen zunehmend unter Druck gesetzt (Ostendorf) und leiden noch immer an innergesellschaftlicher Parzellierung entlang der Hautfarbengrenzen (Waldschmidt-Nelson). Interessant ist der transatlantische Vergleich auch deshalb, weil dadurch Licht auf das in Europa bestehende Spannungsverhältnis zwischen Nominalnation und Minderheiten sowie assimilatorischen Nationenvorstellungen fällt. Hierin liegt der zentrale Unterschied in der gesellschaftlichen Verfasstheit, und nur vor diesem Hintergrund ist verständlich, dass das von US-Präsident Wilson 1918 postulierte (angelsächsisch-republikanische) Prinzip der Selbstbestimmung kontinentaleuropäisch als nationalistische Option für Staatsgründungen auf ethnischer Grundlage missinterpretiert werden konnte.

Deren Geschichte feiert seit den späten achtziger Jahren schreckliche Wiederkehr, unter anderem im ehemaligen Jugoslawien. Dass die ethnische Gemeinschaft tatsächlich als elementare Form des Zusammenlebens wirklichkeitsmächtig werden kann, zeigt der serbische Fall. Die Verwandlung geschichtlicher in vermeintlich natürliche Gemeinschaften bedeutet vielleicht die größte Bedrohung einer halbwegs vernünftigen Einrichtung Europas. Die Phantasien ethnonationalistischer Vereinheitlichung, keineswegs allein auf den Osten beschränkt, zerstören die Intersubjektivität der Menschen. Sie sind darin so erfolgreich, weil sie patriarchale Dispositionen des Realsozialismus wie auch desintegrierender kapitalistischer Gesellschaften zu reaktivieren vermögen. Im Zerfall des ehemaligen Jugoslawien wurde die ethnonationalistische Dynamik auf besonders grausame Weise anschaulich. Ivan Čolović hat in seinem letzten Buch *Politika Simbola* die stoffliche Basis der serbischen Ideologie der Auserwähltheit bearbeitet und die unwägbaren Konsequenzen verdeutlicht, die aus dem vorgeblich natürlichen Recht ethnischer Gemeinschaften erwachsen, sich selbst als Maß aller Dinge zu erachten. In der serbischen Gesellschaft rehabilitiert die ethnonationalistische Metaphysik archaische Bestände sozialer Zugehörigkeit, indem die »authentischen, gottgegebenen Eigenschaften« Čolović einer ländlich-rückständigen Kultur zur Maßgabe und Orientierung in einer industrialisierten Massengesellschaft erhoben werden.

Hier beginnt die sozialwissenschaftliche Aufgabe – *back to square one:* Als ethnische Urbestände getarnte Konventionen, die die Menschen tagtäglich eingehen und sich zu Eigen machen und welche auf verwirrende Weise die Zukunft des Globus gestalten, können eingefangen und beschrieben werden. Allerdings müssen die veränderten Konstellationen in die Kritik eingehen, denn die ethnonationalistischen Ideologien tragen nur noch die religiösen Herkunftsfarben, mit den aktuellen Konflikten haben sie weniger zu tun, als sie Glauben machen. Einige dieser Veränderungen versuchen die Autoren des vorliegendes Bandes zu erfassen.

Das Verschwinden des Sozialismus

Zur ethnonationalistischen Auflösung des Sowjetsystems

Detlev Claussen

> Die philosophische Aufgabe ist es, den Nationalismus
> von der Theorie einer guten Gesellschaft aus
> zu verstehen und in seine Schranken zu weisen.
> *Max Horkheimer, August 1967*

Schon über den Anfang vom Ende kann man sich streiten. Soll man ihn auf das Jahr 1989 datieren, als im Juni der Tienanmen in Peking geräumt wurde oder als im November die Berliner Mauer fiel? Oder soll man die Auflösung der Sowjetunion im Jahr 1991 als das Ende der Epoche markieren, die 1917 mit der Oktoberrevolution begann? Für denjenigen, der sich nicht erst seit 1989 mit den realsozialistischen Gesellschaften beschäftigt, drängt es sich auf, den Anfang vom Ende vorzudatieren: Ganz sicher haben die polnischen Ereignisse des Jahres 1980 die Legitimität der Gesellschaft sowjetischen Typs irreversibel untergraben. Selbst der Ablauf dieses polnischen Spätsommers ist ohne die Erfahrungen der siebziger Jahre nicht zu erklären, in denen durch die Gründung des *KOR* in Polen und der *Charta 77* in der ČSSR eine Kooperation von Arbeitern und Intellektuellen initiiert wurde, die den Kommunistischen Parteien an der Macht ihre elementare gesellschaftliche Legitimation entzog.

Doch auch diese Vorgänge lassen sich gar nicht ohne die Ereignisse des Jahres 1968 erfassen, als das Machtmonopol der Kommunistischen Parteien in diesen beiden peripheren Ländern des realsozialistischen Systems durch außerinstitutionelle Bewegungen ernsthaft infrage gestellt wurde. Die Anfänge einer neuen gesellschaftlichen Opposition in der Sowjetunion, die schließlich über die inneren Widersprüche von *Perestroika* und *Glasnost* zur Auflösung des Sowjetimperiums führten, gehen auf das Jahr 1968 zurück, als intellektuelle Pioniere der Dissidenz auf dem Roten Platz öffentlich demonstrierten und damit bewusst einen Leidensweg durch den *GULag* antraten. Damals wurden die Protestbewegungen im Osten noch als Zeichen eines fundamentalen Bedürfnisses nach Gesellschaftsveränderung gelesen, das man auch im Westen spüren konnte. Das Zauberwort hieß Gesellschaftskritik – ein Begriff, der in den westlichen Studentenbewegungen nach »'68« verschlissen und in den späten siebziger Jahren durch neue Schlagwörter des akademisch gepflegten und massenmedial kommunizierten Diskurses wie »Identität«, »Ethnizität« und »Zivilgesellschaft« ersetzt wurde.

Durch den Zusammenbruch des »real existierenden Sozialismus« 1989 fühlten sich die Medien im Westen nicht herausgefordert; die Diskussion über das Ende des Sozialismus wurde in die bereits existierenden Debattenschemata eingepasst. In Deutschland drückt sich bis heute die Abwehr des Neuen, das die fundamentale Gesellschaftsveränderung im Osten bedeutete, in der dominanten, vergangenheitsorientierten Formel »Wiedervereinigung« aus. Nicht das gesellschaftsverändernde Moment steht und stand im Mittelpunkt der Wahrnehmung, sondern das nationale. Die Vorstellung einer Nation mit langer Tradition, zu der man sich bekennen konnte, entsprach einem mehrheitsfähigen Gefühl der unter dem realsozialistischen Regime Lebenden – nicht nur in der DDR. Die Polen hatten es vorgemacht: Die Wiederherstellung einer souveränen Nation sollte die vierzigjährige kommunistische Periode als utopischen Irrweg erscheinen lassen, der die Länder des »real existierenden Sozialismus« von der normalen Bahn europäischen Fortschritts abgeschnitten habe. Im Westen kam plötzlich eine anti-utopische Gebrauchsliteratur[1] auf, als ob nicht

1 In der *Frankfurter Allgemeinen Zeitung* versuchten Joachim Fest und in seinen Fußstapfen Frank Schirrmacher die Konjunktur nationaler Rhetorik als eine Art Fortsetzung des »Historikerstreits« mit anderen Mitteln zu nutzen, um eine Wende des Intellektuellenideals vom staatsfernen kritischen Linksintellektuellen, der ihnen als notorischer Utopist gilt, zum machtnahen nationalen Festredner und Feuilletonessayisten durchzusetzen. Vgl. Joachim Fest: *Der zerstörte Traum. Vom Ende des utopischen Zeitalters,* Berlin 1991 und Frank Schirrmacher (Hg.): *Im Osten erwacht die Geschichte,* Stuttgart 1990. Zur Kritik vgl. Detlev Claussen: »Im Feuilleton erwacht die Geschichte«, in: *Neue Gesellschaft/Frankfurter Hefte,* August 1991.

gerade die Selbstdefinition des »real existierenden Sozialismus« den anti-utopischen Charakter der parteikommunistischen Regime zum Ausdruck gebracht hätte. Man kann es als exemplarisch ansehen, dass der damals intellektuell dominante Herausgeber der *Frankfurter Allgemeinen Zeitung* mit der sozialistischen Utopie auch gleich das uramerikanische Versprechen des *pursuit of happiness* über Bord des neuen deutschen realpolitischen Dampfers gehen lassen wollte. Auch ein Jahrzehnt nach dem Verschwinden des sozialistischen Gesellschaftssystems ist der Begriffswirrwarr, den sein Zusammenbruch hinterlassen hat, noch nicht entwirrt. Im Jahre 1989 wurde im Westen leichtfertig mit dem Begriff der »Revolution« hantiert – man fügte aber schnell das Attribut »friedlich« hinzu, weil es sich offensichtlich um ein unzutreffendes Etikett handelte. Der merkwürdige Ausdruck »Wende«, der aus der DDR kam, drückt viel deutlicher das Selbstverständnis und Bedürfnis breiter Schichten aus, die erst mit der Parole »*Wir* sind das Volk!« den Legitimationsmangel der Parteiherrschaft offen legten und dann mit dem Slogan »Wir sind *ein* Volk!« die Selbstaufgabe der gerade errungenen Souveränität verkündeten.

Die Selbstauflösung der DDR zwischen 1989 und 1990 reflektiert zwar die besonderen Bedingungen der deutschen Teilung, aber sie passt ebenso in den Modus der ethnonationalistischen Auflösung des »real existierenden Sozialismus«, von der Berliner Mauer bis hin zum Chinesischen Meer. Die nicht mehr zu überhörenden Rufe auf Straßen und Plätzen der DDR »*Wir* sind das Volk!« aus der zweiten Hälfte des Jahres 1989 stellten wirkungsvoll die Legitimation des SED-Regimes infrage. Für einen kurzen Moment konzipierten sich die Demonstranten spontan als ein *demos* und ihr Deutschland als Staatsbürgernation. Entstanden war diese demokratische Vorstellung aus einer immanenten Kritik des DDR-Selbstverständnisses. Im Protest gegen manipulierte Kommunalwahlen, die niemand mehr ernst genommen hatte, entstand die Forderung nach wirklichen Wahlen, durch die der Souverän, das Volk, wieder in seine Rechte eingesetzt werden sollte. Mit dem Staatsnamen »Deutsche Demokratische Republik« wurde im

Herbst 1989 Ernst gemacht – die bis dahin größte, nicht von oben organisierte Straßendemonstration fand am 4. November in Ost-Berlin ohne schwarz-rot-goldene Symbolik statt. Erst als offenkundig geworden war, dass nach der alten Leninschen Formulierung »die oben nicht mehr konnten«, mussten »die unten« artikulieren, was sie wollten.

Der Parteikommunismus hatte jedoch kein handlungsfähiges überindividuelles Subjekt in der Gesellschaft zugelassen. Die gesellschaftskritischen Dissidenten verloren in diesem Moment jeden Einfluss auf die unzufriedenen Durchschnittsbürger, die sich in der allgemeinen Ratlosigkeit ihrer Herkunft erinnerten. Sie einigten sich auf den Slogan »Wir sind *ein* Volk!«, mit dem sie ihren Anspruch auf Teilhabe an einer westlichen Erfolgsgesellschaft »ethnisch« artikulierten.

Ethnisch bedeutete in diesem Zusammenhang nicht mehr als Zugehörigkeit, die sich über Abstammung legitimierte. Gemeinhin betrachtet man in Deutschland den Zerfall der DDR als Sonderfall, völlig unabhängig vom Zusammenbruch des realsozialistischen Gesamtsystems; aber der reale Verlauf des freiwilligen Anschlusses der ostdeutschen Bevölkerung an die westdeutschen Institutionen folgte durchaus der ethnonationalistischen Zerfallslogik realsozialistischer Gesellschaften. Weder verband 1989 die West- mit den Ostdeutschen ein tiefes Zusammengehörigkeitsgefühl noch hatten die westdeutschen Eliten zum Zeitpunkt des Zusammenbruchs ein gesellschaftliches Konzept für eine Vereinigung vor Augen – »Wiedervereinigung« war eine politische Parole, die von den Enkeln Adenauers aus dem Kalten Krieg ererbt worden war. Umso überraschter waren die westlichen Protagonisten, als sie bei den östlichen Eliten – bei Kommunisten ebenso wie bei Dissidenten – mit nationalen Konzepten auf offene Ohren stießen.

Die Kombination von Bescheidwissen im eigenen Lebenszusammenhang und Nichtwissen über das wirkliche Funktionieren der jeweils anderen Gesellschaft gehört zu den Konstituenzien der Kalten-Kriegs-Epoche. Im Westen mokiert man sich bis heute gerne über die vom realen Leben jahrzehntelang ausgeschlossene

Bevölkerung des Ostens. Wie wenig man selbst vom Osten wusste und weiß, gesteht man sich gar nicht erst ein. Auch den meisten Akteuren der westlichen Neuen Linken war in ihrer Hochphase der späten sechziger und frühen siebziger Jahre nicht klar, dass die »nationale Frage« ein politisches Grundthema der traditionellen Arbeiterbewegung gewesen ist. In der akademischen Welt war in der Kernzeit des Kalten Krieges während der fünfziger Jahre »der« Marxismus so verteufelt worden, dass die Öffentlichkeit kaum zwischen instrumentellem marxistisch-leninistischem Herrschaftswissen, kritischer marxscher Theorietradition und kommunistischem *know how* in der Nationalitätenpolitik unterscheiden konnte. Diese Verwirrung hängt mit der Unklarheit der westlichen Gesellschaftswissenschaften über den Status ihres eigenen Wissens zusammen. Die Vermischung eines Ideals »wertfreier« Wissenschaftlichkeit mit undurchschauten Legitimationsfunktionen intellektueller Produktion lässt sich an den wissenschaftlichen Konjunkturen gesellschaftlicher »Stichworte« ablesen. Der besondere Status Deutschlands in der Periode des Kalten Krieges machte den Begriff der Nation, der untrennbar mit dem nationalsozialistischen Griff nach der Weltmacht verknüpft war, zum heißen Eisen, das die Gesellschaftswissenschaftler lieber den Historikern überließen. Die westdeutschen Historiker behandelten diesen Gegenstand vornehmlich sozial- oder ideengeschichtlich. Die Scheu vor Theorie ließ höchstens begriffsdefinitorische oder idealtypische Konstruktionen zu. Doch gerade der Modellcharakter des Nationenbegriffs, der dem europäischen, dem langen bürgerlichen Jahrhundert entstammt, lässt sich ohne ideologiekritischen Rückgriff auf die kritische Gesellschaftstheorie gar nicht fassen.

Auch die Remigranten Max Horkheimer und Theodor W. Adorno hielten eine Ideologiekritik des Nationalismus im Zeitalter der Blockkonfrontation von Kapitalismus und Sozialismus nicht mehr für zentral. Aber Max Horkheimer hat im Phänomen des Nationalismus eine theoretische Aufgabe gesehen: »Überführung einzelner berechtigter Elemente des Nationalismus (sie sind aufs genaueste zu analysieren und haben eine ihrer Wurzeln in dem Bedürfnis nach einem Sinn des Lebens und der Flucht aus der Einsamkeit) in den Begriff der richtigen Gesellschaft«. So heißt es in den posthum veröffentlichten *Spänen*[2], die er Friedrich Pollock diktierte. Eine Regeneration der Kritischen Theorie kann an diesen Gedanken anknüpfen: Die Nation ist mehr als ein wissenschaftlicher oder politischer Begriff: Die jeweilige Nationsbenennung bezeichnet als unterscheidbarer Name einen historisch spezifischen Vergesellschaftungsmodus, der zugleich als ein Ursprungsmythos den Schein von Zeitlosigkeit produziert. Zurechnung zu einer Nation heißt daher mehr als definitorische Willkür; Nation kann als eine praktische Kategorie der Wahrnehmung wie der Selbstbestimmung gefasst werden. Benedict Anderson ist mit seiner Begriffsbildung der *Imagined Community* dem Charakter gesellschaftlicher Subjektivitätskategorien auf die Spur gekommen.

Die deutsche Übersetzung des bahnbrechenden Buches von Benedict Anderson *Die Erfindung der Nation*[3] orientiert sich an der *Invention of Tradition*[4], mit der im Gefolge von Eric Hobsbawm der mystifizierende Charakter der bürgerlichen Tradition schlagend kritisiert worden ist. Aber das Wort »Erfindung« führt in die Irre, als ob der Name, den man gesellschaftlichen Subjekten gibt, willkürlich oder zufällig sei. Das trifft nicht einmal auf die bürgerliche Traditionsbildung zu; sie kann nur die gesellschaftliche Objektivität formen, die sich von ihr verkleiden lässt. Als Musterbeispiel mag der Historismus gelten, der seine architektonischen Spuren Ende des 19. Jahrhunderts als steingewordenes bürgerliches Gentleman-Ideal in ganz Europa hinterlassen hat. Um subjektivistische Missverständnisse der Kategorie »Nation« zu vermeiden, könnte man die praktischen Kategorien gesellschaftlicher Wahrnehmung und Selbstbestimmung *reale Fiktionen* nennen. Da sie menschliche Beziehungen bezeichnen, sind sie subjektive Formungen, gesellschaftliche Begriffsbildungen, deren unvermeidlich subjektiven Charakter nicht erst der akademische

2 »Späne. Notizen über Gespräche mit Max Horkheimer«, in: *Gesammelte Schriften*, Bd. 14, Frankfurt/M. 1988, S. 429.

3 Benedict Anderson: *Die Erfindung der Nation. Zur Karriere eines folgenreichen Konzeptes*, Frankfurt/M. 1988.

4 Eric Hobsbawm, Terence Ranger (Hg.): *The Invention of Tradition*, Cambridge 1983.

Sozialkonstruktivismus entdeckt hat, sondern dem schon Max Webers gesamte Soziologie versucht Rechnung zu tragen. Aber gesellschaftliche Beziehungen gerinnen auch zu institutionellen Formen, die zu harter Realität werden. Die vage Alltagsvorstellung von nationaler Zugehörigkeit nimmt mit der Frage nach dem Pass, der Lebenschancen und Lebenswege verschlüsselt, dinghafte, trennscharfe Gestalt an. Brechts *Flüchtlingsgespräche* bringen es ironisch auf den Punkt: »Ein Mensch kann überall zustandkommen, auf die leichtsinnigste Art und ohne gescheiten Grund, aber ein Pass niemals.«[5]

Die sozialwissenschaftlichen Nationentheorien haben auf die Gründungswelle von Nationalstaaten nach dem Ende des Ersten Weltkrieges reagiert. Die bekanntesten Ideengeschichtler und Sozialwissenschaftler, Hans Kohn und Karl W. Deutsch zum Beispiel, haben in der nordamerikanischen akademischen Welt Karriere machen können – allerdings um den Preis, dass sie als Emigranten die Herkunft vieler Fragestellungen und mancher Problemlösungen aus dem Austromarxismus schlicht verschleierten. Die sozialwissenschaftlichen Nationentheorien erreichten auf diesem Wege ein formales, klassifikatorisches Niveau und kapselten sich so gegen gesellschaftliche Erfahrung ab. Die wichtige Unterscheidung von »Staatsbürgernation« und »Volksnation«[6], die von den vor den Nationalsozialisten Geflohenen als lebenswichtige Differenz erfahren worden war, gerann in der akademischen Literatur nach 1945 zu einem abstrakten typologischen Schema. Benedict Anderson gebührt das Verdienst, mit seinem Konzept der *Imagined Communities* der konkreten Erfahrung sich im Zuge der Dekolonisierung neu bildender Nationen wieder näher gekommen zu sein.

Die gesellschaftliche Wirklichkeit, die in der Alltagserfahrung der Individuen verarbeitet wird, vermischt nämlich Ethnos und

5 Bertolt Brecht: »Flüchtlingsgespräche«, in: *Prosa 2*, Frankfurt/M. 1965, S. 151.

6 Nachzulesen bei M. Rainer Lepsius: »Nation und Nationalismus in Deutschland«, in: Michael Jeismann, Henning Ritter (Hg.): *Grenzfälle. Über alten und neuen Nationalismus*, Leipzig 1993. Siehe auch den grundlegenden, an Max Weber anschließenden Text von Emmerich Francis: *Ethnos und Demos. Soziologische Beiträge zur Volkstheorie*, Berlin 1965.

Demos, »Staatsbürgernation« und »Volksnation« – und auf das Mischungsverhältnis kommt es an. Die konkrete gesellschaftsgeschichtliche Dynamik bestimmt dieses historisch veränderbare Mischungsverhältnis. Nur so lässt sich erklären, warum sich Westdeutschland nach 1945 entnationalisiert hat – zugleich aber wegen des institutionellen Vorwaltens des unglücklichen *ius sanguinis* im Staatsbürgerrecht auf gesetzlichem Wege eine illusionäre Vorstellung »ethnischer Homogenität« konserviert worden ist. Generell lässt sich sagen, dass die Vorstellungen von Nation dort aufgeklärter und rationaler gewesen sind, wo der »freie Bürger« eine erfahrbare gesellschaftliche Realität geworden ist. Die missglückte bürgerliche Emanzipation ist schon im 19. Jahrhundert der Nährboden ethnisierender Vorstellungen gewesen. Doch auch die atomisierende Dynamik der bürgerlichen Gesellschaft droht den überindividuellen Zusammenhang der Nation aufzulösen; deswegen gedeihen ethnisierende Vorstellungen auch in Gesellschaften, denen traditionell kein ethnisches Selbstverständnis zugerechnet wird. Je mehr der Zusammenhang bürgerlicher Tradition und Kultur zerfällt oder gar nicht konstituiert ist, umso mehr gewinnen ethnisierende Momente in Fremdwahrnehmung und Selbstverständnis der Gesellschaftsmitglieder an Bedeutung. Die heute unhaltbare Vorstellung eines *melting pot*, die im Industriezeitalter für die Einwanderer nach Amerika ein befreiendes Versprechen gewesen ist, mag das bezeugen.

Auch der durch schnelle Industrialisierung geprägte Charakter des »real existierenden Sozialismus« besaß diese Tendenz zur Homogenisierung der Bevölkerung mit scheinbar unwiderstehlicher Gewalt. Die meisten westlichen Beobachter haben in der Sowjetunion nur den ins Auge springenden Zwangscharakter des Systems gesehen, aber nicht die Differenzierungstechniken der Herrschaft selbst, die im Laufe der Jahrzehnte zu einer Konsolidierung der Parteiherrschaft und der Organisierung eines Massenkonsensus geführt haben. Die abnehmende Bedeutung der Anwendung unmittelbarer Zwangsgewalt ist in die Alltagserfahrung der Sowjetmenschen nach dem XX. Parteitag eingegangen: »Tauwetter« war keine bloße Propagandaformel, sondern eine erfahrbare gesellschaftliche Realität. Die Enttäuschung aller politischen Hoffnungen bei gleichzeitigem Erleben einer langsamen Lebensstandardverbesserung unter den Bedingungen sozialer Sekurität hat die Vorstellung eines *soviet way of life* hervorgebracht, zu der ein bestimmter Typus des Durchschnittsmenschen passt – der *homo sovieticus*. Diese intellektuellen Konstruktionen geben von der Realität der Gesellschaft sowjetischen Typs mehr wieder als die umstandslose Ineinssetzung von marxistisch-leninistischer Ideologie und Lebenswirklichkeit im Realsozialismus, die in nahezu allen Varianten vulgarisierter Totalitarismustheorie umstandslos vorgenommen wurde.

Hannah Arendt, die man gegen die meisten ihrer Liebhaber verteidigen möchte, hat in ihrer Studie *Elemente und Ursprünge totaler Herrschaft* der sich verändernden Realität der Sowjetgesellschaft, die sie nicht einfach als Verwirklichung eines totalitären Denkmodells konzipierte, durchaus Rechnung getragen. Die Vorstellung der Sowjetgesellschaft als Variante totaler Herrschaft bezieht sich bei Hannah Arendt im Wesentlichen auf die stalinistische Genese des Systems. Im 1949 fertig gestellten Manuskript macht sie auf den »Untergang der Klassengesellschaft«[7] aufmerksam, der mit dem flächendeckenden Terror der *Großen Säuberung* während der dreißiger Jahre einsetzte. Aus der terroristischen Zerstörung der Klassen als überindividueller Subjekte gingen atomisierte Einzelne hervor, die zum Objekt herrschaftlicher Strukturierung von oben wurden. Die Massenorganisationen von Partei und Gewerkschaften, die Berufsverbände und so genannten gesellschaftlichen Organisationen formten die Bewegungsmöglichkeiten der Sowjetmenschen vor. Weitgehend in den westlichen Analysen übersehen, weil es nicht in das Cliché vom völkerunterdrückenden Kommunismus passte, wurde das nicht-terroristische Instrumentarium der sowjetischen Nationalitätenpolitik: Auf dem Wege der Kaderpolitik – ein *terminus technicus* der Parteisprache – wurden die Leitungspositionen der ethnoterritorialen

7 Hannah Arendt: *Elemente und Ursprünge totaler Herrschaft*, Bd. III, Frankfurt/M., Berlin, Wien 1975, S. 29.

Einheiten der Sowjetunion unter Bevorzugung lokaler Eliten besetzt. Für diese Privilegierung bedeutete Herkunft *das* entscheidende Kriterium. Die *Große Säuberung* ging einher mit der Institutionalisierung von Ethnizität in der Sowjetverfassung von 1936. Der sowjetische Terror, der buchstäblich jeden treffen konnte, produzierte nicht nur flächendeckende Ohnmachtsgefühle von Vereinzelung, sondern auch den Privatismus als Utopie in innergesellschaftlichen Friedenszeiten. Um leben und überleben zu können, brauchte man ein Abstammungskollektiv: Die Familie wurde zum Modell der Herkunftsgemeinschaft. Dem ethnisch geprägten Institutionalismus von oben entsprach die Erfahrung des Überlebens in der Gruppe von unten.

Auf diese Weise entstand ein staatlich geförderter Sowjetpatriotismus, der sich nicht als eine rein propagandistische Größe verstehen lässt. Die Wirkung der Propaganda erklärt sich aus den praktischen Überlebensimperativen der Sowjetmenschen, die sich durch die flächendeckende ethnoterritoriale Privilegierung bürokratischer Leitungsschichten gesellschaftliche Aufstiegschancen ausrechnen konnten. Brutalster Egoismus und umstandslose Identifikation mit dem Imperium konnten im Alltagsleben der Sowjetbürger übergangslos wechseln. Die merkwürdige Mischung von Willensfreiheit und Zwang wurde im sowjetischen Passgesetz der frühen dreißiger Jahre institutionalisiert. Victor Zaslavsky hat in seiner bemerkenswerten Analyse der *Geschlossenen Gesellschaft* auf die zentrale Bedeutung des »Punktes Fünf« in sowjetischen Fragebögen und Personalausweisen aufmerksam gemacht; im Pass wird in der Tat die »nationale Identität« festgehalten. Ursprünglich hatten die Sowjetbürger die freie Wahl, unter welchen nationalen Kategorien sie sich registrieren lassen wollten. In den letzten Jahren des Stalinismus bestand diese Wahlmöglichkeit nicht mehr; erst in Zeiten der Entstalinisierung durften sich Kinder aus national gemischten Ehen mit dem 16. Lebensjahr ein für alle Mal entscheiden, welcher Nationalität sie angehören wollten. Die festgeschriebene »nationale Identität« hatte sich als ein ideales Steuerungsinstrument der erwähnten Kaderpolitik herausgestellt, nach der die Aufstiegsmöglichkeiten der Sowjetbürger verteilt wurden. Gerade weil sich die sowjetischen Machthaber darüber im Klaren waren, dass nationale Zugehörigkeit »keine biologische, sondern eine gesellschaftliche Kategorie ist, die sich nicht von der Geburt herleitet, sondern vom Prozess der Sozialisation eines Individuums und vom Verlauf der bewussten ethnischen Identifikation«[8], konnten sie die Nationalitätenpolitik für lange Zeit erfolgreich als Herrschaftsinstrument nutzen.

Noch heute sucht man nach einer adäquaten Kategorie, die jener »fundamentalen Ambivalenz« der Sowjetgesellschaft gerecht wird, welche Herbert Marcuse in seiner Pionierstudie über den *Soviet Marxism*[9] herausgearbeitet hat. Beide, Hannah Arendt und Herbert Marcuse, hatten, bevor sie die Sowjetgesellschaft analysierten, ihren Begriff von totaler Menschenbeherrschung jenseits der bürgerlichen Gesellschaft an den nationalsozialistischen Herrschaftspraktiken gewonnen. Wird diese spezifische historische Erfahrung berücksichtigt, bleibt ihr gesellschaftstheoretischer Zugang zur Kritik der Sowjetgesellschaft unverständlich. Das intensive Studium der beiden Gesellschaftstypen, des Nationalsozialismus und des Sowjetkommunismus, macht eine Problematisierung des überlieferten Ideologiebegriffs unvermeidlich. Noch die Marxsche Theorie arbeitete mit einem Ideologiebegriff, der nach dem soziologischen Lehrbuch[10] des Frankfurter »Instituts für Sozialforschung« aus der Zeit des Kalten Krieges »als objektiv notwendiges und zugleich falsches Bewusstsein, als Verschränkung des Wahren und Unwahren« gefasst wurde. Dieser von Theodor W. Adorno autorisierte Standardtext bindet den strikten Ideologiebegriff kritischer Gesellschaftstheorie an »Bürgerlichkeit«, die sich im langen 19. Jahrhundert als ein System von Nationalstaaten organisierte. Die fundamentale

8 Victor Zaslavsky: *In geschlossener Gesellschaft,* Frankfurt/M. 1982, S. 91.

9 Herbert Marcuse: *Soviet Marxism,* New York 1975, dt. *Die Gesellschaftslehre des sowjetischen Marxismus,* Schriften Bd. 6, Frankfurt/M. 1989, S. 19f.

10 Um der akademischen Gedächtnislosigkeit als einer Folge des Nationalsozialismus entgegenzuwirken, ließen Horkheimer und Adorno von den Mitarbeitern des »Instituts für Sozialforschung« den in der Ausbildung Frankfurter Soziologiestudenten benutzten Grundlagentext *Soziologische Exkurse* (Frankfurt/M. 1956) erarbeiten. Vgl. den Abschnitt »Ideologie«, S. 162ff.

Veränderung der bürgerlichen Gesellschaft im *short century* kann auch den Ideologiebegriff nicht unberührt lassen. Die Wissenssoziologie hat auf diesen gesellschaftsgeschichtlichen Wandel reagiert, indem sie dem Ideologiebegriff den kritischen Stachel zog.

Noch die Marxsche Vorstellung von Ideologie, die aus der Kritik der bürgerlichen Denkweise gewonnen war, vermischte in den Kategorien von Warenfetisch und Verdinglichung die Kritik der gesellschaftlich bedingten Alltagswahrnehmung und Wissenschaftskritik – das berühmte Fetischkapitel aus dem ersten Band des *Kapital* trifft das gesellschaftliche Durchschnittsbewusstsein ebenso wie das der ausgefeiltesten politischen Ökonomen. Das Nachdenken der Kritischen Theoretiker über den Ideologiebegriff wiederholte nicht einfach die Marxschen Erkenntnisse unter veränderten gesellschaftlichen Umständen. In einer brieflich geführten Diskussion über das Manuskript von »Paris – Hauptstadt des Neunzehnten Jahrhunderts« machte Adorno im Jahr 1935 Walter Benjamin auf die Eigentümlichkeit des Warencharakters aufmerksam: »Der Fetischcharakter der Ware ist keine Tatsache des Bewusstseins, sondern dialektisch in dem eminenten Sinne, dass er Bewusstsein produziert«[11]. Dieser Brief Adornos ist schon im Bewusstsein einer verschwindenden bürgerlichen Gesellschaft und ihrer Kultur geschrieben. Die Frage nach den gesellschaftlichen Produktionsbedingungen des Bewusstseins musste auch den alten, an die bürgerliche Lebensweise gekoppelten Ideologiebegriff tangieren.

Am Ende des Ersten Weltkrieges leiteten in fast allen kontinentaleuropäischen Ländern antibürgerliche Massenbewegungen das *short century* ein. Mit der krisenhaften Entwicklung des Kapitalismus griffen solche Bewegungen selbst auf die Musterinsel bürgerlicher Gesellschaft, auf England, über.

Es muss nicht verwundern, dass die antibürgerlichen Bewegungen in Ländern erfolgreich waren, in denen die bürgerliche

11 Theodor W. Adorno: Brief an Walter Benjamin vom 2. August 1935, in: Walter Benjamin: *Briefe 2*, herausgegeben und mit Anmerkungen versehen von Gershom Scholem und Theodor W. Adorno, S. 672.

Gesellschaft der Lebensweise breiter Schichten und traditioneller Machteliten äußerlich geblieben war. Auch die nationalsozialistische Bewegung hatte nach dem Untergang des wilhelminischen Kaiserreichs einen exemplarischen »Kampf gegen den Bürger« geführt. Der Nationalsozialismus bezog sein pseudorevolutionäres Image aus einer Revolte gegen das, was seine Ideologen Spießbürgertum und bürgerliche Saturiertheit nannten. Als Massenbewegung gewann er einen wesentlichen Teil seiner Attraktivität als eine konformistische Rebellion, die auch ein epochenübergreifendes Merkmal antisemitischer Praktiken ist.

Als zentralen theoretischen Fortschritt einer Kritischen Theorie, die den Rahmen konventioneller Vorurteilsforschung verlässt, könnte man das Begreifen des Antisemitismus als einer sozialen Organisation von Aggression verstehen. Die gesellschaftliche Verfolgungspraxis wird nicht als praktische Folge eines falschen Denkens aufgefasst, sondern umgekehrt die benutzten Denkmuster als Rechtfertigung ausgeübter Gewalt.[12]

Die Rechtfertigungspraxis kann aber nur gelingen, wenn die Ideologen an ein existierendes Alltagsbewusstsein anknüpfen können, das diesseits von bürgerlicher Öffentlichkeit angesiedelt ist. In der Soziologie nach 1945 hat man diese schwer greifbare Form »nichtöffentliches Bewusstsein« genannt – noch genauer trifft dieses Phänomen der Begriff *Alltagsreligion*, der Erfahrung, praktisches Handeln und Glauben amalgamiert. Dieser Begriff bewährt sich in der Analyse der gesellschaftlichen Systemwechsel des *short century*. Die Systeme und ihre propagierten Ideologien verschwinden, aber die Alltagsreligion bleibt, weil sie selbst Lebenserfahrung und Überlebensimperativ in einem flexiblen intellektuell-emotionalen System organisiert. In der Alltagsreligion sind die generationenübergreifenden und überindividuellen Gewissheiten aufbewahrt, ohne die Menschen nicht handlungsfähig wären. Wirkung und Grenzen der Ideologien lassen sich besser verstehen, wenn man mit der Realität der Alltagsreligion rechnet.

12 Vgl. Detlev Claussen: *Grenzen der Aufklärung. Die gesellschaftliche Genese des modernen Antisemitismus*, Frankfurt/M. 1994 und ders.: *Vom Judenhaß zum Antisemitismus. Materialien einer verleugneten Geschichte*, Frankfurt/M. 1987 sowie ders.: *Was heißt Rassismus?*, Darmstadt 1994.

In den Zusammenbruchskrisen der Gesellschaftssysteme wird dieses Phänomen unübersehbar.

Ohne die Rücksichtnahme auf die Realität einer Alltagsreligion wäre das Überleben der noch jungen Kommunistischen Partei der Sowjetunion nach dem Ende des Kriegskommunismus unerklärbar. Der jahrelange Bürgerkrieg hatte 1923 gerade die Klassen zerstört, in deren Namen er geführt worden war. Die entwurzelten bäuerlichen Massen konnten sich ebenso wenig wie die demobilisierten Arbeiter nach ihrer sozialen Funktion definieren – übrig blieb ein Krisenbewusstsein sozialen Zusammenhangs, der ethnische Zugehörigkeit als letzten sicheren Besitz bewahrte. Die Kommunistische Partei verordnete sich selbst eine *Korenisazija*, d.h. eine »Verwurzelung« in den überwiegend bäuerlichen Massen. Ihre eigene Genese aus einer Mischung von *Intelligenzija* und politisierten Arbeitern wurde von diesem neuen Hang zur Volkstümlichkeit verdeckt. Zur *Korenisazija* gehörte die Respektierung ethnischer und nationaler Zurechnung der bäuerlichen Bevölkerung, und die sowjetische Nationalitätenpolitik trug dem institutionell Rechnung. Die frühe sowjetische Literatur hat diese Verwandlung kriegskommunistischer Idealität, die auf Dauer nicht zu leben ist, in den neuen Modus sowjetischen Alltagslebens, das auf paradoxe Weise »neue Menschen« schafft, reflektiert. Andrej Sinjawskij rekonstruierte diesen Prozess aus literarischen Dokumenten als Entstehung eines sowjetischen *Byt*, also eines spezifischen *soviet way of life*.[13]

Die Literatur – trotz ihrer Gängelung und politischen Verformung durch die kommunistische Parteiherrschaft – hat über Jahrzehnte hinweg die gesellschaftlichen Praktiken der Sowjetunion besser als die Schablonen des Marxismus-Leninismus gespeichert. Gerade die erzählende Literatur verknüpft sich mit der schon in der Hegelschen Ästhetik erkannten »Prosa des Alltagslebens«. Zur Stabilisierung des sowjetischen Lebens, die in den dreißiger Jahren nach der Kollektivierung der Landwirtschaft und

13 Andrej Sinjawskij: *Der Traum vom neuen Menschen oder Die Sowjetzivilisation*, Frankfurt/M. 1989, S. 221ff.

neben dem Terrorismus der *Großen Säuberung* einsetzte, gehört die staatliche Förderung einer romanhaften Erzählliteratur, die an die große Tradition des russischen Romans aus dem 19. Jahrhundert anknüpft. Der Roman fasst den Verwandlungsprozess traditioneller in moderne Gesellschaften als Epos, als »große Erzählung«. Zwischen Gesellschaftstheorie und bürgerlichem Roman besteht in der Tat eine Strukturverwandschaft. Den das gesamte *short century* andauernden Prozess sowjetischer Entwicklung kann man als barbarische Modernisierung in katastrophischer Form begreifen. Die Kommunistische Partei organisierte mit dem Instrumentarium staatlicher Herrschaft und gesellschaftlicher Mobilisierung die Verwandlung einer riesigen Agrar- in eine urbanisierte Industriegesellschaft, die in Konkurrenz zu den Industriegesellschaften westlichen Typs treten konnte.

Möglich wurde diese Entwicklung nur, indem man eine neue Klasse schuf, die gesellschaftliche Leitungsfunktionen übernehmen konnte, ohne bürgerlich zu sein. Denn der Begriff des bürgerlichen Individuums bleibt – auch noch in den abgeleiteten Formen des Bildungsbürgers – an den des Privateigentums gebunden. Die von diesem elementaren Transformationsprozess freigesetzte Subjektivität hat die sowjetische Lyrik zum Ausdruck gebracht. Andrej Sinjawskij machte auf das Paradox aufmerksam, »dass die sowjetische Jugend zum Protest oder zum Dissidententum von Majakowskij inspiriert wurde. Bereits zu Beginn der sechziger Jahre begannen sich in Moskau zu Füßen des Majakowskij-Denkmals junge Menschen zu versammeln und eigene oder fremde Gedichte vorzutragen ... Man fing mit Majakowskij an und endete bei Pasternak, Mandelstam oder Zwetajewa. Oder man fing mit Majakowskij an und lernte mit ihm Picasso, Braque und Chagall lieben. Majakowskij diente vielen als Katalysator für eine ernsthafte und adäquate Auseinandersetzung mit der Kunst«.[14] Die Entstehung der das intellektuelle Leben der Sowjetintelligenz nach Ende des »Tauwetters« bestimmenden *Samisdat*-Untergrundliteratur, der illegal abgeschriebenen und verbreiteten Manuskripte, ist in diesen Meetings zu suchen. In dieser Subkultur

14 A.a.O., S. 331f.

überwinterte der Roman, der die gesellschaftsgeschichtliche Erzählung am Leben hielt. Die Lyrik artikuliert die Ansprüche der Individualität in der Sprache einer gesellschaftlichen Allgemeinheit, die ihre Souveränität über die verzerrte Kommunikation der Herrschaftssprache zurückgewinnt. Im Roman der Sowjetzeit wird die Zerstörung der Bürgerlichkeit – man nehme nur Bulgakows *Weiße Garde*, *Meister und Margherita* und die exemplarische Erzählung *Hundeherz* – und die Aufbewahrung subjektiver Lebenskräfte in der überindividuellen Familiengeschichte festgehalten. Die Angst der Herrschenden vor Pasternaks *Doktor Schiwago* erklärt sich aus einer möglichen Identifikation der Sowjetmenschen mit nichtkommandierter, überindividueller Subjektivität.

In sowjetischen Romanen spielen generationenübergreifende Wandlungen von Familienverhältnissen eine zentrale Rolle. Der nivellierende Wandel der Modernisierung sowjetischen Typs erhält auf diese Weise Namen und Gesichter. Familienerinnerung erscheint als Quelle individueller Subjektivität. Der Rekurs auf Abstammungsgeschichte in der *Samisdat*-Literatur lässt sich auch als widerspenstige Reaktion unterdrückter Subjekte verstehen. Die Legitimität des ethnischen Moments folgt aus der Destruktivität der Gesellschaft. In konzentrierter Form verdeutlicht dies die Lagererfahrung. Die umfangreiche *GULag*-Literatur[15], die wesentlich zur Herausbildung regimekritischer Opposition beigetragen hat, bringt in ihrer Variationsbreite von Solschenizyn bis Abram Terz alias Andrej Sinjawskij unter Bedingungen existenzbedrohender Zwangsarbeit Erinnerungen an die Herkunft[16] als menschliche Ressource ins Gedächtnis zurück. Von den Versammlungen am Majakowskij-Denkmal zu Beginn der Stagnationsperiode führt ein direkter Weg zum Dissidententum, der sich öffentlich im August 1968 als Demonstration gegen den Einmarsch der Warschauer Pakt-Truppen in die ČSSR auf dem Roten Platz manifestierte. Vor Gericht geschleppt

15 Vgl. Detlev Claussen: »Das konzentrierte Bild des Systems. Über Lukács, Stalin und Solschenizyn«, in: *Freibeuter*, Nr. 44, Berlin 1990.

16 Zum Beispiel aus der kosmopolitischen alten *Intelligenzija* oder einer verfolgten Nationalität.

wurde damals auch Pawel Litwinow, ein Enkel des berühmten bolschewistischen Revolutionärs und vor dem Hitler-Stalin-Pakt abgesetzten sowjetischen Außenministers. Auf die Frage des Richters, unter welchem schädlichen, womöglich ausländischen Einfluss er dieses Staatsverbrechen begangen habe, antwortete Litwinow selbstbewusst: »Unter dem Einfluss der klassischen russischen Literatur.«[17]

Als Modellideologie der Gesellschaften sowjetischen Typs kann man den Sowjetpatriotismus ansehen, zu dem der titoistische Jugoslawismus erstaunliche Parallelen aufweist.[18] Der Sowjetpatriotismus wurde während der dreißiger Jahre propagandistisch von oben entwickelt – *nach* der Kollektivierung und *neben* der *Jeschowtschina,* der *Großen Säuberung.* Renans berühmtes, in der Verfallsphase des langen bürgerlichen Jahrhunderts geäußertes Wort trifft auch für den Sowjetpatriotismus zu: Ohne das Moment der Gewalt und des »historischen Irrtums«[19] könnte er sich nicht konstituieren. Krise und Krieg, die Bedrohungen der bürgerlichen Gesellschaft des 19. Jahrhunderts, standen als gesellschaftliche Erfahrung hinter Renans beobachtender Bestimmung des Nationalismus nach Ende des deutsch-französischen Krieges 1871. In der Sowjetunion hatte die terroristische Zwangskollektivierung zu einer naturwüchsigen Urbanisierung von Millionenmassen geführt, die auf dem Lande nicht mehr leben konnten. Stalins erste legendäre Erwähnung des Wortes »Heimat« steht im Zusammenhang der massenmedialen Begleitung der Katastrophe des sowjetischen Eisbrechers *Tscheljuskin* 1934. Die Kategorie »Heimat« knüpft in ihrer Formlosigkeit an die Tradition des Zarenreiches an, die unter den Bedingungen einer innergesellschaftlichen Katastrophe, der Zerstörung der russischen und ukrainischen bäuerlichen Agrarproduktion, von den Herrschern des Sowjetimperiums aufgegriffen wurde. Der Sowjetpatriotismus ist eine

17 *Der Traum vom neuen Menschen oder Die Sowjetzivilisation,* a.a.O., S. 331.

18 Vgl. Victor Zaslavsky, Veljeko Vujacic: »Die Ursachen des Zerfalls in der UdSSR und Jugoslawien«, in: *Freibeuter,* Nr. 50, Berlin 1991.

19 Ernest Renan: *Was ist eine Nation?* (1882), abgedruckt u.a. in: *Grenzfälle. Über alten und neuen Nationalismus,* a.a.O., S. 294.

spezifische *Invention of Tradition* für eine Identifikation entwurzelter Massen mit dem Imperium.

Der im Kampf gegen Nazideutschland von Stalin proklamierte *Große Vaterländische Krieg* schloss an die nach dem Kollektivierungsdesaster erfolgreiche propagandistische Formel vom Sowjetpatriotismus an. Die Erfahrung des nationalsozialistisch geführten Weltanschauungskrieges als einer erneuten gesellschaftlichen Katastrophe zwang die herrschenden Kommunisten den Partei- und Staatsterror zu lockern, um alle Kräfte gesellschaftlicher Subjektivität zum Kampf gegen den Nationalsozialismus zu mobilisieren. Noch in den dreißiger Jahren hatten die sowjetischen Führer, die sich in den innerparteilichen Machtkämpfen durchsetzen konnten, mit dem im agrarischen Russland populären Antisemitismus kokettiert. Im Kampf gegen den Nationalsozialismus gestattete Stalin nun Juden und auch Polen sich auf dem Territorium der Sowjetunion ethnisch-national zu formieren, um alle menschlichen Ressourcen des sowjetischen Herrschaftsbereichs im Kampf nutzen zu können.

Aber auch diese Politik ist von der fundamentalen Ambivalenz der Sowjetgesellschaft beherrscht gewesen, die Machthaber wie Untergebene teilten. Aus Angst vor möglicher Kollaboration wurden ganze Völker deportiert: Wolgadeutsche und Tschetschenen seien als prominente Beispiele genannt. Im Positiven wie im Negativen wurde durch die stalinistische Nationalitätenpolitik das national-ethnische Wahrnehmungsmuster in der sowjetischen Gesellschaft befestigt. Wie im Pass-System seit den dreißiger Jahren gesetzlich bestimmt, gehörten die Menschen zu gesellschaftlichen Einheiten, die nicht frei gewählt werden konnten, sondern nach Herkunftskriterien bestimmt wurden. Diese Politik passte in den internationalen Rahmen des weltweiten Kampfes gegen den nationalsozialistischen Griff nach der Weltmacht, der in allen besetzten Ländern unter dem Banner der nationalen Befreiung geführt wurde.

Mit dem erfolgreichen Kampf der Sowjetunion gegen Nazideutschland war schon die künftige Struktur Ost- und Mitteleuropas vorgezeichnet. Auch hier bedienten sich die Kommunistischen Parteien der patriotischen Legitimation, um unter ihrer

Führung nationale Bündnispolitik zu betreiben. Das gesellschaftliche Projekt der Modernisierung, mit dem sie ihren Erfolg verbanden, hieß Industrialisierung von Agrargesellschaften nach sowjetischem Muster. Die Kommunisten hatten die Aufgabe, diesen gesellschaftlichen Umwandlungsprozess im nationalen Rahmen zu lösen – sie selbst wurden unter der Drohung des Terrors auf die Kommandostruktur der Moskauer Zentrale vereidigt. Die Schauprozesse in der europäischen Peripherie der Sowjetunion sollten diese zentralistische Hierarchie befestigen.[20] Das terroristische Modell lieferte die Sowjetunion, deren Sicherheitsdienste den Ablauf der Schauprozesse in allen Satellitenstaaten kontrollierten. Die »Leningrader Affäre«[21] mit der folgenden Kampagne gegen Formalismus und Kosmopolitismus ging 1948 der Welle der Schauprozesse voraus. Leningrad war von Stalin und Ždanow bewusst gewählt worden. Als Symbol des heroischen Widerstands gegen die 1000 Tage währende nationalsozialistische Belagerung schien diese Stadt die Möglichkeit eines neuen urbanen Selbstbewusstseins zu verkörpern. Das vorstalinistische Petersburg, die modernste Stadt Russlands, galt als traditioneller Orientierungspunkt der alten, kosmopolitisch orientierten russischen *Intelligenzija*. Den Machthabern in der Moskauer Zentrale blieb jede Regung von Selbstständigkeit im politischen und kulturellen Leben suspekt. Die *Große Säuberung* hatte am 1. Dezember 1934 mit dem Mord an Kirow in Leningrad begonnen und auch 1948

20 Georg Hermann Hodos, selbst ein Opfer des stalinistischen Terrors in Ungarn, hat diesen Zusammenhang überzeugend dargestellt: *Schauprozesse. Stalinistische Säuberungen in Osteuropa 1948-54*, Frankfurt/M., New York 1988.

21 »Zwei Monatsschriften *Der Stern* (*Zvesda*) und *Leningrad* wurden beschuldigt, schädliche Werke veröffentlicht zu haben. Erstere wurde reorganisiert, letztere verboten. Anna Achmatova und Michail Zoščenko wurden als verantwortliche Sündenböcke bezeichnet, aus dem Schriftstellerverband ausgestoßen und verfemt … Im Dezember 1948 wurden im Plenum des Sowjetischen Schriftstellerverbandes ›Formalismus, Ästhetizismus und Gruppen bourgeoiser Kosmopoliten‹ zum Gegenstand eines neuen Angriffs. Dieser Schlag galt den Literatur- und Theaterkritikern, besonders denen jüdischer Herkunft … Sehr oft dienten nationalistische und ›antikosmopolitische‹ Schlagworte als Deckmantel für krassen Antisemitismus, der in Kreisen der Regierung ständig zunahm. Er erreichte 1952 mit der Hinrichtung jüdischer Schriftsteller, darunter Bergel'son, Feffer, Kvitko, Markiš u.a., seinen Höhepunkt. Sie wurden mit zahlreichen jüdischen Intellektuellen und Künstlern (unter ihnen der sehr populäre Schauspieler Michoels) 1948 verhaftet und mussten im Gefängnis schreckliche Foltern erdulden.« Marc Slonim: *Die Sowjetliteratur*, Stuttgart 1972, S. 335, 337.

sollte wieder ein Exempel statuiert werden – die Terrorandrohung richtete sich hauptsächlich innergesellschaftlich gegen die *Intelligenzija.*[22] Das Bedürfnis nach Selbstständigkeit wurde als »bourgeois« denunziert wie auch alle nichtbolschewistischen kulturellen und politischen Traditionen der alten *Intelligenzija.* Wieder belebt wurde darüber hinaus das antisemitische Instrumentarium, mit dem der in der stalinistischen Periode neu entstandenen sowjetischen *Intelligenzija* gedroht werden konnte. Ohne demonstrative Unterwerfung unter die Kommandostruktur des »demokratischen Zentralismus« sollte dieser neuen Schicht kein Zugang zu den bescheidenen Privilegien des Gesellschaftssystems gewährt werden. Auch die durch Stalins plötzlichen Tod 1953 abgebrochene Kampagne gegen die »Ärzteverschwörung« hatte nichts anderes als die Einschüchterung der *Intelligenzija* zum Ziel.

In der Kernzeit des Kalten Krieges, also von der Berlinblockade 1948 bis zur Kubakrise 1962 wurde es im Westen Mode, Intellektuelle überhaupt als *Intelligenzija* zu titulieren. Seit den Zeiten McCarthys dienten antiintellektuelle Ausfälle in den Medien des Westens der periodischen Einschüchterung einer politisch engagierten Intelligenz, die an die universellen Prinzipien des Kampfes gegen den Nationalsozialismus erinnerte. Durch den Gebrauch des russisch klingenden Wortes sollten die politisch engagierten Intellektuellen als potenzielle Moskauer Sympathisanten denunziert werden. Soziologisch gesehen bedeutet *Intelligenzija* etwas Genaueres: Im letzten Drittel des 19. Jahrhunderts erfasste ein Modernisierungsprozess von ungeheurer Schnelligkeit das russische Zarenreich. Das Missverhältnis zwischen einer alle Lebensverhältnisse umstürzenden Ökonomie und einer sich politisch an der Vorvergangenheit orientierenden Autokratie stach weitaus deutlicher hervor als im wilhelminischen Kaiserreich. Während der fundamentalen Modernisierung Russlands formierte sich eine gebildete Schicht aus Adel, Bürgern, Bildungsbürgern und Eliten nationaler Minderheiten, die zu großen Teilen Auslandserfahrun-

22 Zur Kontinuität der Terrorpraxis vgl. Boris Nikolajewski: »Die Ermordung Kirows«, in: ders.: *Brief eines alten Bolschewiken*, Frankfurt/M. 1965, ausführlicher noch in: ders.: *Power and the Soviet Elite* (hg. v. Janet D. Zagoria), Ann Arbor 1965.

gen besaß. Aus ihnen rekrutierte sich die moderne russische Kulturbewegung ebenso wie die politische Oppositionsbewegung in einer beeindruckenden Spannbreite von bürgerlichem Liberalismus bis zu aristokratisch-bäuerlichem Anarchismus. Die *Intelligenzija* wurde zum heroischen Vorbild aller antimonarchischen europäischen Bewegungen des späten 19. Jahrhunderts. Aus ihr gingen auch die arbeiterzionistische Bewegung und nationale Befreiungsbewegungen aller Art hervor. Die bolschewistische Nationalitätenpolitik nach dem Ende des Kriegskommunismus sollte ebendiese *Intelligenzija* unter Kontrolle bringen.

In den katastrophischen Evolutionen der Sowjetgesellschaft hatte sich eine neue Mittelschicht ausgebildet, die den harten gesellschaftlichen Kern des »real existierenden Sozialismus« ausmachte. In den nachterroristischen innergesellschaftlichen Friedenszeiten nach Stalins Tod bis in die frühen achtziger Jahre wurde sie formiert und zur wichtigsten Klasse der gesellschaftlichen Entwicklung. Die Überproduktion von Akademikern begleitete die Etablierung des *soviet way of life* nach dem XX. Parteitag. »Bis Mitte der fünfziger Jahre war die Sowjetunion den Vereinigten Staaten gegenüber in der Produktion von Akademikern im Rückstand und holte im Lauf der sechziger Jahre auf. 1974 hatte die Sowjetunion sechsmal so viel graduierte Ingenieure wie die USA.«[23] Auch im innergesellschaftlichen Vergleich überholten während dieser Periode die akademisch gebildeten Mittelschichten numerisch die Anzahl der ländlichen Bevölkerung. Zwischen 1960 und 1980 wuchs ihre Zahl von 10% auf 20% der Gesamtbevölkerung.

Die von Marcuse angesprochene fundamentale Ambivalenz ist für diese Schicht charakteristisch. Von ihrer gesellschaftlichen Lage her ist sie am gesellschaftlichen und technischen Fortschritt interessiert und die politische Kontrolle ihrer Tätigkeit empfand sie als Fessel. Unter den Sowjetbedingungen strukturierte sich auch ihr Interessendenken generationsübergreifend familialistisch. Der Akademikerstatus erreichte in den siebziger Jahren den Stand privilegierter Erblichkeit. Mit der stetigen Expansion der Sowjet-

23 Victor Zaslavsky: *In geschlossener Gesellschaft*, a.a.O., S. 139.

wirtschaft entstand ein immer neuer Hunger nach akademisch gebildeten Arbeitskräften, mit denen auch der Umfang der sie kontrollierenden Bürokratie anwuchs. Aus diesem Potenzial entstand gesellschaftliche Unzufriedenheit, als die Stagnation das langsame, aber für die Phase der sechziger und siebziger Jahre charakteristische Wachstum ablöste. Unter der Ideologie des Sowjetpatriotismus hatte sich die russisch-imperiale Tradition als überindividuelles Selbstverständnis dieser neuen Mittelschicht revitalisiert. Vor dem Hintergrund der innersowjetischen Verteilung von Macht und Rollen nach ethnonationalen Gesichtspunkten bot sich die nationale Agitation als Weg an, gesellschaftliche Unzufriedenheit zu artikulieren, nachdem durch die *Perestroika* der eiserne Griff der »demokratisch-zentralistischen« Parteiorganisation gelockert worden war. National benachteiligt fühlten sich alle – ob Russen, Usbeken oder Balten. Strukturisomorph verhielt es sich in Jugoslawien – ob Slowenen, Kroaten, Serben oder Albaner: Ethnonationalismus wurde zum Synonym von Diskriminierung.

In den peripheren Ländern des Systems hatte sich diese Entwicklung bereits schneller vollzogen. In der Tat war das sowjetische Modell für die Errichtung des »real existierenden Sozialismus« in den unterschiedlichen Ländern des sowjetischen Machtbereichs verbindlich gewesen – auch die institutionelle Verknüpfung des Systems »begrenzter Souveränität«, die Generalsekretär Breschnew nach der Invasion in die ČSSR verkündet hatte, mit relativer Selbständigkeit der nationalen Parteien, die selbstproduzierte Katastrophen auch in gewissem Maße selbst verantworten sollten, hatte bis zum Polnischen August 1980 funktioniert. Doch jede Intervention der Roten Armee beschleunigte die Zentrifugalkräfte des Systems. An Polen lässt sich exemplarisch ablesen, dass die Macht der Kommunistischen Partei schon in den fünfziger Jahren nicht mehr ausreichte, um die Organisation der Agrarwirtschaft nach sowjetischem Muster durchzusetzen. Die kleinbäuerliche Wirtschaft überlebte und bildete in Krisenzeiten eine Ressource, aus der der Widerstand Kräfte schöpfen konnte. Der traditionelle polnische Nationalismus blieb in Verbindung mit der katholischen Kirche, deren Organisation in Polen selbst ethnonationalistische Züge zeigt, eine Macht, um die von der »Polnischen Vereinigten Arbeiter-Partei« immer geworben wurde – in der Krise 1968 spielte General Moczar sogar die antisemitische Karte des polnischen Ethnonationalismus, um die rebellische Intelligenz zu isolieren. Die politische Opposition in Polen hatte mit einer immanenten Kritik am Machtmonopol der Partei begonnen, aber nach den Erfahrungen von 1968 wandten sich säkulare Intellektuelle wie Michnik, Kuroń und Modzelewski vom traditionellen, aus der Geschichte verständlichen Antiklerikalismus der linken Intelligenz ab. Die katholische Kirche in Polen hat ihre Überlebenskraft aus der Identifikation mit einem ethnisch aufgeladenen Nationalismus gezogen, der mit dem zur Schau getragenen Patriotismus der Kommunistischen Partei um die nationale Legitimation konkurrierte. Das Bündnis der atheistischen Intellektuellen mit der katholischen Intelligenz schuf eine zu den diskreditierten kommunistischen Kadern alternative Mittelschicht. Schließlich traf die Wahl des Gewerkschaftsnamens *Solidarność* die herrschende Partei mitten ins legitimatorische Herz. Die Kommunisten und ihre Gewerkschaften konnten nicht mehr für sich in Anspruch nehmen, was die Arbeiterbewegung als kosmopolitisches universales Verhalten bewusster Subjekte hervorgebracht hatte: *Solidarität.*

Einer herrschenden Klasse oder Schicht, der die gesellschaftliche wie die nationale Legitimation abhanden kommt, geht auch die Fähigkeit zur Herrschaft verloren. Jede moderne Herrschaft ist auf Legitimation angewiesen; bloßer Terrorismus kann nicht von Dauer sein. Zur dauerhaften Legitimation von Herrschaft aber war die Marxsche Theorie denkbar ungeeignet. Während des langen bürgerlichen Jahrhunderts ist sie in der Arbeiterbewegung nie mehrheitsfähig gewesen, und die Kommunisten an der Macht haben sie für ihre Zwecke zum Marxismus-Leninismus umgeformt, der auch den Horizont Leninschen Denkens und Handelns überschritt. Mao Tse-tung hat schon während des Bürgerkrieges eine tief greifende Sinisierung des Marxismus begonnen, mit dem er Chinas Weg in eine klassenlose Gesellschaft legitimieren wollte. Alle Varianten des Marxismus-Leninismus haben legitimatorische Funktionen übernommen, die dem Rechtfertigungscharakter einer Ideologie Tribut zollen. Der Marxismus-Leninismus hat aber ebenso wenig als Ideologie der Gesellschaft des »real existierenden Sozialismus« ausgereicht wie die Mao Tse-tung-Ideen als Ideologie eines chinesischen Weges zur klassenlosen Gesellschaft. Beide mussten eine Verbindung mit dem russischen und chinesischen Patriotismus eingehen, um über die Kader der Kommunistischen Partei hinaus massenwirksam zu werden. Der imperiale Patriotismus in China und auch der Sowjetunion konnte an eine existierende Alltagsreligion vom »Reich der Mitte« oder eine »eurasisch-russische Mission« anknüpfen, an eine überindividuelle Vorstellung einer besonderen Vergesellschaftung – der institutionell geförderte Patriotismus bezog sich und bezieht sich auf die ethnonationale Selbstidentifikation der Gesellschaftsmitglieder.

In der Krise des Sowjetimperiums ist diese spezifische Gestalt eines gewandelten Reichspatriotismus zusammengebrochen. Übrig geblieben ist das Gefühl von Ethnizität als letzter Gewissheit. Miroslav Hroch, einer der hervorragendsten Analytiker von Nationalbewegungen, hat ethnische Selbstidentifikation als gesellschaftliche Krisenerscheinung diagnostiziert.[24] Der politische Nationenbegriff, der in der Amerikanischen und Französischen Revolution die Bürgernation etablierte, zu der man sich subjektiv zurechnen muss wie zu einer Freiwilligenarmee, wurde schon im langen bürgerlichen Jahrhundert von den Nationen ohne entwickeltes Bürgertum ethnisch infrage gestellt. Je mehr die bürgerliche Gesellschaft und der ihr adäquate klassische Liberalismus an Legitimation verloren, umso ethnischer artikulierten sich die Nationalbewegungen. Im *short century* lässt sich von einem Sonderweg des Ethnonationalismus schlecht sprechen, denn ethnonationalistische Integration wurde in der Dekolonisierungsepoche zur Hauptstraße der Vergesellschaftung. Die schier endlosen Konflikte nach der Befreiung zeigten auch das destruktive Potenzial der Legitimation durch Herkunft, die alle politischen Errungenschaften der vom Kolonialismus befreiten Nationen zugunsten ethnisch begründeter Verteilungskämpfe zu

24 Miroslav Hroch in Eric Hobsbawm: *Nationalismus und Ethnizität*, in: *Neue Gesellschaft/Frankfurter Hefte*, Nr. 7, 1992.

zerstören droht. Noch die ethnonationalistische Auflösung des »real exisierenden Sozialismus« trägt der Ambivalenz dieser Gesellschaftsordnung Rechnung. Sie enthält in sich das Moment emanzipatorischer Selbstbehauptung, die das Zwangssystem der Gesellschaften sowjetischen Typs zutiefst missachtet hat, und zugleich das Moment entsolidarisierender Hostilität, die der realsozialistischen Gruppenkonkurrenz nachgebildet ist.

Lange bevor das System des »real existierenden Sozialismus« zusammenbrach, hatten sich im Westen gesellschaftliche Entwicklungen durchgesetzt, die den Ethnonationalismus auch in Ländern beförderten, die sich traditionell eher antipartikularistisch definierten. Man kann diesen Schnitt mit einiger Plausibilität mit dem Ende des *Golden Age*[25] ansetzen. In den USA begann sich die Struktur der Einwanderungsgesellschaft substanziell zu verändern. An den Universitäten der größten Ausbildungsgesellschaft der Welt artikulierten neue Mittelschichten ihre Ansprüche zunehmend »ethnisch«[26], ohne jedoch die Einheit der Nation infrage zu stellen. »Identität« wurde zum politischen Stichwort neuer gesellschaftlicher Gruppenbildungen, deren Entwicklung sich durch den Zerfall traditioneller Milieus beschleunigte. Alte und Neue Linke, die konstitutionell noch in den sechziger Jahren universalistisch eingestellt waren, wurden Ende der siebziger Jahre zu Propagandisten ethnisierender Identifikationen. Der *backlash,* als den man den Durchbruch der neurechten Republikaner in den USA mit der *Reagan Revolution* betrachten muss, mobilisierte die *silent majority* und ihre ideologischen Ressourcen eines christlichen Fundamentalismus.

Mit einer leichten zeitlichen Verzögerung erreichten die Folge-

25 Vgl. Eric Hobsbawm: *Das Jahrhundert der Extreme. Weltgeschichte des 20. Jahrhunderts,* München, Wien 1995. Hobsbawm datiert das Ende des global expansiven kapitalistischen Wachstumsprozesses auf 1974, letztlich als Folge der Ölkrise (S. 361). Man kann diese Datierung für etwas ökonomistisch halten; gerade ein Jahr wie 1968 mit einer weltweiten Gleichzeitigkeit studentischer Protestbewegungen, die über das akademische Milieu weit hinausgingen, problematisiert die Einteilung der Gesellschaftsgeschichte nach den Daten der Ökonomie.

26 Nathan Glazer, Daniel P. Moynihan: *Ethnicity*, Cambridge 1975. Einen guten Überblick bietet auch Eckhard J. Dittrich, Frank-Olaf Radtke: *Ethnizität. Wissenschaft und Minderheiten,* Opladen 1990.

wirkungen des veränderten politischen Klimas auch Westeuropa. Die gesellschaftlichen Zerfallsprozesse der alten Industriegesellschaften beutete eine populistische Neue Rechte aus, der die Mobilisierungskraft der Xenophobie nicht verborgen geblieben ist. Die *think tanks* der traditionellen konservativen Parteien in Europa scheuten sich nicht, dieses Potenzial für ihre eigene Mobilisierung zu benutzen. Auch in der Bundesrepublik war Mitte der achtziger Jahre eine populistische Neue Rechte auf dem Vormarsch, die ethnonationalistische Agitationsmuster erfolgreich einsetzte. In zerfallenden großstädtischen Milieus konnten sie ebenso beachtliche Erfolge erringen wie in Hochburgen des traditionellen Mittelstands mit außerordentlich günstigem Sozialprofil.[27] Die in den Medien geschürte deutsche »Wiedervereinigungseuphorie«, die auch von ethnonationalistischen Identifikationen lebte, nahm für fast ein Jahrzehnt diesen Strömungen den Wind aus den Segeln. Aber schon die Ereignisse in Rostock-Lichtenhagen, als Ex-DDR-Bürger begannen, Flüchtlinge als unerwünschte Fremde gewaltsam zu verfolgen, signalisierten eine unheimliche, subversive Vereinigung von Ost und West. Der Gesellschaftszerfall des Sowjetsystems nach ethnonationalistischen Mustern beförderte in der westlichen Öffentlichkeit die Illusion, es handele sich um die Wiederkehr alter nationalistischer Bewegungen und ihrer Ideologien. Diese verkehrte Wahrnehmung neuer Tendenzen, die zerfallende Traditionsreste ausbeuten und zu mobilisierenden Politikmustern zusammenfügen, gehört selbst zum Problem des Ethnonationalismus. Auf dem Balkan hat sich nicht eine alte Geschichte wiederholt, sondern eine neue gesellschaftliche Konstellation zeigt nach dem Ende der Systemkonfrontation ihr böses ethnonationalistisches Antlitz.

27 Als Beispiel für Ersteres mögen West-Berlin vor dem Mauerfall oder die traditionelle Industrie- und Hafenstadt Bremerhaven gelten, für Zweiteres Rosenheim.

Nationalismus, Identität und die Welt im Umbruch

Über die Logik der Serialität

Benedict Anderson

> Wenn die Tiger trinkend sich im Wasser erblicken, werden sie oft gefährlich.
>
> *Bertolt Brecht*

Dieser Aufsatz hat im Wesentlichen drei Ziele: Das erste und wichtigste ist, die Bildung kollektiver Subjektivitäten in der modernen Welt neu zu skizzieren. Dies geschieht unter Berücksichtigung der materiellen, institutionellen und diskursiven Grundlagen, die notwendig zwei grundsätzlich entgegengesetzte Formen der Serialität, eine *unbegrenzte* und eine *begrenzte* Form, hervorbringen. Unbegrenzte Serialität hat ihre Ursprünge in den Printmedien, besonders den Zeitungen, wie auch in Formen öffentlicher Auftritte, sie findet in solch allgemeinen, auf die Welt gerichteten Pluralen wie Nationalisten, Anarchisten, Bürokraten und Arbeitern ihren Ausdruck. Begrenzte Serialität hat ihre Ursprünge in der Staatlichkeit, besonders in solchen Einrichtungen wie Volkszählungen und Wahlen, wofür endliche serielle Gruppen wie Asian-Americans, Beurs und Tutsis die Sinnbilder sind. Das zweite Ziel ist, eine so klare analytische Trennung wie möglich zwischen Nationalismus und Ethnizität und, in ähnlicher, indirekter Weise, zwischen Universalität und »kosmopolitischer« Hybridität aufzubauen. Das dritte Ziel ist, den Popanz von den »abgeleiteten Diskursen« und »Imitationen« als Erklärungsansatz loszuwerden, denn es gilt, die erstaunliche globale Verbreitung nicht nur des Nationalismus, sondern auch zutiefst standardisierter Vorstellungen von Politik zu verstehen. Dies geschieht zum Teil durch Überlegungen zu Alltagspraxen, die in industrieller und materieller Zivilisation verwurzelt sind und die den Kosmos ersetzt haben, um Raum für »die Welt« zu schaffen. Ich werde einen Großteil meines Anschauungsmaterials aus der ehemaligen Dritten Welt beziehen, wo die Geschwindigkeit und das Ausmaß der über das letzte Jahrhundert zu beobachtenden Entwicklung so drastisch geworden sind, dass die beiden Formen der Serialität deutlich hervortreten.

Unbegrenzte Serialität

Am 29. Februar 1920 fand in der kleinen zentral-javanischen Stadt Delanggu, vollständig umgeben von riesigen kolonialen und lokal-königlichen Zuckerplantagen, die erste öffentliche Kundgebung unter freiem Himmel in der Region statt. Von den Rednern, die zu der wahrscheinlich erstaunten Versammlung von Bauern und Zuckerfabrikarbeitern sprachen, erscheint heute keiner bemerkenswerter als Haji Misbach, gläubiger Mekka-Wallfahrer und begeisterter Kommunist, sein dunkles Gesicht zwischen einem strahlend weißen Tropenhelm und einer gut geschnittenen weißen niederländischen Jacke. Im Verlauf seiner Rede brüllte er Folgendes[1]: »Die heutige Zeit kann mit Recht als das *Djaman Balik Boeono* (ein alter volkstümlicher javanischer Ausdruck für »Zeit-in-der-die-Welt-auf-dem-Kopf-steht«) bezeichnet werden, denn was bislang oben war, ist jetzt gewiss unten. Es heißt, dass es in dem Land Oostenrijk (Niederländisch für »Österreich-Ungarn«), das von einem *Radja* (Indonesisch für »Monarch«) regiert wurde, jetzt ein *Balik Boeono* gegeben hat. Es wird jetzt von einer Republik geführt und viele *Ambtenaar* (Niederländisch für »Regierungsbeamter«) wurden von der Republik getötet. Ein ehemaliger *Ambtenaar* muss nur seinen Kopf aus der Tür strecken und ihm wird die Kehle durchgeschnitten. Also denkt daran, Brüder! Das Land gehört niemandem außer uns selbst.«

Tatsächlich hatte Karl VII. im November 1918 seine kaiserlich-dynastischen Rechte aufgegeben. In Wien und Budapest hatte eine Art *Balik Boeono* stattgefunden. Béla Kuns Kommunistische Partei Ungarns hatte die Macht am 21. März 1919 übernommen und in den vier Monaten bevor dieses Regime angesichts der tschechischen und rumänischen Invasion zusammenbrach eine beträcht-

1 Takashi Shiraishi: *An Age in Motion. Popular Radicalism in Java 1912-1926*, Ithaca, New York 1990, S. 193.

liche Anzahl Klassenfeinde kurz entschlossen hingerichtet. Aber die Alliierten hatten geholfen, Admiral Miklós Horty, der begann, seinen eigenen Schrecken zu verbreiten, am 25. November an die Macht zu bringen. Haji Misbach war leider sieben (aber nur sieben!) Monate zu spät, ob er sich dessen bewusst war oder nicht.

Dennoch sind seine Worte in vielerlei Hinsicht so neu für das koloniale Zentral-Java gewesen, wie die Versammlung, zu der er redete. Denn er sprach zu seinem Publikum in der vollen Überzeugung, dass das Land Oostenrijk – für das es in seiner Sprache noch keinen Namen gab und das er selbst nie mit eigenen Augen gesehen hatte – auf der anderen Seite der »Welt« existierte. Des Weiteren wurden die von ihm beschriebenen revolutionären Ereignisse als gleichzeitig mit Geschehnissen in Java dargestellt und dadurch in einem einzigen Zeitrahmen geordnet – der Zeit, in der die Welt auf dem Kopf steht. Diese Ordnung gestattete es ihm, davon auszugehen, dass das, was mit *Radja* und *Ambtenaar* in Oostenrijk geschehen war, auch ihren Pendants in Niederländisch-Indien widerfahren werde. Noch weitaus bemerkenswerter ist jedoch Misbachs Gebrauch des kleinen Wortes »ein«. »Ein« *Radja*, »ein« *Balik Boeono*, »eine« *Republik*, »ein« ehemaliger *Ambtenaar* – »ein« weist jedes Mal darauf hin, dass das Folgende Teil einer Begriffsserie ist, die das sichtbare Java mit dem unsichtbaren Oostenrijk verbindet. Dass es gleichgültig war, ob die Begriffe mit niederländisch-europäischen, indonesisch-malayischen oder javanischen Namen bezeichnet wurden, verdeutlicht eine neue Lebensauffassung: Sprachen sind gegeneinander durchlässig, durchdringen sich, vermessen ihre Bereiche gegenseitig – bei gleicher Entfernung oder Nähe zur materiellen Welt. Damit diese Gleichheit möglich werden konnte – und sie war noch während der Jugend von Misbachs Vater nicht möglich –, musste sowohl das Niederländische um seine Stellung als Sprache der Kolonialmacht als auch das Javanische um seine Stellung als Sprache der Wahrheit der Ahnen gebracht werden. So wird eine tief greifende, sicherlich unbewusste Veränderung der semantischen Aufladung des Wortes *Boeono* erkennbar. Seine frühere Bedeutung war in etwa »Kosmos«, ein natürliches, vertikales Universum, hierarchisch geordnet von der Gottheit, oder den Gottheiten, abwärts über

Könige, Adlige und Bauern bis hin zu Fauna und Flora und den Landschaften, in denen sie eingebettet waren. Diese Bedeutung erklärt, weshalb sich unbedeutende javanische Prinzen solch hochtrabende Titel wie Paku Buwono (Nagel des Kosmos) oder Hamengku Buwono (Hüter des Kosmos) gaben, ohne diese Ausdrucksweise im Geringsten lächerlich zu finden. Aber Misbach gebrauchte *Boeono* in der recht neuen Bedeutung von »Welt«, einem horizontalen Universum von sichtbaren und unsichtbaren menschlichen Wesen, aus dem Vulkane, Dämonen, Wasserbüffel und Gottheiten verschwunden waren.

Die Plötzlichkeit der damit verbundenen Veränderung wird durch einen weiteren javanisch-niederländischen Vergleich noch deutlicher. In *Imagined Communities* diskutierte ich einen beispielhaften Zeitungsartikel aus dem Jahr 1913, geschrieben von Soewardi Soerjaningrat, Misbachs adligem Zeitgenossen und antikolonialistischem Waffenbruder.[2] Er hatte den Titel »Als ik eens Nederlander was«, was am ehesten mit »Wenn ich nur einmal ein Niederländer wäre« übersetzt werden kann. Der Zweck des Artikels war, auf das Missverhältnis hinzuweisen, dass die niederländischen Kolonialisten, die die Unabhängigkeit der Niederlande von Napoleons Herrschaft feierten, die Eingeborenen, die sie selbst unterdrückten, dazu zwangen, die Kosten der Feierlichkeiten mitzutragen.[3] Aber es wird auch deutlich, dass Soewardis sarkastische Rhetorik die anonyme serielle Gruppe der Niederländer nonchalant als gegeben ansah. Wenn man im Gegensatz dazu die im Exil während der Gefangenschaft geschriebenen Memoiren seines nicht allzu entfernten Vorfahren Prinz Diponegoro betrachtet, der zwischen 1825 und 1830 so lange militärischen Widerstand gegen den niederländischen Kolonialismus leistete, dass er heute

2 *Imagined Communities. Reflections on the Origin and Spread of Nationalism*, London 1991, S. 117.

3 Seltsamerweise nahm Soewardi den komischen und reaktionären Charakter dieses Gedankens nicht wahr. Anstatt holländische Männer und Frauen an die tatsächlich heldenhafte Erklärung der Unabhängigkeit vom Reich Philipp II. durch ihre Vorfahren oder Madrids schließliche Anerkennung dieser Unabhängigkeit im Jahr 1648 zu erinnern, wurde der Sieg der Heiligen Allianz über Napoleon, die Verhängung einer mittelmäßigen Monarchie über ein Volk mit langer republikanischer Tradition durch den Wiener Kongress und der erzwungene Anschluss an das neue Königreich des heutigen Belgien gefeiert.

der wichtigste historische Held des unabhängigen Indonesien ist, tauchen »die Niederländer« als solche nie auf.[4] Seine erfolgreichen Gegner wurden im Stil feudaler Handschriften mit persönlichem Namen und Rang aufgeführt. Und wenn diese Gegner nicht Teil der seriellen Gruppe der »Niederländer« sind, ist auch er selbst nicht »ein« Prinz oder »ein« Javaner.

Ein weiteres Wort fehlt in Diponegoros melancholischen Überlegungen, eines, das sich unzweifelhaft mit »Politik« übersetzen ließe. Diese Abwesenheit ist nicht außergewöhnlich. Fast überall in Asien und Afrika mussten für dieses Konzept Neologismen geprägt werden, und die Geburtsstunde jeder Begriffsprägung ist bezeichnenderweise nah an der des Nationalismus. Damit »Politik« als klar abgegrenzter Bereich des Lebens denkbar werden konnte, bedurfte es zweier Dinge: Zum einen mussten spezialisierte Institutionen und Praktiken erkennbar sein, die nicht in unachtsamer Weise in alten Kategorien kosmologisch oder religiös begründeten Königtums erklärt werden konnten, das heißt: allgemeine Wahlen, Präsidenten, Zensoren, Parteien, Gewerkschaften, Kundgebungen, Polizei, Führer, Legislativen, Boykotte und dergleichen – auch Nationen. Zum anderen musste die Welt als Einheit verstanden werden, so dass es, egal wie viele verschiedene soziale und politische Systeme, Sprachen, Kulturen, Religionen und Wirtschaftsräume sich auf ihr befanden, eine gemeinsame Aktivität – Politik – gab, die selbstverständlich *überall* stattfand.

Im Gegensatz etwa zu »Industrie« oder »Militarismus«, die als Begriffe in Europa geprägt wurden, nachdem die Phänomene, die sie zu beschreiben versuchten, bereits über Jahrzehnte hinweg im Gange waren, ging in Asien und Afrika das Vokabular der »Politik« ihrer institutionellen Verwirklichung fast immer voraus. Es wurde darüber gelesen und dann dementsprechend gestaltet; daher waren die ersten landeseigenen Kleinwörterbücher oft Einführungsglossare für Politik.

4 Ein Großteil dieser in Versform geschriebenen Memoiren ist erschienen in: Ann Kumar: »Dipanegara (1787?-1855)«, in: *Indonesia,* Nr. 13, April 1972, S. 69-118.

Zeitungen
Dass solche Glossare typischerweise durch frühe Zeitungen und Zeitschriften verbreitet wurden, gestattet es, den besonderen Charakter des Gestaltungsprozesses sowie der zugrunde liegenden Grammatik zu betrachten. Die Gestaltung funktionierte eher über Serialisierung als durch Nachahmung im einfachen Sinne. Ich habe 1983 angesichts der Rolle von Zeitungen bei der Entstehung der für die Nationenvorstellung notwendigen Zeitwahrnehmung einseitig die Bedeutung der kalendarischen Gleichzeitigkeit anscheinend zufälliger Ereignisse betont, die jede Tageszeitung ihren Lesern anbietet.[5] Zwei andere miteinander in Beziehung stehende Kohärenzprinzipien habe ich völlig übersehen. Das erste ist, dass Zeitungen überall »diese Welt der Menschheit«[6] als ihre Domäne voraussetzen, gleichgültig, wie voreingenommen sie diese behandeln. Es wäre für eine Zeitung gegen ihre Natur, die Berichte auf Ereignisse zu beschränken, die sich in dem politischen Raum ereignen, in dem sie erscheint. Gräuel in Ruanda in Tokioter Zeitungen, der Ausbruch des Pinatubo in denen Stockholms, das Endspiel der Fußball-Europameisterschaft in denen Ranguns; alles scheint auf die gleiche Weise völlig natürlich. Das Zweite ist, dass diese »natürliche Universalität« überall durch eine nicht selbstbewusste Standardisierung des Vokabulars verstärkt wurde, die in der Zeitung jegliche formelle Unterscheidung zwischen lokalen und internationalen Nachrichten aufhebt. Dies ist keine neue Entwicklung. Zu Haji Misbachs Zeiten wurde über Peru, Österreich-Ungarn, Japan, das Osmanische Reich – ungeachtet dessen, wie groß die tatsächlichen inneren Unterschiede zwischen den Bevölkerungen, Sprachen, Glaubensrichtungen und Lebensbedingungen gewesen sind – in einer stark vereinheitlichten Sprache berichtet. Einen Tennô mag es innerhalb Japans geben, aber in allen Zeitungen wird er als (ein) »Kaiser« erscheinen. Gandhi mag in Bombay der Mahatma sein, aber anderswo wird er als »ein« Nationalist, »ein« Agitator, »ein« (Hindu-)Führer

5 *Imagined Communities*, S. 22-36.
6 Übersetzung von *Bumi Manusia*, Titel des ersten Bandes der Tetralogie über die Ursprünge des indonesischen Nationalismus des großartigen indonesischen Schriftstellers Pramoedya Ananta Toer.

beschrieben werden. St. Petersburg, Caracas, Addis Abeba – alles Hauptstädte. Jamaika, Kambodscha, Angola – alles Kolonien.

Da im 19. und 20. Jahrhundert die Gestaltung von Institutionen auf dem gesamten Planeten mit großer Geschwindigkeit fortschritt, soll das nicht heißen, dass keinerlei Ähnlichkeiten existierten. Es war eher der Fall, dass gerade das Format der Zeitung andere Vorstellungen durch die völlige Zufälligkeit der sich beständig ändernden Inhalte ausschloss. Man könnte so weit gehen zu sagen, dass die regelmäßigen Erscheinungen des Löwen von Judäa und des Sohnes des Himmels – körperlich unsichtbar nicht nur für zwei kleine Gruppen von Höflingen und Beamten – in der gleichzeitigen Vorstellung von Millionen von Menschen in der ganzen Welt ihre Stellung in einer einzigen Kategorienserie notwendig machte: Könige. Serielle Gruppen dieser Art waren alltägliche Universalien, die alle Sprachen durchsetzten und dies nicht nur in eine Richtung. Um ein Beispiel zu nennen: Als während der fünfziger Jahre des 20. Jahrhunderts junge thailändische Marxisten sich den Begriff *sakdina* – der seit dem Mittelalter »auf Knien« bedeutete und das traditionelle, um den Monarchen zentrierte Statussystem Siams beschrieb – aneigneten und kritisch wendeten, schien es ihnen völlig selbstverständlich, das Wort in einem allgemeinen Sinn zu verwenden und folglich von der *Sakdina*-Gesellschaftsordnung des mittelalterlichen Europa zu schreiben.[7] *Sakdina* und »feudal« standen füreinander ein (genau wie *Balik Boeono* und »Revolution«). Das bedeutet nicht, dass die Begriffe genau das Gleiche bedeuteten, sondern vielmehr, dass sich von Bangkok und Birmingham aus zwei parallele Serien über die Erde ausbreiteten und diese nahtlos vermaßen. Dieses Beispiel macht deutlich, in welcher Weise das neue serielle Denken von Beginn an sowohl ungleichzeitig auf- und abwärts durch homogene, leere Zeit, als auch gleichzeitig auf den Zeitungsseiten angewandt werden konnte.

Diese Logik der Serie begründete eine neue Grammatik der Repräsentation, die Voraussetzung für die Nationenvorstellung

7 Siehe die anspruchsvolle Diskussion in Craig J. Reynolds: *Thai Radical Discourse. The Real Face of Thai Feudalism Today*, Ithaca, New York 1987.

gewesen ist. Die spätkoloniale Welt ist ein besonders geeigneter Ort, um sich diese Entwicklung bewusst zu machen. Von dort aus lässt sich beobachten, wie diese Logik in gleicher Weise, wenn auch in verschiedenen institutionellen Milieus, sowohl unter weißen Regierenden als auch unter farbigen Regierten funktionierte. Um diesen Prozess zu illustrieren, bietet sich der Blick auf Niederländisch-Indien im späten 19. und frühen 20. Jahrhundert an.

Market performance

Bis zu dieser Epoche basierten alle volkstümlichen, einheimischen »Theaterarten«, auch das traditionelle Schattenspiel, auf einer ikonografischen Logik. Die Geschichten, von lebendigen Schauspielern dargestellt oder von Puppenspielern gesprochen, basierten entweder auf örtlichen Legenden oder auf Episoden der Mahabharata- und Ramayana-Epen, die sich über die Jahrhunderte derart eingebürgert hatten, dass nur eine kleine, des Lesens kundige Minderheit sich ihres indischen Ursprungs bewusst war. Nicht nur waren die Geschichten den Zuschauern durch und durch bekannt, auch ihre Darstellung ist in Bildnissen festgelegt gewesen. Programmhefte waren unvorstellbar, da die Charaktere alle durch standardisierte Körperformen, Frisuren, Kostüme, Sprachstil und gestisches Repertoire sorgfältig voneinander unterschieden waren. Es gab nur einen Indra, Rama oder Arjuna der, sobald er die Bühne betrat, erkennbar war. Da es außer Frage stand, diese Figuren, die abseits der Bühne oft für sehr reale Wesen gehalten wurden, zu *interpretieren,* war die Identität, oft sogar das Geschlecht der Schauspieler nicht von Bedeutung. Paradoxerweise waren die ikonografischen Regeln darüber, was Rama möglicherweise sagen konnte, so streng, dass an Drehbücher nie gedacht wurde und einfache Improvisation an der Tagesordnung war.

Doch zum Ende des 19. Jahrhunderts bildete sich in den Zeitungsstädten eine neue Form des Theaters heraus, die sich in ihrer eigenen idiosynkratischen Weise auf die Varieté- und Operettenvorstellungen reisender Kompanien von Eurasiern und Europäern bezog. Als einheimische Schauspieler begannen, den *Kaufmann von Venedig* in landessprachlichen Versionen für käufliche Tickets auf die Bühne zu bringen, lag die Attraktion im Geheimnis des exotischen Titels (Venedig? Wo war das? Aber es war auf jeder gedruckten »Welt«-Karte zu finden, die keine Nebenkarten für Himmel und Hölle hatte).[8] Shylock konnte, wie die meisten Charaktere in solchen Dramen, nicht ikonografisch dargestellt werden. Es gab noch keine Konvention darüber, wie er aussehen, sich kleiden, reden und wie er sich bewegen sollte. Juden waren in traditionellen Dramen nie aufgetreten – auch keine Geldleiher. Dementsprechend gab es keine andere Möglichkeit, als Shylock quasi-soziologisch zu spielen, als sozialen Typus oder Kombination von Typen. Der Schauspieler (inzwischen geschlechtsabhängig) konnte nicht mehr improvisieren, sondern benötigte die Hilfe des Drehbuchs und der Probe, um glaubwürdig einen jüdischen Wucherer darstellen zu können. Diese Glaubwürdigkeit hing davon ab, das Publikum von der sozialen Authentizität Shylocks zu überzeugen; mit anderen Worten: von der Verortbarkeit und auch Austauschbarkeit der Figur in solch universellen, sich überschneidenden seriellen Gruppen wie unbarmherziger Geldleiher, liebender Vater und besessener Geizkragen. Diese Darstellungsmöglichkeiten basierten nicht nur auf den Erfahrungen des kolonialen Lebens – sicherlich kannte jeder persönlich Geldleiher, Geizhälse und liebende Väter –, sondern stammten aus dem Königreich der Repräsentation selbst, der Welt des gedruckten Wortes. Dort stellten sich fiktive Shylocks, Hamlets und Geneviѐves »grammatikalisch« nicht nur in eine Reihe mit realen, seriellen Hauptstädten, Streiks, Wahlen und Fußballspielen, sondern auch mit illustrierter Werbung, die nicht anders zu verstehen ist, denn als betörender Ersatz für die seriellen Füllhörner erwünschter Waren.

8 Siehe A. Th. Manusama: *Komedie Stamboel of de Oost-Indische Opera*, Jakarta 1922 als eine hervorragende Darstellung. Manusama bietet ein provisorisches Repertoire von 43 Aufführungen, die, das belegt mein Argument, von durch und durch kosmopolitisch-lokalem thematischem Charakter sind: neun aus den Arabischen Nächten, neun aus lokalen Sagen und Legenden, sechs aus Persien, sechs aus Indien (Hindustan), drei aus China und zehn aus Europa (S. 24-27). In der letzten Gruppe finden sich nicht nur *Der Kaufmann von Venedig* und *Hamlet*, sondern auch *Geneveva* (Geneviève von Brabant), *Somnambule* (La Somnambula), *Robertson de Duiker* (Wahrscheinlich Robert der Teufel) und andere.

Begrenzte Serialität

Inzwischen näherte sich die Serialisierung mit hoher Geschwindigkeit aus einer völlig anderen Richtung. 1920, als Haji Misbach im Zuckergürtel Zentral-Javas gerade für die Revolution agitierte, führte die Kolonialregierung den ersten »wissenschaftlichen Zensus« in ihrem Machtbereich durch.[9] Zweifellos war dies im Weltmaßstab ein wenig spät, aber nicht allzu spät. Die gerade unabhängigen USA waren mit ihrem provisorischen *nationalen* Zensus im Jahr 1790 der erste Staat, der sowohl proto-wissenschaftliche als auch öffentliche Volkszählungen unternahm, womit sie um ein Jahrzehnt vor Frankreich, den Niederlanden und dem Vereinigten Königreich lagen. Doch bis 1850 war die Zähleinheit der Haushalt und lediglich der Name des Hausherrn wurde aufgenommen. Erst 1880 richtete man ein zentrales *Census Office* in Washington ein, welches 1902, in *Bureau* umbenannt, zu einer ständigen, dauerhaften staatlichen Agentur wurde. In einem größeren Rahmen lässt sich beobachten, dass erst der Erste Internationale Statistische Kongress in Brüssel 1853, in unmittelbarer Folge der nationalistischen Erhebungen in Europa von 1848, eine Resolution annahm, die die grundsätzlichen »wissenschaftlichen« Anforderungen festlegte, um die internationale Vergleichbarkeit von Zensusdaten und die Standardisierung von Zensusinhalt und -techniken zu erreichen.[10]

Dass über eine solche Resolution in Paris 1855, in London 1860 und in Florenz 1867 immer wieder abgestimmt werden musste, zeigt, dass die politische Kampagne der Statistiker zur Modernisierung und Internationalisierung der Volkszählungsergebnisse nur schwer vorankam. Es sollte nicht überraschen, dass diese Kampagne erst mit den Anfängen des Völkerbundes erfolgreich war[11],

9 Siehe Peter Boomgaard: *Population Trends. 1795-1942* (Amsterdam 1991) als gute Beschreibung dieses Unternehmens und des Gegensatzes, den es zu früheren Zählungen zu Steuer- und Fronzwecken darstellt.

10 Die zwanziger und dreißiger Jahre des 19. Jahrhunderts sind als Zeitalter des »statistischen Enthusiasmus« beschrieben worden, in dem im Vereinigten Königreich und den USA zum ersten Mal statistische Gesellschaften gegründet wurden. Siehe Paul Starr: »The Sociology of Numbers«, in: William Alonso und Paul Starr (Hg.): *The Politics of Numbers,* New York, Russell Sage Foundation 1986, S. 24; 15.

11 Große Teile des oben angeführten Materials verdanke ich Marc Ventresca von der Stanford University.

und noch weniger, dass sie mit der überaus plötzlichen und schnellen Ausbreitung des Frauenwahlrechts zusammenfiel.

Wie viele Beobachter festgestellt haben, ist die Durchführung einer Volkszählung nicht nur eine aufwändige, teure und von Grund auf öffentliche Angelegenheit, sondern die Zensusergebnisse sind, mit einigen vorhersehbaren Ausnahmen, deutlich sichtbare öffentliche Texte. Grundsätzlich müssten sie also der gleichen »grammatikalischen« Betrachtung unterzogen werden können, die flüchtig auf Zeitungen und volkstümliches Theater angewandt wurde. Unter diesem Gesichtspunkt möchte ich mich auf drei Aspekte der Konventionen des Zensus konzentrieren. Die Erste dieser Konventionen ist die Unzulässigkeit von Brüchen oder, um es anders auszudrücken, die illusorische Einheit des Körpers. Wenn zum Beispiel ein einfaches, hypothetisches Klassifikationssystem vorsieht, eine Bevölkerung in Schwarze und Weiße aufzuteilen und dann mit der schwierigen Realität konfrontiert wird, dass eine große Gruppe unterschiedlich gemischter Abstammung ist, wäre eine logische Möglichkeit, den Kategorien für Schwarze und Weiße auch Halbe, Viertel, Achtel und Sechzehntel zuzuordnen. Aber da die Konvention diese Möglichkeit ausschließt, beschränken sich die praktischen Möglichkeiten entweder auf die willkürliche Zuweisung von Schwarz oder Weiß oder die Aufweichung der Kategorien und Unterkategorien – in Mulatten, Quadroons und Octoroons –, in denen Gemischtheit ihren integralen Status wiedererlangen kann.[12] Das heißt natürlich nicht, dass jeder Gezählte nicht in Dutzenden anderer Sparten desselben Zensus anonym wieder erscheint, in jedem einzelnen Fall als ein Ganzer; aber es bedeutet auch, dass diese komplexe Gebrochenheit unsichtbar bleibt. Auf der einen Seite ist jeder Gezählte ein unteilbares Ganzes, auf der anderen lediglich ein Labyrinth sich kreuzender Serien.

Die zweite Konvention ist die der Anonymität. Man könnte sagen, dass die in den Fragebögen vollständig aufgenommenen

12 Zum Beispiel enthielt die Hauptkategorie »Negroes« im US-Zensus zwischen 1840 und 1910 vier Unterkategorien: Mulatte, Quadroon, Octoroon und Schwarz. Siehe William Petersen: »Politics and the Measurement of Ethnicity«, in: *The Politics of Numbers,* a.a.O., S. 208.

Namen die hochgeheimen Teile dieser Dokumente sind, welche der Staat eifersüchtig für sich behält. Es ist recht amüsant, dass diese strenge Geheimhaltung in den USA 72 Jahre andauert. Allerdings ist es strafbar, den Staat auf dem Fragebogen zu belügen.[13] Die Konvention der Namenlosigkeit hat zwei verwandte Realitätseffekte, wie Roland Barthes zu sagen pflegte. Einerseits stützt sie die Wahrheit des Zensus in dem Sinne, dass es für den Einzelnen fast unmöglich wird, den Zensus mit seiner oder ihrer Welt persönlichen Wissens und sozialer Erfahrung abzugleichen. Andererseits beschreibt sie, durch die Gleichheit der ganzen Einheiten, ein stabiles soziales Feld, abgedichtet durch die seitenlangen Reihen identischer Ganzer.

Die dritte Konvention, die Totalität, steht in klarem Gegensatz zur schieren Grenzenlosigkeit der seriellen Vorstellungen der Zeitungen. Totalität (in der Umgangssprache der Sozialwissenschaften zum »Universum« aufgebläht) wird tatsächlich für die meisten sekundären statistischen Berechnungen benötigt. Aber diese besitzt eine eigene politische Tradition, an die zu erinnern sinnvoll scheint. Zur Linie der Ahnen gehören William Petty (1623-87), der Schüler von Thomas Hobbes, der posthume Unsterblichkeit erlangte, als 1691 seine *Politische Arithmetik* erschien, deren analytische Vergleichseinheiten die damals existierenden politischen Staaten gewesen sind.[14] Entlang einer anderen Linie stand im 17. und 18. Jahrhundert eine »deutsche« kameralistische Tradition der vergleichenden Staatsstudien, die es dem Göttinger Professor Gottfried Achenwall (1719-1772) schließlich ermöglichte, den Begriff der *Statistik* abzuleiten. Druckfrisch überquerte der Begriff den Kanal und ging mit John Sinclairs einundzwanzigbändigem *Statistical Account of Scotland* – selbstverständlich seriell – zwischen 1791 und 1799 ins Englische ein.[15] Im Grunde hatte der politisch befestigte Zustand des aufgeklärten Absolutismus der

13 Diese Informationen wurden freundlicherweise per Telefon vom New Yorker *Bureau of the Census* zur Verfügung gestellt.

14 Als rücksichtsloser junger *esprit fort* war er 1654 vom Lord Protector nach Irland gesandt worden, um eine Zählung von Personen und Eigentum durchzuführen, die als Grundlage einer systematischen kolonialen Ausbeutung und Unterdrückung dienen könnte.

15 Siehe u.a. Paul Starr: *The Sociology of Official Statistics,* S. 13-15 sowie die darin angegebenen Quellen.

»Totalität« ihre Ursprungsform gegeben, noch bevor sie von der inneren Logik der Statistik gefestigt wurde – gerade rechtzeitig für das Zeitalter des Nationalismus.

Im Zensus vereinigt, scheren statistische Logik und Politik alle seriellen Gruppen entlang der zeitgenössischen Grenzen über denselben Kamm. So endet in den amerikanischen Volkszählungen des 20. Jahrhunderts die Westwanderung von »Frauen«, »Schwarzen« und »Ärzten« aus der Perspektive des Washingtoner Zentralbüros gleichgestaltig an seiner Grenze – am Pazifik und der Beringsee. Aber zur gleichen Zeit schufen sie durch ihre gegenseitige Interaktion etwas, das Zeitungen nur schwerlich erzeugen konnten: Serielle, verbindende, sich entgegenstehende Mehrheiten und Minderheiten, die zu Beginn formale Entitäten gewesen waren und im Laufe der Zeit zur politischen Realität wurden. Dies ist die Matrix, von der aus während der dreißiger Jahre des 19. Jahrhunderts, als in den anglophonen Staaten auf beiden Seiten des Atlantiks statistische Gesellschaften gegründet wurden, Alexis de Tocqueville begann, sich aufgeregt Tyranneien vorzustellen, die letztlich auf dem Zensus beruhten.[16]

Das verbindende Element ist natürlich das Wahlrecht gewesen. Der Grund dafür, dass die jungen Vereinigten Staaten solch einen Vorsprung vor der herrlichen Welt erlangen konnten, lag schlicht in ihrem neuen republikanischen und föderalen Charakter. Durch das Fehlen von Monarchie und Ständen schien es, dass Souveränität sich nur durch den im Wahlprozess ausgedrückten Willen der Bevölkerung manifestieren konnte. Die landesweite Einwohnerzählung von 1790 und alle späteren Zählungen im Zehnjahresabstand bis zur Zeit Haji Misbachs waren so angelegt, dass arithmetisch die faire Aufteilung der gewählten Vertretung auf die beiden Häuser der Legislative gewährleistet war. Es ist nicht so gewesen, dass die Zahl der Wähler in erkennbarer Weise mit der Zählung des Zensus übereinstimmte, aber es wurde davon

16 Siehe das gefeierte 12. Kapitel in: *De la Démocratie en Amérique,* Paris 1850, S. 226-234, insbesondere auch Seite 230: »*De nos temps*, la liberté d'association *est devenue* une garantie nécessaire contre la tyrannie de la majorité« (Hervorhebungen hinzugefügt). War eine Mehrheit, ganz zu schweigen von einer tyrannischen Mehrheit, unter dem *ancien régime* ernsthaft vorstellbar?

ausgegangen, dass nicht wahlberechtigte Frauen und Kinder gleichmäßig über die Bundesstaaten verteilt waren und dass der Hausherr (nur dessen Name führte der Zensus bis 1850) sie im Sinne statistischer Aufteilung repräsentieren konnte. Sklaven waren jedoch nicht gleichmäßig verteilt. Sie mögen Eigentum gewesen sein, aber den Sklavenbesitzern der Südstaaten war nicht daran gelegen, die Möglichkeit aufzugeben, sie einmal alle zehn Jahre als Personen zählen zu lassen. Daher die bizarre Kompromisslösung, die zeigt, dass William Pettys politische Arithmetik sich vollständig verwirklicht hatte, wonach jeder unfreie »Amerikaner«, zum Zweck der Neuaufteilung des Kongresses, durch den Zensus bruchstückhaft als drei Fünftel einer Person gezählt wurde.

Mit der Idee der Volkssouveränität, der Übernahme von Wohlfahrts- und Entwicklungsaufgaben durch den Staat und der Ausweitung des Wahlrechts, übte das Wahlverfahren, ausgehend von den USA, einen immer stärkeren Einfluss auf die Art der Volkszählungen aus. Es dauerte nicht lange, bis die Wähler begannen, die Kategorien zu beeinflussen, mit denen die Verzeichnismaschinerie arbeitete.[17] Unter den neuen Bedingungen gab es erstmals gute Gründe dafür, auf eine bestimmte Art gezählt zu werden, anstatt darauf zu hoffen, dass man vom Steuerbeamten, welcher der frühe Schatten des Volkszählers war, übersehen würde. Diese auf die Wahlen ausgerichteten Bevölkerungsverzeichnisse waren zu Beginn des Jahrhunderts in den Metropolen so sehr zur Normalität geworden, dass sie sich auch in den kolonialen Autokratien lautlos durchsetzten, wo sie auf lange Sicht nur eine subversive Wirkung haben konnten.

17 Dies ist der Ort, um daran zu erinnern, dass der Zensus immer zwei gegensätzliche Arten der Serie beinhaltet – die kategoriale und die skalare. Das Beispiel für den ersten Fall ist »Geschlecht«, wobei nur zwei exklusive, lebenslange Möglichkeiten vorhanden sind; der Fall des Zweiten ist die »Einkommensverteilung«, die in einer langen Serie von Abstufungen und unscharfen Enden fortschreitet (»bis DM 30.000«, »30.000-50.000 DM«, »80.00-150.000 DM«, »150.000 DM und mehr«), so dass darin Milliardäre und Arme unsichtbar werden. Das skalare Format hält Menschen die Möglichkeit offen, sich im Laufe ihres Lebens auf diesen Stufen auf- und abwärts zu bewegen. Man stelle sich nun die Utopie eines umgekehrt organisierten Zensus vor – in dem das Geschlecht skalar wird (»bis zu 15% feminin«, »15-30%«, »70-90%«, »90% und darüber«) und die Einkommenstabellen binär würden, d.h. nur noch »Reiche« oder »Arme« auftauchten.

Die Philippinen sind ein anschauliches Beispiel für diesen Prozess. Die erste ernsthafte Volkszählung wurde 1818 unternommen.[18] Ihr Kategorienraster enthielt solch seltsame, nicht auf Wahlen bezogene Kombinationen wie: *Difuntos* (die Toten), *Negros Infieles* (ungläubige Schwarze), *Tributos* (Tributzahlende), *Mestizos Españoles* (Personen gemischter spanischer Herkunft), *Morenos* (Braunhäutige) und *Individuos Contribuyentes* (einzelne Steuerzahler). Die Planer dachten offensichtlich in erster Linie in kirchlichen und finanziellen Begriffen. Das Wort *Almas* (Seelen) und der grundsätzliche Gegensatz zwischen *Infieles* und *Convertidos* (Ungläubige und Bekehrte) tauchten zum letzten und ersten Mal auf. Kategorienübergreifende Summierungen, die notwendige Basis für Mehrheit-Minderheiten-Einteilungen, waren selten. Es gab weder eine Spur des Territorialismus, noch eine von den Dutzenden ethnolinguistischer Gruppen, die über die Inseln verstreut sind.[19] Der folgende Zensus im Jahr 1877 ist völlig säkular gewesen und der Schatten des Steuereintreibers war verschwunden. Die drei einfachen Achsen, auf denen die Zählung beruhte, waren die Anwesenheit beziehungsweise Abwesenheit der Einwohner, ihre Stellung als *Españoles* oder *Extranjeros* (Ausländer) und ihre Hautfarbe: *Blancos*, *Pardos* und *Morenos*.[20] Alles war von einer rückwärts gewandten, aber deutlich erkennbar im 19. Jahrhundert verwurzelten Autokratie durchdrungen. Der Zensus von 1903, den die Amerikaner nur wenige Monate nach Beendigung ihres brutalen Eroberungskrieges durchführten, war bereits mit Blick auf Wahlen aufgebaut worden. Er kategorisierte (in alphabetischer Reihenfolge!) fünfundzwanzig einheimische ethnolinguistische Gruppen von »wild« bis »zivilisiert«, fünf Hauttypen von weiß bis schwarz, sowie eine Reihe von Geburtsorten und, wo

18 Sie wurde jedoch nicht von der Kolonialregierung, sondern vom Ayuntamiento von Manila bezahlt und war zu ihrer Durchführung eher auf den Kirchenapparat als auf den Staat angewiesen.

19 Es wurde kein wirklicher Versuch unternommen, die große Bevölkerung von Moslems und heidnischen Bergstämmen zu zählen, die dem Papier nach auf dem Gebiet der spanischen Philippinen lebten.

20 In der Zwischenzeit waren zuerst Manila und dann andere Häfen für den internationalen Handel geöffnet worden, so dass nun zum ersten Mal Ausländer auftauchten. Des Weiteren hatte die Einführung des Dampfschiffes die Anwesenheit/Abwesenheit der Einwohner zu einer tatsächlichen Frage gemacht.

von Bedeutung, Staatsangehörigkeit.[21] In den veröffentlichten Seiten *dieses* Zensus waren die Worte Tagalog und Ilocano zum ersten Mal mit Zahlen versehen und für die Tagalog und Ilcano Sprechenden zugänglich. Und der Realitätseffekt der offiziellen Zählung, ihr Anspruch, dass das, was gezählt werde, sozial gesprochen auch wirklich »da« war, gab diesen Zahlen eine Art ruhiger Monumentalität. Noch bemerkenswerter war bei einer solchen Kategorienaufteilung, dass die Amerikaner auf den Philippinen, die sich nicht vorstellen konnten, sich selbst nicht zu zählen, da sie so offensichtlich zählten, als sichtbare, abgeschlossene Minderheit auftauchten. Gleiches geschah bei der Zählung in den Niederländischen Kolonien von 1921 und insgesamt in der kolonialen Welt des 20. Jahrhunderts. In gewisser Weise kann jede dieser Volkszählungen als dampfendes Eingeweide gesehen werden, aus dem der bevorstehende Zusammenbruch des Kolonialismus schon frühzeitig herauszulesen war.

Praxis

Aus dem Gegensatz zwischen den beiden Arten der Serialisierung – die eine verkörpert durch Zeitungen, unbegrenzt und ungezählt, die andere durch den Zensus, begrenzt und gezählt – ergeben sich die Züge zweier Arten politischer Praxis, die beide zeigen, wie wichtig Serialität für die moderne Vorstellung von Kollektivität ist.

Ein deutlicher Eindruck der ersten Form lässt sich aus der folgenden Passage gewinnen, die ich aus *Dia Jang Menjerah* (»Die, die aufgab«) übersetzt habe. Diese fesselnde Erzählung wurde 1952 von Pramoedya Ananta Toer, dem berühmtesten indonesischen Schriftsteller veröffentlicht. Sie beschreibt, wie Is, die ältere Schwester der Heldin der Geschichte, während der revolutionären Unruhen, die auf die brutale japanische Besetzung Indonesiens (1942-1945) folgten, der radikalen Organisation Pesindo (der Sozialistischen Jugend Indonesiens) beitritt: »Auch in dieser Zeit brach das Toben der Politik wie eine Flutwelle unkontrolliert

21 Die gründlichste Diskussion philippinischer Volkszählungen und der damit verbundenen Politik befindet sich im Anhang des ersten Bandes von Onofre Corpuz: *The Roots of the Filipino Nation*, Quezon City 1989, S. 515-570.

herein. Jede Person fühlte sich, als ob sie, er nicht wirklich am Leben sein könne ohne politisch zu sein, ohne politische Fragen zu diskutieren. Tatsächlich war es so, als ob sie sogar ohne Reis am Leben bleiben könnten. Selbst Lehrer, die die ganze Zeit über ›neutral‹ gelebt hatten, wurden von dem epidemischen Toben der Politik infiziert – und beeinflussten, so weit es ihnen möglich war, ihre Schüler mit der politischen Linie, der sie sich angeschlossen hatten. Jeder bemühte sich, Mitglieder für seine Partei zu gewinnen. Und Schulen erwiesen sich als fruchtbarer Boden für ihre Anstrengungen. Politik! Politik! Nicht anders als Reis unter der japanischen Besetzung. Sehr bald folgten Schulungen. Und diejenigen, die gerade erst ein Verständnis von Kapitalismus-Sozialismus-Kommunismus erworben hatten, wetteiferten darum, an Essensständen, an Straßenecken und in den Gebäuden die in ihren Köpfen verwickelten Vorträge zu halten. Und Pesindo entwickelte sich auch auf dem kargen Kalksteinboden unseres Dorfes. Mittlerweile kannte Is die Gesellschaft, in die sie eintrat. Sie hatte einen Bekanntenkreis gefunden, der viel größer war als der Kreis ihrer Brüder, Schwestern und Eltern. Sie nahm jetzt eine feste Stelle in dieser Gesellschaft ein: als eine Frau, als eine Schreibkraft in einem Regierungsbüro, als ein freies Individuum. Sie war ein neues menschliches Wesen geworden, mit neuen Kenntnissen, neuen Geschichten zum Erzählen, neuem Verständnis, neuen Einstellungen, neuen Interessen – Neuheiten, die sie von ihren Bekannten aufgreifen und zusammensetzen konnte. All dies geschah, davon unberührt, im Leid des alltäglichen Lebens.«[22]

Der Kreis von Is' Brüdern, Schwestern und Eltern ist ohne serielle Gruppe. Aber im revolutionären Augenblick, zu dem sie ihren kleinen Teil beiträgt, stellt sie sich das erste Mal in ihrem jungen Leben seriell vor: als »eine« Frau, »eine« Schreibkraft, »ein« freies Individuum, »ein« neues menschliches Wesen. Diese Serialisierung verändert ihr Bewusstsein so sehr, dass ihr alles neu erscheint. Aber diese seriellen Gruppen können in ihrer Plastizität

22 Diese Geschichte ist enthalten in der Sammlung *Tjerita dari Blora* (Geschichten von Blora), Jakarta, Balai Pustaka 1952, S. 279.

und Allgemeinheit nie in einem Zensus auftauchen und nicht nur deshalb, weil sie nicht gezählt und addiert werden können.[23] Es ist ganz deutlich, dass sie diese seriellen Gruppen als zusammengehörig ansieht. Eine Frau, eine Schreibkraft und ein neues menschliches Wesen zu sein, befördert ihren Einsatz für den Kampf um die Freiheit des Landes eher, als ihm entgegenzustehen. Es ist auch verständlich, dass die geschilderten Serien jederzeit einer kaleidoskopischen Veränderung, Vergrößerung oder Kontraktion unterliegen können. Nichts ist in Stein gemeißelt. Morgen kann sie »eine« Revolutionärin werden, »eine« Gefangene, »eine« Jugendliche, »eine« Spionin, sogar »eine« Nationalistin in der grenzenlosen seriellen Gruppe, der im Jahr 1946 auch Clement Attlee und Jawaharlal Nehru angehörten, aber immer nur auf vorläufiger Basis. Und wenn Is sich selbst als Teil der Welt im Umbruch versteht, sozusagen von alltäglichen Universalien in die Schlacht gerufen, lesen auch wir sie unter diesen Vorzeichen. Wir mögen nicht ihre junge Weiblichkeit, ihre Schreibfähigkeiten, ihre Muttersprache, ihre Religion oder ihre Kultur teilen, aber sie spricht nicht ethnographisch als Informantin zu uns, sondern als Teil von seriellen Gruppen, die uns offen stehen, wenn wir in ihnen agieren wollen.

Es ist wichtig festzuhalten, dass die meisten seriellen Gruppen, in die sie sich eintreten sieht, von ihr als Eintrittsgebühr verlangen, dass sie in beiden Bedeutungen des Wortes handelt. Sie wird lernen müssen, wie man ein revolutionäres Mitglied von Pesindo »gibt«, so wie andere lernen mussten, wie man Hamlet »gibt« oder einen Streikorganisator oder Nationalisten. Sie versteht all dies als Emanzipation, und das Letzte, woran sie denkt, sind ihre Identität oder ihre Wurzeln. Es ist von Anfang an zu spüren, dass sie sich in eine Tragödie stürzt.

Die Logik der seriellen Gruppe des modernen Zensus scheint in die entgegengesetzte Richtung zu verlaufen. Eine erste Möglichkeit, diese Logik zu verfolgen, liegt in der Betrachtung des wichtigsten Vorganges, den Volkszählungen hervorrufen, nämlich

23 Man könnte denken, dass »eine« Schreibkraft in »einem« Regierungsbüro eine nach der Berufstätigkeit bestimmte Zensuskategorie sei. Der ganze Abschnitt zeigt jedoch, dass »Schreibkraft« hier eine weltweite serielle Gruppe ist.

Wahlmöglichkeiten. Unter optimalen Bedingungen ist es hierzu erforderlich, sich tagelang in eine Menschenschlange einzureihen, aus der jeder oder jede zum gegebenen Zeitpunkt in einen abgeschlossenen Raum geht, der so seltsam privat ist wie eine öffentliche Toilette und für den der vorgezogene Vorhang als angemessene Kleidung zu dienen scheint. Einmal in ihm, ziehen die Menschen an den gleichen Hebeln, oder schreiben standardisierte Worte oder unterzeichnen identische Papierstücke. Genau zu diesem Zeitpunkt hören sie, ob sie wollen oder nicht, auf, Wähler zu »sein« – außer in einem askriptiven Sinne bis der nächste dieser beweglichen Feiertage bevorsteht.

Die außergewöhnliche Minimalität und Regelmäßigkeit des Wahlakts erinnert daran, wie weitgehend die Abstimmung in ihrer Verweigerung von Brüchen, ihrer eingeübten, verbindenden Anonymität und ihrem Niederschlag in abgegrenzten ganzen Zahlen dem Plan des Zensus nachgestaltet ist. Aber es zeigt sich darin auch die Grundlage ihrer tatsächlichen und symbolischen Wirksamkeit. Diese Basis ist die Berechtigung – mit all den ironischen und altertümlichen Untertönen des Wortstammes. Bevor jemand den Wähler »geben« kann, muss er dazu durch einen Rechtsakt, dessen Nutznießer nie er alleine ist, berechtigt werden. Und man ist nicht einfach »berechtigt« zu wählen; gerade der Akt des Wählens »ermächtigt« einen anderen, im Auftrag zu handeln. Dieser andere wiederum handelt nicht als Bevollmächtigter, sondern als Vertreter einer begrenzten seriellen Gruppe. Die endliche Zahlenlehre solcher Gruppen funktioniert wiederum auf sich überschneidenden, gestaffelten Schablonen von Mehrheiten und Minderheiten. Dies führt zu der recht normalen Situation, dass ab dem Augenblick, da die Wahlen abgeschlossen sind, außer Politprofis niemand mehr den genauen Zahlen, die anzeigen, mit wie viel Vorsprung ein Kandidat ihren oder seinen Konkurrenten besiegt hat, irgendeine Bedeutung zuschreibt. Und sogar Wähler, die gegen den Sieger gestimmt haben, fühlen sich am Tag nach dem Sieg berechtigt, Ansprüche an den Gewinner zu stellen. Jede Ebene von Mehrheit wird immer von einem größeren Ganzen umschlossen. Wähler haben immer die Totalität – das »n« berechtigter Wähler – im Kopf.

Vor diesem Hintergrund ergaben sich insbesondere während der letzten fünfzig Jahre zwei bemerkenswerte Konsequenzen für die Entwicklung kollektiver Subjektivität. Beide weisen, wenn auch aus verschiedenen Gründen, in die gleiche Richtung. Die erste ist die proportionale Zuteilung von Berechtigungen auf der Grundlage von »n«. Als der durch Wahlen legitimierte Dienstleistungsstaat des 20. Jahrhunderts seine Aufgaben erweiterte und die Wohlfahrtskapazitäten ausbaute, wurden immer umfangreichere Volkszählungen mehr und mehr zur einheitlichen Datenbasis, von der jede Art der Planung und Budgetierung ausging. Folglich wurde der Zensus selbst das Objekt einer sichtbaren Politisierung. Ein Beispiel ist Nigeria, wo aus Angst davor, was eine Volkszählung über die »wahren« Zahlen der imaginierten ethnischen Gruppen des Landes zeigen könnte und was dies für die Verteilung von politischen Rechten und ökonomischen Gewinnen bedeutete, diese für Jahre politisch außer Frage stand. Ein anderes, angenehmeres Beispiel sind die Niederlande, wo der Druck der Wähler in den turbulenten »langen« sechziger Jahren zur Abschaffung des Zensus führte (der letzte wurde 1971 vorgenommen). Es ist bis heute das einzige Land der Welt, das dieses mächtige Instrument der Staatlichkeit ablehnt.[24] Der Aufruhr um die US-Volkszählung von 1980 ist ein noch deutlicheres Beispiel dafür, inwieweit sich die kategorialen Zensusdefinitionen durch ihre Bedeutung für die Distribution wirtschaftlicher und anderer Vorteile und der Erwartungen solcher Vorteile zu grundsätzlichen politischen Realitäten verhärtet haben.[25] Keine dieser Kategorien hat sich als wichtiger erwiesen als die ethnische, die ein Jahrhundert zuvor, in einem Zeitalter vor dem Wohlfahrtsstaat, erfunden worden war, um die Immigrantenströme aus den verschiedenen Teilen Europas verächtlich zu überwachen. Nach der Verhinderung neuer Einwanderungen in den zwanziger Jahren wurde diese Kategorie dank der Revolution im Kommunikationswesen auch auf nationaler

24 J. J. Woltjer: *Recent Verleden,* Amsterdam 1992, S. 414.

25 Siehe die hervorragenden Kapitel »The 1980 Census in Historical Perspective« von Margo A. Conk und »Politics and the Measurement of Ethnicity« von William Petersen in *The Politics of Numbers,* a.a.O. Petersens bissige Seiten über »The Creation of the ›Hispanics‹« sind besonders aufschlussreich.

Ebene zur Grundlage der Wählermobilisierung. Die mächtigen, ineinander greifenden Effekte von Zensuskategorisierung und darauf aufbauender Berechtigungen werden anhand der politischen Entstehung solch neuer amerikanischer Imaginationen, wie der hispanischen Wähler und der asiatisch-amerikanischen Wahlbevölkerung und vielleicht sogar in der die Wahl betreffenden Tilgung von Rasse zu Gunsten von Ethnie im Falle der »Schwarzen«, deutlich.

Diese Art politischer Identifikation im späten 20. Jahrhundert, in welcher der Zensus und seine junge Verwandte, die Stichprobenumfrage, Nachbarschaft und die Heimatstadt ersetzt haben, ist nicht nur von wachsender politischer Bedeutung, sondern erlaubt auch einen deutlichen Blick auf die empfindliche, aber klare Linie zwischen Ethnizität und Nationalismus. Ethnische Politiken finden auf der Grundlage der früheren *nationalen* Anerkennung der Menschen als Wähler statt und werden auf der Grundlage der Proportionalität im Rahmen des gegenwärtigen Zensus legitimiert. Falls eine so genannte ethnische Gruppe sich selbst als Nation vorstellt (wie es zum Beispiel bei den Quebecois in Kanada der Fall war) und danach strebt, einen unabhängigen Staat zu erhalten, dann wird dieser Zensus im Namen eines neuen, den eigenen Vorstellungen entsprechenden abgeschafft. Genau im Augenblick der Unabhängigkeit jedoch taucht die Logik der Proportionalität innerhalb eines neuen »n« wieder auf.

Die zweite Konsequenz ist die Verstärkung von Identitätspolitiken. Ich habe die essenzialistischen Auswirkungen der begrenzten, nummerierten seriellen Gruppe bereits betont, die der Zensus darstellt. Aber ich vermute, dass diese Serie auch auf einer anderen Ebene in dieselbe Richtung arbeitet. So betrachtet ist Identität logisch eine Funktion von Dualität: Sie existiert in dem Augenblick, in dem »b« auf »=b« trifft. Dies ist eine trockene, algebraische Art, Woyle Soyinkas scharfe Abweisung von Léopold Sénghors serieller Gruppe der *Négritude* zusammenzufassen: Für den Tiger besteht keine Notwendigkeit zur Tigritude. Mit anderen Worten: Tigritude scheint erst an dem Punkt notwendig zu werden, an dem sich zwei unsichere Tiere in den exilierten Augen des anderen spiegeln.

Das Wort Exil wird hier nicht unbedacht verwendet. Es ist nur allzu deutlich, dass Menschen unaufhörlich davon sprechen, nicht nur ihre »Wurzeln« zu »suchen«, sondern auch davon, ihre »Identität« zu »entdecken«, zu »finden« und sogar »davor stehen, sie zu verlieren«. Aber dieses Suchen, das sich sprachlich nach innen bewegt, zu dem Ort, der früher die Seele beherbergte, bewegt sich in Wirklichkeit nach außen, auf reale und imaginierte Zensusgruppen zu, wo dank Kapitalismus, Staatsmaschinerien und Mathematik ganze Körper identisch und dadurch als Phantomgemeinschaften seriell verbunden werden. In unserer Zeit sind solche Gemeinschaften nicht mehr nur auf das Innere bereits existierender Nationalstaaten beschränkt. Wie an anderer Stelle ausführlicher dargestellt, haben die Revolutionen im Kommunikations- und Transportwesen nach dem Zweiten Weltkrieg in Kombination mit dem postindustriellen Weltkapitalismus nationenübergreifende Wanderungen in bislang unbekanntem Ausmaß gezeitigt.[26]

Die gleichen Kräfte haben kollektive »Diaspora«-Subjektivitäten hervorgebracht, die zensusartig als begrenzte serielle Gruppe vorgestellt werden. Wenige Texte gestatten einen besseren Blick auf diese Veränderung als der wohlmeinende *Penguin Atlas of Diasporas.*[27] Er beginnt mit mehr als siebzig Seiten über eine jüdische Diaspora, die im 8. Jahrhundert vor Christus ihren Anfang nimmt, fährt mit Armeniern, Zigeunern, Schwarzen, Chinesen, Indern, Iren, Griechen, Libanesen und Palästinensern fort, um mit Vietnamesen und Koreanern zu schließen. Das Bemerkenswerte an jedem dieser Beispiele ist, dass die Autoren darauf bestehen, Summen und Zwischensummen anzugeben – sozusagen die Gesamtsumme der Armenier weltweit und die Gesamtsumme der Armenier in Frankreich, in Georgien, in Australien oder in Argentinien. Nicht weniger lehrreich ist, dass diese Summen unbegründet gerundet werden: 42.000 »Inder« in Kenia im

26 Siehe Benedict Anderson: »Exodus«, in *Critical Inquiry,* Nr. 20, Winter 1994, S. 314-327.

27 Gérard Chaliand und Jean-Pierre Rageau: *The Penguin Atlas of Diasporas*, Harmondsworth 1995. Das französische Original, *Atlas des Diasporas*, wurde 1991 von den Éditions Odile Jacob herausgegeben.

Jahre 1920, 40.000 Juden in Portugal im Jahre 1250. Es ist wichtig zu wissen, dass diese Zählungen von imperialen Staatsmaschinen aus bestimmten Gründen und mit ihrer eigenen Logik durchgeführt wurden, dass es recht unsicher ist, wie viele von den 42.000 »Indern« sich tatsächlich als solche vorgestellt haben und dass in die Entscheidung, wer im Portugal des 13. Jahrhunderts ein Jude »war«, jede Form von Mehrdeutigkeit und Beliebigkeit hineinspielt. Die Wahrheit ist, dass ein historischer Ersatzatlas dieser Art weit davon entfernt ist, historische Subjektivitäten zu beschreiben und in Wirklichkeit eine bestimmte gegenwärtige Vorstellung von Kosmopolitismus widerspiegelt, die auf der quasi weltweiten Verteilung begrenzter Identitäten beruht: Wo auch immer »Chinesen« hinkommen – Jamaika, Ungarn oder Südafrika – bleiben sie zählbare Chinesen, und es macht nur einen sehr geringen Unterschied, ob sie auch Bürger dieser Nationalstaaten sind. Es wäre nicht überraschend, wenn ein Buch dieser Art heutzutage in den Kreisen herzlich aufgenommen würde, deren Mitglieder von der Idee angezogen werden, sich im Exil zu befinden, berechtigt, zu uralten begrenzten Gemeinschaften zu gehören, die sich im Zeitalter der Globalisierung trotz allem eindrucksvoll über den ganzen Planeten ausbreiten.

Ob etwas hiervon einen sinnvollen Kosmopolitismus darstellt, erscheint mir zweifelhaft, da es sich um eine simple Erweiterung eines zensusmäßigen Identitätsbegriffs von Ethnizität handelt, die keine allgemeine Begründung hat. Nichts steht in größerem Gegensatz zu dem jungen javanischen Mädchen, das sich selbst als »neues menschliches Wesen« und nicht als Teil einer javanischen Diaspora vorgestellt hat und sich wie Haji Misbach als ein lokal gebundenes Mitglied der Welt im Umbruch eingeschrieben hat.

Geschichtete Zeiten

Zur Konstitution von Ethnos und Nationalität

Dan Diner

Es scheint ein vermessenes Ansinnen, das im Vergehen begriffene Jahrhundert in den Blick zu nehmen, es aus einer virtuell eingelegten Distanz heraus verstehen zu wollen. Doch gemach. Dergestalt anmaßend ist solches Unterfangen nun auch wieder nicht. Es folgt der zyklisch wiederkehrenden Gewohnheit, sich an Epochenwenden der schwindenden Zeit zu versichern, sich ihrer resümierend zu bemächtigen. Und solche Bedürftigkeit ist verständlich. Sie folgt einem fundamentalen, einem durchaus anthropologisch begründeten Begehren, in dämmeriger Zeit den Blick zurück zu suchen. Das sich Minerva anverwandelnde zeitgenössische Bewusstsein begibt sich dabei freilich in die Gefahr, der sinnvollerweise erst später tätig werdenden Historie mit kurzatmigen Resultaten vorauszueilen; doch der Drang nach einer, wenn auch nur vorbehaltlichen Entschlüsselung der Konturen seiner Epoche ist dem zeitgeistigen Bewusstsein nicht zu verdenken.

Tatsächlich unterscheidet sich das Epochenverständnis des Historikers von dem Epochenempfinden der Zeitgenossen. Wann eine Epoche ihren Anfang nimmt und wann sie endet, wird der verflossenen Zeit von außen her, aus dem Nachhinein auferlegt. Eine überzeugende Wertung des Vergangenen, so lautet die notorische Erkenntnis, könne nur aus einer als angemessen geltenden zeitlichen Distanz heraus erfolgen. Und nur in wenigen Ausnahmen dürfte es angeraten sein, einer jetztzeitigen Perspektive zeitgenössischer Zeugenschaft zu folgen und aus drängender Aktualität heraus außergewöhnlichen Vorgängen das Prädikat des

Historischen zu verleihen. Mit einem solchen Prädikat werden in der Gegenwart gemeinhin solche Vorgänge versehen, die im Zeitzeugen den untrüglichen Eindruck erwecken, ihr Zeitempfinden werde von berufenen Historikern später und aus eben jener Distanz heraus vielfach Bestätigung finden.

Ein solcher Eindruck war im Jahr 1989 allgegenwärtig. Die Zeitgenossen waren von einem Gefühl der Gewissheit ergriffen, in ihrem Beisein gelange eine ganze Epoche jäh zum Abschluss. Da dieser Abschluss der Epoche mit dem zunehmend zur Zeitikone sich verdichtenden Jahr 1989 angezeigt wurde, so ruft es im historischen Bewusstsein das Jahr 1917 als kongeniale Markierung auf. Der widerspruchslos erfolgte Untergang des Kommunismus zum Ausgang des Jahrhunderts erhebt das Ereignis der Oktoberrevolution in den Rang seines Anbeginns.

Eine historische Vermessung des Jahrhunderts vom Jahre 1917 zum Jahre 1989 gibt dem Geschichtsschreiber eine Deutung vor, mittels derer sich thematische Auslassungen in der Darstellung des Saeculums plausibel begründen lassen. Eine derartige Periodisierung der Zeit rückt ihrerseits solche Ereignisse und Vorgänge ins Zentrum einer Erzählung, in der sich der Zusammenstoß zwischen den Mächten des Kommunismus und denen seiner Gegner epochal niederschlägt. Solch fundamentale Gegnerschaft wurde im Zeichen eines Weltbürgerkrieges ausgetragen und begründete sich vornehmlich ideologisch. Es wogte ein Kampf der Werte und Weltanschauungen – und weil von Anfang an universell angelegt, greift dieser notwendig global aus. Der gesamte Erdball fand sich einem Bürgerkrieg um Macht und Wahrheit unterworfen. Der weltanschauliche Dualismus durchzog in jeweils unterschiedlicher und kulturell differenter Gestalt das Jahrhundert: als Gegensatz von Freiheit und Gleichheit, von Bolschewismus und Antibolschewismus, von Kapitalismus und Kommunismus, von Ost und West. Ein solcher sich systemisch durchziehender Antagonismus hält den resümierenden Historiker geradezu an, das inspizierte Jahrhundert dieser zentralen Deutungsachse entlang verstehend zu beschreiben.

Dennoch stellen sich an der Geltung einer derartigen für durchgängig erachteten Achse der Deutung begründete Zweifel ein. Sie verstärken sich erst recht angesichts der Ereignisse, die dem Epochenjahr 1989 auf den Fuß folgen – Geschehnisse, denen auffälligerweise keine konfligierenden Universalismen eines Wertekonflikts zugrunde liegen. Ganz im Gegenteil: Solche Konflikte beruhen im Hinblick auf den fortschreitenden Geschichtsprozess auf einer geradezu paradox anmutenden Wiederbelebung von Ethnos und Nationalität; auf einer Wiederkehr entschwundener historischer Räume und mit diesen Gedächtnisräumen verbundenen historischen Zeiten. Nach dem Epocheneinschnitt von 1989 nehmen allenthalben Tendenzen überhand, die manch aufdringliche Ähnlichkeit mit Konflikten aufweisen, die an das 19. Jahrhundert erinnern – angestoßen von Ethnos und Geographie. In der Epoche des Weltbürgerkrieges schienen diese Konflikte wie anästhesiert, ruhig gestellt, überwältigt von der lärmenden Rhetorik widerstreitender Universalien. Ihre Wiederkunft – zunehmend als Rückkehr von Geschichte diagnostiziert – nährt jedenfalls den allseits begründeten Zweifel, das vergehende Jahrhundert ließe sich *allein* der Deutungsachse antagonistischer Werte und widerstreitender Ideologien entlang verstehen – eine Deutung wiederum, die ihrer Sicht der Dinge nach mit dem Jahr 1989 umgehend das Ende der Geschichte ausrief.

Das 20. Jahrhundert ist weder über die eine noch die andere Achse der Deutung hinreichend erklärt. Eine der Komplexität der Vorgänge angemessene Erklärung dürfte sich eher über eine Verschränkung beider Interpretationslinien erschließen: eine Verschränkung von Ethnos *und* von der Rivalität widerstreitender Werte – von der Wirkung partikularer Geschehnisse *und* der Wirkung universell gehaltener Ideologien – von den kurzzeitigen Takten der politischen Geschichte ebenso wie von der langzeitigen Geltung tektonischer Verschiebungen sozialhistorischer und kulturgeographischer Formationen. Die Maßgaben einer solchen Verschränkung von Ethnos und politischen Werten – von der Wirkung partikularer Gedächtnisse *und* universeller Ideologien – von langzeitigen *und* kurzzeitigen Bewegungen leitet wiederum in der Darstellung des Jahrhunderts die Auswahl der historischen Gegenstände an: von kulturgeographischen Räumen, von einschneidenden Ereignissen und epochalen Tendenzen, aus denen sich das historisch verfasste Bild der Epoche letztendlich fügt.

Mein Anliegen ist es, das Jahrhundert von der Peripherie her zu erzählen. Anstatt, wie sonsthin üblich, von den europäischen Zentren des Geschehens auszugehen, nimmt die Erzählung ihren Ausgang von den östlichen Rändern des Kontinents. Eine solche räumliche Verschiebung ist offensichtlich von perspektivischer Wirkung. Die Verschiebung der Sicht vom Zentrum auf den Rand erzeugt nämlich jenen Effekt zeitlicher Verfremdung und Distanz, von dem eingangs als Bedingung des historischen Nachhinein die Rede war. Mittels solcher Verwandlung von räumlicher Distanz in zeitliche Entfernung mag das Jahrhundert seinen Zeitgenossen als entrückt und verflossen erscheinen. Die von der Aktualität der Vorgänge getrübte Sicht des Zeitgenossen wird so mit einer virtuell erzeugten Tiefenschärfe ausgestattet. Das gerade noch erlebte und gelebte Jahrhundert erscheint mithin als vergangen – eben als historisch.

Zur räumlich erzeugten zeitlichen Distanz tritt die konkrete Wahl des Ortes, von dem aus das Jahrhundert begangen wird. Dieser Ort wird hier von einem imaginierten Erzähler auf den Stufen der traditionsreichen Treppe von Odessa eingenommen. Von dort aus blickt er nach Süden wie nach Westen. Von der Gegenwart aus durchschweift sein Blick die Stufen vergangener Zeiten. Über das Schwarze Meer führt ihn sein Auge zeitlich rückläufig über Konstantinopel nach Byzanz und von dort weiter nach Troja; ein Raum dicht aufeinander geschichteter Zeiten.

Die Indienstnahme dieses kulturhistorischen Raumes kommt nicht von ungefähr. Schließlich gilt die Region des Schwarzen Meeres und der Ägäis als Resonanzboden von Geschichtserzählung schlechthin. Die dabei aufscheinenden Bilder rühren in unserem Gedächtnis an durchaus Bekanntem. Vom alten Griechenland her nimmt die westliche Geschichtserzählung ihren Gang. Homer und Thukydides stehen Pate. Dem 19., dem historizistischen Jahrhundert dient dieser Raum ebenso als Paukboden der großen Zeitkonflikte, wie als räumliche Referenz für eine neuerliche Konstruktion der Vergangenheit als Historie. So brachte etwa der 1853 bis 1856 geführte und als Weltkrieg des 19. Jahrhunderts in die Annalen eingegangene Krimkrieg die moderne archäologische Trojaforschung in Gang. Ein geschichtsbewusster britischer Militär hielt seine in Wartestellung an den Meerengen harrende Truppe zum Zwecke militärischer Disziplinierung an, mit Hacke und Spaten nach den Überresten des alten Troja zu graben. Der geschichtsträchtige Ort verbindet die jeweiligen Gegenwarten mit den ihnen im Gedächtnis korrespondierenden Vergangenheiten. Solche Sinnstiftung bietet sich deshalb an, weil dem Ort schon aus Gründen der Geographie so etwas wie ein Wiederholungszwang innewohnt. So waren alle dort geführten Kriege – weil Meerengenkriege – so etwas wie trojanische Kriege gewesen; zuletzt die Schlacht von Gallipoli im Ersten Weltkrieg.

Für unsere Geschichtserzählung des 20. Jahrhunderts nimmt dieser Geschichtsraum die methodische Bedeutung einer literarischen Trope ein – eine historische Metapher in der Konstruktion der Historie der neuesten Zeit, wobei nicht die Geschichte des alten Griechenland, sondern die des modernen Hellas der Geschichtserzählung als Muster zugrunde liegt. Sie folgt dabei eben jener Deutungsachse von Ethnos und Geographie, von Gedächtnis und Machtbegehren. Schließlich handelt es sich bei der um das Jahr 1830 herum erfolgten Etablierung des griechischen Gemeinwesens um so etwas wie eine erste moderne Begründung eines Nationalstaates auf ethnischer Grundlage. Auch andere, für die Deutung der Geschichte des 20. Jahrhunderts relevante Vorgänge nehmen in der Region von Balkan und Levante ihren Ausgang. Die Todesreigen ethnischer Homogenisierungen etwa, wie sie 1912-1913 mit den Balkankriegen als mazedonischen Kriegen einhergehen oder mit der Austreibung ganzer Bevölkerungsgruppen 1922 im Gefolge des griechisch-türkischen Krieges.

Alle diese Vorgänge stehen im Zeichen einer eisernen Logik. Diese Logik wird begleitet von dem Zerfall multiethnischer und multireligiös komponierter Imperien – hier dem Osmanischen Reich. Mit dem 1915 verübten Genozid an den Armeniern war bereits zuvor der Höhepunkt des Schreckens erreicht und das Tor ins kataklystische 20. Jahrhundert aufgestoßen.

Auch für die weit später erfolgende Geschichte des Kalten Krieges – der letzten Zwischenepoche des vergangenen Jahrhunderts – bietet sich die moderne Geschichte Griechenlands als historische Metapher wie als Realerzählung an. Schließlich nimmt das Ringen der Ideologien und der Werte, von Freiheit und Gleichheit, in einem Ereignis seinen Ausgang, das unserer auf das Zentrum fixierten historischen Wahrnehmung entschwunden ist: dem in den Jahren zwischen 1944 und 1949 tobenden griechischen Bürgerkrieg. Seine Vorgänge bieten sich für die vom Rande her erfolgende Geschichtserzählung des Jahrhunderts deshalb an, weil anhand dieses Ereignisses die Verschränkung ethnischer Komponenten langzeitiger Entwicklungen mit jenen kurzzeitigen politischen Verwerfungen ideologischen Gehalts offensichtlich wird – eben die Verwandlung der Chiffren von Ethnos und Geographie in die von Weltanschauung und Wertekampf. So erfolgte 1947 anhand des griechischen Bürgerkrieges, dem zudem die Merkmale der alten mazedonischen Frage als Kampf der Balkanstaaten untereinander eingeschrieben war, die auf Griechenland und die Türkei gemünzte Erklärung der Truman-Doktrin, begleitet von einer epochalen Machtübertragung von England auf Amerika – einer *translatio imperii* der neuesten Zeit. Die Situation Griechenlands als einem vom politischen Osten her als gefährdet erachteten Gemeinwesen fand im Übrigen wenig später an anderem Ort, am fernöstlichen Rand des welthistorischen Geschehens, rhetorisch Verwendung. Als Nordkorea im Sommer 1950 den Süden überfiel, sprach Präsident Truman metaphorisch von einer »griechischen Lage«; ebenso wie sein Nachfolger im Amt, Eisenhower, sich 1954 für die Situation Indochinas eben dieses Bildes bediente.

Der östliche wie südöstliche Rand Europas dient in vielerlei Hinsicht als räumliche Trope der Geschichtserzählung. So bezeichnet Halford Mackinder in seiner fundamentalen Schrift über die geopolitischen Grundlagen der Historie das südliche Russland und die Schwarzmeerregion als »Pivot der Geschichte«. Das war noch ganz zu Anbeginn des Jahrhunderts gewesen. Das Urteil des Geographen und Mitglieds der britischen Delegation auf der Pariser Friedenskonferenz im Jahre 1919, der ebenso die auffälligerweise vornehmlich von griechischen Truppen gestellten alliierten Interventionsstreitkräfte im russischen Bürgerkrieg an den nördlichen Gestaden des Schwarzen Meeres beriet, war dem Eindruck einer das 19. Jahrhundert hindurch währenden Mächtekonstellation erwachsen. Für die Dauer des langen Jahrhunderts standen sich nämlich England und Russland als Protagonisten eines Weltgegensatzes gegenüber, der erst im darauf folgenden Jahrhundert, eben im Jahre 1947, in den amerikanisch-sowjetischen Dualismus konvertierte. Der vorausgegangene Antagonismus wiederum, der Antagonismus des 19. Jahrhunderts, erfolgte der Kontrolle der Meerengen wegen; im Verständnis der Zeitgenossen eine Rivalität um die Beherrschung der Welt. Über Generationen hinweg lag ihr Epizentrum im ständig zu zerbrechen drohenden Osmanischen Reich. Ihr Medium war der Erhalt des Gleichgewichts der Mächte als grundlegende Voraussetzung des Friedens in Europa – eine von den in der Levante und auf dem Balkan schwärenden Nationalitätenfragen gefährdete Balance. Seit der zweiten Hälfte des 18. Jahrhunderts wurden aus dieser Region, zu der im Übrigen auch das vielfach geteilte Polen zählte, Entwicklungen angestoßen, die sowohl zur Bestimmung dessen beitrugen, was unter der Chiffre »Europa« verstanden wurde, wie sie auch über seine Geschicke verfügten. Im Juni 1914 sollte jener als »Orientalische Frage« bekannte Komplex in Sarajevo blindlings zum Fatum des alten Kontinents werden.

Die »Orientalische Frage« richtet die topographische Perspektive der Geschichtserzählung. Die Dimension der Zeit wiederum wird mit der pivotalen Bedeutung des Jahres 1919 angezeigt. Es ist das Jahr der Friedenskonferenzen, der Staatsgründungen und Grenzziehungen, der Revolutionen und Konterrevolutionen. Zudem symbolisiert dieses Jahr die Verschränkung der zentralen Deutungsachsen der Geschichtserzählung wie kaum ein anderes – die Verschränkung der Achsen von Weltbürgerkrieg und nationaler Fragen. In diesem Jahr werden die Fundamente der Zwischenkriegszeit gelegt – mit allen Folgen für das zukünftige Schicksal Europas und der weit über die europäische Welt hinausreichenden Geschichte. Und von diesem Epochenjahr 1919 aus wendet der fiktive Geschichtserzähler auf der legendären Treppe von Odessa seinen Blick nunmehr nach Westen, nach Mitteleuropa. Mit Moskau und den Geschehnissen des russischen Bürgerkrieges im Rücken schaut er nach Bukarest, Budapest und Belgrad. Sein

Auge erkennt die Anmaßungen nationalistischer Begehren in der Etablierung von Großstaaten – der Etablierung eines Großgriechenland, eines Großrumänien, eines Großpolen. Weiter westlich bedient sich das Aufbegehren der im Weltkrieg unterlegenen Völker der Sprache des Klassenkampfes – in Ungarn, in Wien, in Bayern und Berlin, wohin sein weiter nach Norden schweifender Blick schließlich gelangt. Weiter östlich gerät Warschau in den Gesichtskreis. London und Paris als Zentren des westlichen Westens bleiben eher abseitig gelegen – ohne dabei ihre fundamentale Bedeutung für den Gang der Dinge auf dem Kontinent und erst recht in der kolonialen Welt einzubüßen. Immerhin begründen beide Mächte nach dem Ersten Weltkrieg die neue Ordnung der kollektiven Sicherheit wie die sie fundierenden Institutionen des Völkerbundes. Anfänglich waren diese Strukturen gegen das revolutionäre Russland gerichtet, aber auch gegen das seines notorischen Revisionismus verdächtigen Deutschland. Im Hintergrund harren die Vereinigten Staaten auf den Anbeginn ihres Zeitalters – eine Zivilisation im Übrigen, von der Hegel einmal sagte, es handele sich hierbei um die bürgerliche Gesellschaft ohne Staat, ein für die vermachteten kontinentalen europäischen Traditionen ungewöhnlich fremdes, ja fremd gebliebenes Phänomen. Und weil Amerika sich 1920 Hader und Händeln des alten Kontinents entzieht, überlässt es Europa den Unwägbarkeiten seiner von Ethnos und Nationalismen durchwirkten Geschichte. Zwei Dekaden später werden sich die Vereinigten Staaten ihrer universellen Verantwortung für den historischen Kontinent zu stellen haben. Im Sommer 1944 landet die atlantische Tradition von Demokratie und Menschenrechten bewaffnet an den Gestaden des alten Europa.

Von Odessa her gesehen, spielt sich die Geschichte eher in Ostmitteleuropa ab. Dort, ebenso wie in Südosteuropa, wird das historische Bewusstsein insbesondere von langen Gedächtnissen durchwirkt. Im nördlichen Bereich dieser Zwischenzone dominieren traditionell Deutschland und Russland. Der Blick auf das zwischengelagerte Polen eignet sich trefflich zur Entschlüsselung der historischen Zeichen. Wie kaum an einem anderen Ort erkennt man von dort aus die Verschränkungen von Wertekrieg und nationalem Aufbegehren. Der 1920 ausgefochtene polnisch-sowjetische Krieg dient dabei als Fokus des Geschehens. Sein Ausgang blockiert das weitere Vordringen der russischen Revolution nach Westen, nach Deutschland und damit ihre Verwandlung in eine Weltrevolution. Von nun an war Russland der Perspektive eines »Sozialismus in einem Land« ausgeliefert – und damit der Herrschaft Stalins. Polens Ausdehnung nach Osten, über die so genannte ethnographische Grenze hinaus, seine schwärenden Minderheiten- und Grenzfragen in der Zwischenkriegszeit, werden zum Angelpunkt der Annäherung seiner Schicksalsmächte – von Deutschland und Russland. Analog der Konstellation des ausgehenden 18. Jahrhunderts wird in Hintanstellung eines vorgeblich vorherrschenden ideologischen Gegensatzes zwischen Faschismus und Kommunismus und damit in Fortsetzung historischer Traditionen im Jahre 1939 die vierte polnische Teilung besiegelt. Diese Erfahrung, ebenso wie ihre Vor- und Nachgeschichte, dienten der Grundlegung eines antitotalitären Ethos der Polen. Das innere Band zwischen der Bedrückung durch fremde Mächte wie durch autokratische Regime hat im Falle Polens kein Geringerer als Karl Marx so frühzeitig erkannt. Für ihn war die Unabhängigkeit Polens identisch mit der Freiheit Europas. Ihrer geopolitischen wie Machtkonstanten wegen setzte sich solche Geschichte über 1945 hinaus fort. So sucht die als Vereinigte Arbeiterpartei Polens drapierte regierende Kommunistische Partei ihre Herrschaft als Sachwalterin nationaler Anliegen zu legitimieren. Schließlich gelte es, die territoriale Unversehrtheit des Landes nach seiner Westverschiebung im Bündnis mit der Sowjetunion zu wahren. Nicht ohne Grund wurde in Reaktion auf den NATO-Beitritt der Bundesrepublik Deutschland 1955 ein Militärbündnis der Volksdemokratien begründet und nach der polnischen Hauptstadt »Warschauer Pakt« genannt. Mit der Brandtschen Ostpolitik wurde in den frühen siebziger Jahren der territoriale Status quo und damit die polnische Westgrenze faktisch anerkannt. Von da an verlor die kommunistische Partei Polens sukzessive ihr Monopol in der nationalen, sprich Territorialfrage als den existenziellen Sicherheitsbelang des Landes. Nunmehr war es nur noch ein Frage der Zeit, bis ihr auch das gesellschaftliche Monopol abhanden kam.

Neben den polnischen eröffnen die baltischen Ereignisse aus der Zeit des russischen Bürgerkrieges der Jahre 1918-1920 einen tiefen Einblick in die Werkstatt des Weltgeistes. Vor allem wenn es gilt, die Umstände der Ausbildung der für das 20. Jahrhundert katastrophischen Bedeutung einer rassischen Variante des Antibolschewismus in den Blick zu nehmen, wie sie dem deutschen Nationalsozialismus eigen war. In den aus der blutigen Spur der Schützengräben des Weltkrieges hervorgegangenen Todesschwadronen der Freikorps und den von Prägungen der kolonialen Siedlungsgrenze historischer Ostexpansion im Kampf gegen Rotarmisten, Letten und Esten gezeichneten deutsch-baltischen Landwehren verschmelzen Ethnos, Stand und Klasse im Zeichen von Totenkopf und Hakenkreuz zu jener singulären Ideologie eines rassisch aufgeladenen deutschen Antibolschewismus. Eine solche Art des Antibolschewismus unterscheidet sich fundamental von seiner bürgerlich-liberalen, seiner angelsächsischen Variante. Und nach einer politischen Inkubationszeit von zwanzig Jahren wird sich diese Variante des Antibolschewismus ab 1941 dieses randständigen Raumes der europäischen Geschichte zwischen Ostsee und Schwarzem Meer, aller zivilisatorischen Kautelen entledigt, zu bemächtigen versuchen. In ihrem Zeichen wird jene Variante des Antibolschewismus in Gestalt von Einsatzgruppen und Polizeireservebataillonen auf der Grundlage der ideologischen Verschmelzung von Rasse und Klasse blutige Ernte halten.

Der deutsche Nationalsozialismus bricht jene zentrale, ideologisch sich begründende Deutungsachse des Jahrhunderts auf – beruhend auf dem das Jahrhundert durchziehenden Gegensatz zwischen den Werten der Freiheit und denen buchstäblicher Gleichheit. Dies freilich für eine nominell äußerst kurze Dauer, während der Jahre 1941 bis 1945. Für diese historisch extrem kurze Zeitspanne, die indes, im Bewusstsein der Zeitgenossen wie der Nachwelt einer gestauten Zeit gleich, einen gewaltigen Gedächtnisraum beansprucht, stehen zwei und im Prinzip voneinander durchaus unabhängige Vorgänge: Zum einen das Ereignis der Massenvernichtung mit seinem Gravitationszentrum »Auschwitz«; zum anderen das welthistorische, den Weltbürgerkrieg der Werte von Freiheit und Gleichheit aussetzende, nur vorübergehende

Bündnis zwischen den liberalen Demokratien der Angloamerikaner mit der kommunistischen Sowjetunion. Und obschon beide – Holocaust und Anti-Hitler-Koalition – realgeschichtlich nicht kausal ineinander greifen, gehen sie im historischen Bewusstsein eine für das Verständnis des Jahrhunderts sinnstiftende Verbindung ein. Im Nachhinein will es nämlich scheinen, als hätten Angloamerikaner und Sowjets auf einer ihnen gemeinsamen Grundlage gesellschaftlicher Deutung von Lebenswirklichkeiten sich gegen den auf einer biologistischen Weltanschauung gründenden deutschen Nationalsozialismus verständigt. Die von Nazideutschland ausgehende Biologisierung des Sozialen und die daraufhin betriebene systematische Vernichtung von Menschen ließ die Protagonisten des eigentlichen Jahrhundertgegensatzes – von Freiheit und Gleichheit – die sie entzweiende Rivalität der Werte vorübergehend zurückstellen, und dies, um einem mit den Vorstellungen der ihnen gemeinsamen Tradition der Aufklärung nicht zu vereinbarenden Phänomen einer rassenideologischen Weltanschauung bewaffnet entgegen zu treten. In der Tat: Für die demokratische Welt liberaler Tradition wie der ihres notorischen Wertegegners in Form des sowjetischen Bolschewismus und andererseits den biologisierenden deutschen Nationalsozialismus gab es keine gemeinsam geteilte säkulare Wirklichkeit. Was blieb, war einzig und allein, Deutschland und seinen Verbündeten die Gewalt einhegende und damit zivilisierende Anerkennung als Gleiche aufzukündigen. Dies geschah im Jahr 1943 in Casablanca mit der Formel der bedingungslosen Übergabe – dem *unconditional surrender*. In einer auf die Begegnung der großen Zwei, Roosevelt und Churchill, folgenden Pressekonferenz berief sich Roosevelt auf Ulysses S. Grant (genannt U.S. für *unconditional surrender*), den Befehlshaber der Nordarmeen im amerikanischen Bürgerkrieg, der dem sezessionistischen Süden die bedingungslose Übergabe auferlegt hatte.

Der bedingungslosen Übergabe ist die Gestalt des Bürgerkrieges eingeschrieben. Ein Werte- und Bürgerkrieg stand auch an der Wiege Amerikas Pate: die Rebellion gegen den englischen König. *No taxation without representation* war die Parole der Aufrührer. Der große Amerikanische Bürgerkrieg in der Mitte des

19. Jahrhunderts beherrscht das Gedächtnis der Amerikaner bis in die Gegenwart hinein. Um die Welt *for democracy safe* zu machen, waren die Vereinigten Staaten, eigenem Dafürhalten nach, in den Großen Krieg eingetreten. Der Zweite Weltkrieg war ihnen ein *crusade for freedom*. Und der Kalte Krieg – ein über vierzig Jahre anhaltender Gegensatz zwischen Ost und West, zwischen den Prinzipien der Freiheit und dem Ideal einer buchstäblichen Gleichheit – war in der Tat ein Wertekrieg sui generis gewesen.

Um auf den Ausgangspunkt der vorausgegangenen Überlegung zurückzukommen: Beim Bündnis der Anti-Hitler-Koalition handelte es sich, bei aller den Zeitgenossen wie der Nachwelt geltenden Gewissheit einer vermeintlichen Selbstverständlichkeit, um eine wirkliche Sensation der Ausnahme. Mit der Niederwerfung Hitler-Deutschlands wie der Exorzierung des Nationalsozialismus kehrt jene konflikthafte und in unterschiedlicher Dichte anhaltende Dauerkonstellation des Gegensatzes zwischen liberalem Westen und kommunistischem Osten mit einer Intensität zurück, als gelte es, die Jahre zwischen 1941 und 1945 vergessen zu machen.

Es ist erkennbar, dass die Geschichtserzählung des 20. Jahrhunderts fast ausschließlich von der ersten, der katastrophischen Jahrhunderthälfte bestimmt ist. Sie besetzt das Gedächtnis der Zeitgenossen ebenso wie das der Nachwelt und übertönt so die Vorgänge der zweiten Hälfte des Saeculums. Angesichts der vorausgegangenen Katastrophen schrumpft diese Hälfte weit unter ihre Nominaldauer. Mit dem Abtauen der gefrorenen Zeit des Kalten Krieges brechen sich die Fluten eines der ersten Jahrhunderthälfte verpflichteten Gedächtnisses in einer Weise Bahn, die noch hinreichender Erklärung bedarf. So kreist die Geschichtserzählung des vergangenen Jahrhunderts um einen negativen Telos, den Holocaust als Zentrum – ein kurzzeitiges und die vorgelagerten wie nachgelagerten Zeiten gleichsam an sich ziehendes und kontaminierendes Geschehen. Seine ungeheuerlichen Vorgänge werden zum Maßstab des Schreckens erhoben; seine Opfer zu Ikonen eines universellen Martyriums. Das kulturelle Gedächtnis des Westens als säkularisierte Christenheit stellt dabei die Weichen der Wahrnehmung. Eine Hierarchie der Opferschaft und eine Rivalität der Erinnerung stellen sich ein, wobei die Historiographie in der Folge vorgelagerter Gedächtnisse argumentiert. Völkermord und Klassenmord stehen sich wie in einem Glaubenskampf gegenüber – ein Vergleich jenseits aller historischen Kausalität, allein den Modi von Mnemosyne verpflichtet.

Erinnern und Vergessen entspringen dem unterschiedlichen Charakter der jeweiligen Verbrechen. So gehen die Verbrechen des nationalsozialistischen Regimes als Verbrechen an *anderen,* an Nichtdeutschen, in das Kollektivgedächtnis ein – während die an der *eigenen* Bevölkerung verübten Verbrechen des stalinistischen Regimes eine andere, eine nicht-kollektive Erinnerungskultur nach sich ziehen. Während das Gedächtnis der Deutschen mit den Verbrechen Hitlers jener signifikanten Verschmelzung von Regime und Nation im Nationalsozialismus wegen generationsübergreifend kontaminiert wird, sind die sowjetischen Verbrechen ihres ausgesprochenen Regimecharakters wegen in der Erinnerung der Generationenfolge kaum übertragbar. Es ist nun einmal schlecht möglich, gerade dem russischen Volk allein ein sowjetisches oder gar ein kommunistisches Gedächtnis aufzuerlegen.

Die Unterscheidung von Nationen- und Regimeverbrechen ist von einer grundlegenden, epistemischen Bedeutung. Sie vermag uns darüber zu belehren, warum Verbrechen, die auf der Grundlage von Herkunft und Ethnos und damit langer historischer Gedächtnisse verübt wurden, auf Dauer erinnert werden und Ungeheuerlichkeiten, die einer auf einem kurzen Gedächtnis fußenden Gruppe vornehmlich sozialen Charakters angetan wurden, einem eher raschen Verfall ausgesetzt sind. Dabei tut es wenig zur Sache, dass auch ein seriöser Vergleich zwischen den Verbrechen des Nationalsozialismus und des Stalinismus durchaus relevante Unterschiede an den Tag bringen würde. Während nämlich im Hochstalinismus bloßer Willkür nach Menschen vornehmlich wegen vollkommener Ausbeutung ihrer Arbeitskraft zu Tode geschunden wurden, überschritt der Nationalsozialismus die Grenze eines, wenn auch verbrecherischen, Utilitarismus. Die von den Nazis in Betrieb genommenen Menschenschlachthöfe sind wahrliche Produktionsstätten des Todes gewesen – und dies jenseits aller Ausbeutung wie ökonomischen Zwecksetzung. Ein Projekt also, das alle sonsthin gültigen Maßgaben von Selbsterhaltung außer Kraft setzt. Mit einer solchen Besonderheit vermag sogar der Stalinismus nicht aufzuwarten.

Eine der Zeiterfahrung angemessene Darstellung der Geschichte des 20. Jahrhunderts sieht sich der kataklystischen Gedächtniszeit Europas verpflichtet. Entsprechend sind auch die Auslassungen in der Erzählung begründet. Ganze Kontinente finden sich wie ausgespart – Afrika etwa. Die Vereinigten Staaten werden vornehmlich ihrer global gerichteten Wirkung wegen berücksichtigt. Lateinamerika findet nicht etwa deshalb keine Erwähnung, weil es außerhalb von Geschichte stünde, sondern weil es angesichts der historischen Katastrophen Europas sich wie ein friedlicher Ergänzungsraum ausnimmt.

Ganz anders Asien – den neben Europa anderen politischen Kontinent des ideologischen Jahrhunderts. Von Krieg und Revolutionen geschüttelt, passt es sich ein in die Deutungsachsen des Saeculums. Auf den asiatischen Schlachtfeldern toben nach 1945 die Feuersbrünste eines auf dem europäischen Kontinent eingefrorenen Gegensatzes der Werte und Ideologien. Zudem verbanden sich die ideologischen Wertekriege mit den Anstrengungen um Dekolonisierung und nationale Befreiung – sei es der aus dem Zweiten Weltkrieg herüberragende und 1949 beendete chinesische Bürgerkrieg oder der ihm auf dem Fuße folgende Koreakrieg, vor allem aber der von Frankreich um den Erhalt seiner Besitzungen *outre-mer* wegen geführte Indochinakrieg. Der amerikanische Krieg in Vietnam, vom damals zuständigen Verteidigungsminister McNamara im Nachhinein als großer Irrtum Amerikas beklagt, war wohl der blutigste Zusammenstoß der Werte und Ideologien in der zweiten Jahrhunderthälfte. Er war Teil und Höhepunkt eines sich in Asien von Nord nach Süd spannenden Krisenbogens, dessen Verwerfungen die Vereinigten Staaten im Gefolge des Zweiten Weltkrieges und ihres siegreich erfolgten Kriegseinsatzes im Pazifik als imperiale wie als antikommunistische Macht zur militärischen Intervention verleiteten, und dies ganz entgegen ihrer doch antikolonial gehaltenen Tradition. An diese appellierte Ho-Tschi-Minh noch im Jahre 1949 mit der Übernahme ganzer Passagen aus der amerikanischen *Declaration of*

Independence, als er die unabhängige demokratische Republik Vietnam in Hanoi ausrief.

Als Amerika des Gegensatzes der Werte und Ideologien wegen Frankreichs »schmutzigen Krieg« in Indochina finanzierte, trat es, wenn auch unwillig, in die Fußstapfen der Kolonialmächte. Dabei hatte Washington Frankreich in Asien vornehmlich aufgrund seines Interesses an einer Befestigung Westeuropas gegen die bis auf Rheinnähe vorgerückten Sowjets unterstützt. Der Fall der französischen Feste von Dien-Bien-Phu im Mai 1954, die große historische Niederlage des »weißen Mannes«, sprengte die als *Union Française* behauptete Einheit französischer Politik in Asien *und* Europa. Paradoxerweise war es gerade diese Niederlage, die es Frankreich erlaubte, die ersten Schritte von seinem Kolonialreich weg nach Europa zu tun. Aus historischer Perspektive und damit aus den Tiefen des 19. Jahrhunderts heraus betrachtet, war jetzt erst die wirkliche historische Gegenbewegung zum Auszug Frankreichs aus seiner vormaligen kontinentalen Machtvollkommenheit und als Ergebnis seiner Niederlage im letzten deutschen Einigungskrieg 1870-1871 eingeleitet – ein Auszug in die koloniale Peripherie und von Bismarcks Politik befördert. Jetzt, in der hohen Zeit des Kalten Krieges und angesichts der konventionellen Überlegenheit der Sowjetunion von ostdeutschem Boden her und damit in französischer Grenznähe, war Paris nicht zuletzt auf amerikanisches und britisches Drängen hin gehalten, sich mit Deutschland auszusöhnen. Es gab seinen jahrelang aufrecht erhaltenen Widerstand gegen einen westdeutschen Militärbeitrag auf und stimmte auch der Aufnahme der Bundesrepublik in das Atlantische Bündnis zu. So wirkte der Kalte Krieg, ebenso wie die Präsenz Amerikas, als große Neutralisierung eines der fundamentalsten historischen Gegensätze in Kontinentaleuropa – des Gegensatzes zwischen Deutschland und Frankreich.

Der dem Weltbürgerkrieg der Werte geschuldeten Konstellation war letztlich auch die sukzessive Einigung Europas zu danken. Hierzu bedurfte es freilich auch der Wirkung großer europäischer Persönlichkeiten. Auffälligerweise waren sie katholischer Konfession und entstammten den jeweiligen Randgebieten ihrer Nationalstaaten: der Franzose Robert Schuman, im ausgehenden

19. Jahrhundert als Spross einer lothringischen Familie in Luxemburg geboren; der Trentiner Alcide de Gasperi, der noch dem altösterreichischen Reichsrat angehörte; und der einer preußisch-östlichen Ausrichtung des deutschen Nationalstaates gegenüber skeptisch gestimmte Rheinländer Konrad Adenauer, den böse Zungen zeitweise des Separatismus verdächtigten.

Außer der Einigung Europas dürfte aus der Epoche des Kalten Krieges wohl kaum Bleibendes erwachsen sein. Rückblickend mutet diese Zeit an wie meteorides Gestein. Jedenfalls widerstrebt sie aller Kontinuität und entzieht sich erratisch ihren Vor- wie Nachgeschichten. Auch die damaligen Konfliktverläufe muten heute seltsam an. Des bipolaren Prinzips nuklearer Abschreckung als gegenseitig angedrohter Apokalypse wegen waren sie von einer äußerst kurzen Dauer gewesen. Und ihrer endzeitlichen Drohung wegen drängten diese Konfliktmuster auf eine ständige Repetition immergleichen Verhaltens der Kontrahenten – sei es während der Berlin-Krisen, der Kuba-Krise oder allen anderen ähnlich gelagerten Konfrontationen, die die Welt an den Rand des Abgrunds rückten.

Diese vormaligen Gewissheiten finden sich nach 1989 also regelrecht annulliert. Ihr Erfahrungswert jedenfalls vergeht – eine gleichsam abgestorbene Zeit. Solcher Schwund freilich hinterlässt keine bleibende Leere. Das verfallene historische Gewebe wird umgehend ersetzt, kompensiert aus den Bestandteilen längst abgegolten geglaubter Vergangenheiten und vor allem jener Deutungsachse entlang, die bereits zuvor mit der Achse des Weltbürgerkrieges der Werte und Ideologien konkurrierte. Auch die Konfliktzeiten verlangsamen sich. Sie erinnern aufdringlich an die Schwelbrände des 19. Jahrhunderts, beruhend auf den Konstanten von Ethnos und Geographie, auf alten Traditionen und langen Gedächtnissen – und dies alles durch die Moderne und ihre erfahrenen Verwerfungen hindurch. Vom Rande Europas her, genauer: von seinem östlichen und südöstlichen Rande her bestimmen sie aufs Neue die Architektur des alten Kontinents, seine Statik und nicht zuletzt sein Selbstverständnis.

Die Erbschaft der sowjetischen Nationalitätenpolitik

Victor Zaslavsky

Die plötzliche Auflösung der Sowjetunion im Jahre 1991 war eines der ungewöhnlichsten Ereignisse der Weltgeschichte. Es ist wahrscheinlich der bislang einzige Fall, in dem eine Supermacht und ihr Imperium in Friedenszeiten zusammengebrochen ist, und dies vor allem aus inneren Gründen. In den wenigen Jahren, die seitdem vergangen sind, gab es zahlreiche Erklärungsversuche. Dennoch verwechseln viele Analytiker die Gründe für den Zusammenbruch und das, was ihn beschleunigte, indem sie das Auseinanderfallen der Sowjetunion der Perestroika und anderen Maßnahmen der Regierung unter Michail Gorbatschow zuschreiben. Diese Position wird von der russischen Rechten vertreten. Vor kurzem haben Sozialwissenschaftler jedoch damit begonnen, die tiefer liegenden sozialen Kräfte zu untersuchen, welche die Sowjetgesellschaft geformt haben. Bei dem Versuch, Gründe für den Zerfall der Sowjetunion zu finden, betonen einige das Versagen der regierenden Partei, Aufgaben zur Mobilisierung zu finden und ihre korrupte Routine einzuschränken.[1] Andere bestehen darauf, dass eher der Legitimitätsverlust als der wirtschaftliche Niedergang der Grund der sowjetischen Krise gewesen ist.[2] Wieder andere argumentieren, dass der Zusammenbruch vor allem durch die zunehmenden Unabhängigkeits- und

1 Ken Jowitt: *New World Disorder. The Leninist Extinction,* Berkeley 1992.
2 Martin Malia: *The Soviet Tragedy. A History of Russian Socialism, 1917-1991,* New York 1994.

Autonomieforderungen der sowjetischen Nationalitäten verursacht wurde.[3]

All diese Gründe und auch eine Anzahl anderer, die Forscher aufgegriffen haben, sind zweifellos von Bedeutung, aber ein Überblick über die wachsende Literatur zum Thema legt den Schluss nahe, dass die meisten Gelehrten in ihrer Beschäftigung mit der Systemkrise, der die sowjetische Gesellschaft ausgesetzt war, dazu neigen, sich auf jene Aspekte und Erscheinungen zu konzentrieren, die genau ihren Fachgebieten und Interessen entsprechen. Als eine Folge identifizieren und analysieren sie ökonomische, politische, ideologische, ethnische und kulturelle Aspekte der sowjetischen Krise, ignorieren aber oft die zahlreichen Querverbindungen und sind nicht in der Lage, die zugrunde liegende Logik der sowjetischen Entwicklung nachzuvollziehen.

Bei der Untersuchung von Gründen und beschleunigenden Faktoren des sowjetischen Zusammenbruchs tauchen zwei große analytische Probleme auf. Das erste ist die grundlegende Schwierigkeit, das Wesen des Sowjetsystems zu definieren. In der Folge der Öffnung russischer Archive und eines größeren Zugangs zu bisher geheimem statistischem Material wurden in letzter Zeit eine ungeheure Menge statistischer Daten für wissenschaftliche Analyse und Interpretation zugänglich. Es besteht inzwischen kein Zweifel mehr, dass das Sowjetsystem eine kontinuierlich erkennbare Identität besaß. Jedoch steht eine entfaltete Theorie der sowjetischen historischen Entwicklung noch aus. Des Weiteren beschäftigen sich Wissenschaftler in der Untersuchung des »großen Versagens«[4] der Sowjetunion gleichzeitig mit zwei eng verknüpften und zusammenhängenden, aber dennoch getrennten Prozessen: dem Versagen und schließlichen Ende der sowjetischen Gesellschaft als einer besonderen Art von sozio-ökonomischem und kulturellem System sowie der Auflösung der UdSSR als selbstständige politische Einheit. Studien über das Ende des sowjetischen

3 Ronald Suny: *The Revenge of the Past. Nationalism, Revolution and the Collapse of the Soviet Union,* Stanford, Kalifornien 1993.

4 Zbigniew Brzezinski: *The Grand Failure. The Birth and Death of Communism in the Twentieth Century,* New York 1989.

Modells[5] oder den Zusammenbruch des sowjetischen Imperiums[6] sind oft derart zusammenhangslos, als ob sie zwei völlig verschiedene Themen behandelten. Es ist jedoch keineswegs ein Zufall, dass alle multiethnischen Gesellschaften sowjetischen Typs, die klare ethnisch-territoriale Strukturen hatten, fast gleichzeitig entlang ethnisch-territorialer Linien zerfielen. Das doppelte Problem des Zusammenbruchs des Sowjetsystems und der Auflösung des sowjetischen Imperiums verlangt eine erneute gründliche Abwägung der theoretischen Orientierung der Sowjetstudien.

Ich möchte in meinem Beitrag verdeutlichen, warum sich die sowjetische »militärisch-industrielle Gesellschaft« als eine lebensunfähige und nicht aufrechtzuerhaltende soziale Organisationsform erwiesen hat. Der sowjetische Einparteienstaat, der unter den besonderen ethnischen Bedingungen des ehemaligen zaristischen Russland operierte, machte eine Nationalitätenpolitik, die einen intensiven Nationenbildungsprozess vorantrieb, aber letztlich den imperialen Charakter der Sowjetunion aufrechterhielt und noch verstärkte.

Das sowjetische System

Ein hohes Maß an Unterdrückung war die Voraussetzung dafür, das Sowjetsystem innerhalb einer einzigen Generation durchsetzen zu können. Der Massenterror ist die Bedingung für Stabilität und ein effizientes Funktionieren des Einparteienstaates, insbesondere seiner zentralen Planung, gewesen.[7] Als scheinbar unverzichtbares Mittel für »Revolutionen von oben« sollte er als komplexe Einheit systemischer Funktionalität und Disfunktionalität gesehen werden. Der anfangs funktionale Terror, der radikale Veränderungen fördern und das Einparteiensystem sichern sollte, verselbständigte sich unter Stalin zu einer wachsenden Spirale massiver Unterdrückung, die das Überleben des gesamten Systems gefährdete.

5 Johann Arnason: *The Future that Failed. Origins and Destinies of the Soviet Model*, London 1993; Martin Malia: *Soviet Tragedy*, a.a.O.

6 Miron Rezun (Hg.): *Nationalism and the Breakup of an Empire. Russia and its Periphery*, Westport, Conn. 1992; Ronald Suny: *The Revenge of the Past*, a.a.O.

7 Alex Dallin und George Breslauer: *Political Terror in Communist Systems*, Stanford, Kalifornien 1970.

Die Entstalinisierung stellte nicht nur eine einfache Korrektur der stalinistischen Exzesse dar, sondern vielmehr einen Übergang aus einer systembildenden in eine systemerhaltende Phase. Das Sowjetsystem hatte seine Reife erreicht: Ein stabiler Einparteienstaat mit zentral geplanter Wirtschaft, die von einem militärisch-industriellen Komplex dominiert wurde, war eingerichtet worden. Während der folgenden Jahrzehnte wurde der Kontrollapparat weniger streng und weniger sichtbar, obwohl er ein wichtiges Instrument der Einschüchterung blieb, der »die Wahrnehmung der Menschen von dem, was passieren konnte, wenn sie die Grenzen akzeptierten Verhaltens überschritten, formte«[8]. Terror und Unterdrückung wurden schließlich durch ein System von Anreizen und Belohnungen ersetzt, die über das vom Staat organisierte System der Schichtung verteilt wurden. Unfähig und nicht willens, sich auf Terror und umfangreiches Wirtschaftswachstum zu verlassen, musste die sowjetische Führung einen Teil der wirtschaftlichen Überschüsse in die Sozialpolitik umleiten, wodurch ein hohes Maß an Arbeitsplatzsicherheit wie auch künstlich niedrige Preise für Waren des täglichen Bedarfs und Wohnungen garantiert werden konnten. Der sowjetische Kontrollstaat verwandelte sich in einen Umverteilungsstaat, ohne jedoch die Dominanz des militärisch-industriellen Komplexes in Frage zu stellen.

Als einziger Arbeitgeber und wichtigste Umverteilungsagentur schuf der Einparteienstaat eine hierarchische Gesellschaftsstruktur, in der Macht und Privilegien hauptsächlich von der Stellung innerhalb der Bürokratie abhängig waren. Es wurden Schranken zwischen verschiedenen sozialen Gruppen in Form von Regeln, Quotierungen und Begrenzungen eingeführt, die mit administrativen Mitteln den Austausch zwischen den Gruppen kontrollierten. Um den gesellschaftlichen Überschuss zu vergrößern und politisch wichtige Aufgaben zu erfüllen, bevorteilte der Staat wichtige soziale Gruppen, indem der Überschuss zu ihren Gunsten umverteilt wurde. Politische Strategien, die bedeutende Industriezweige und industrielle Anlagen (die so genannten geschlossenen Unter-

8 Donna Bahry, Brian Silver: »Intimidation and the Symbolic Uses of Terror in the USSR«, in: *American Political Science Review 81,* Nr. 4, 1987, S. 1067.

nehmen) wie auch bevorzugte geographische Gegenden (die so genannten »geschlossenen Städte«) schufen, sind Beispiele dafür.[9] Die sowjetische Nationalitätenpolitik, die auf einer umfassenden ethnischen Staffelung beruhte, wurde zu einem unentbehrlichen Mechanismus, um die soziale Stabilität in einer überaus komplexen, multiethnischen Gesellschaft aufrechtzuerhalten.

Dieser grobe Überblick über die zentralen institutionellen Charakteristika und die Entwicklungspolitik des Sowjetsystems sollte ausreichen, um den grundlegenden Unterschied zwischen sowjetischer und westlicher Modernisierung aufzuzeigen. Die folgenden Ergebnisse der sowjetischen Modernisierung sind für die Analyse der Gründe des sowjetischen Untergangs von besonderer Bedeutung.

Erstens wurden Händler, Unternehmer und reiche Bauern größtenteils ermordet oder in Zwangsarbeitslager verschleppt und die sozialen Gruppen mit starker Bindung an den Markt somit zerschlagen. Dieser Vorgang erhöhte die sozialpsychologische Homogenität der Sowjetgesellschaft und verstärkte den »ländlichen Nexus«.[10]

Zweitens wurde die Modernisierung unter Stalin mittels einer Reaktivierung archaischer, präkapitalistischer Muster gesellschaftlicher Organisation durchgeführt.[11] Die Doppelstrategie von Kollektivierung und erzwungener Industrialisierung erzeugte große Mengen entwurzelter Migranten, das neue sowjetische Lumpenproletariat.[12] Es folgte jedoch keine Massenarbeitslosigkeit, da die Planwirtschaft die zusätzlichen Arbeitskräfte aufnehmen und der Kontrollapparat die Arbeiter an ihre Produktionseinheiten binden konnte. Die stalinistische Verwaltung bekämpfte die ländliche Überbevölkerung durch Urbanisierung und Industria-

9 Victor Zaslavsky: *The Neo-Stalinist State. Class, Ethnicity and Consensus in Soviet Society*, zweite Auflage, Armonk 1994.

10 Moshe Lewin: »Russia/USSR in Historical Motion. An Essay in Interpretation«, in: *The Russian Review 50*, Nr. 3, 1991, S. 254-261.

11 Zbigniew Brzezinski: »Soviet Politics: From the Future to the Past?«, in: Paul Cocks, Robert Daniels und Nancy Whittier Heer (Hg.): *The Dynamics of Soviet Politics*, Cambridge 1976, S. 337-351; Moshe Lewin: *The Making of the Soviet System. Essays in the Social Theory of Interwar Russia*, New York 1985, S. 43.

12 V. G. Khoros: »Istoricheskij perekrestok sotsializma«, in: V. P. Kiselev und I. M. Klyamkin (Hg.): *Sotsializm. Protivorechiya sistemy*, Moskau 1989, S. 100-101.

lisierung und verwandelte die Bevölkerung in diesem Prozess in staatliche Leibeigene.[13]

Drittens wurde, nachdem die Grundlage für eine technologisierte Gesellschaft gelegt worden war, das Gewicht auf die militärische Produktion verlagert.[14] Dies geschah sowohl um den sozialistischen Sieg weltweit durchzusetzen als auch aus Gründen der Sicherheit. Bis zum Zusammenbruch der UdSSR hatte der militärisch-industrielle Komplex allerhöchste Bedeutung innerhalb der sowjetischen Wirtschaft, die Oskar Lange berechtigterweise als »Kriegswirtschaft sui generis«[15] bezeichnete.

Viertens unterschied sich die sowjetische Urbanisierung beträchtlich von der im Westen. Während der Ära Stalins fand die Wanderung vom Land in die Stadt sehr schnell, fast explosionsartig statt. Städte wurden von ländlichen Migranten überflutet, die von den Kollektivhöfen flohen und bereit waren, für Minimallöhne zu arbeiten, die auf den vielen Baustellen und von Industrieunternehmen bereitgestellt wurden. Diese Massenwanderung wurde nicht von einer entsprechenden Entwicklung der sozialen Infrastruktur in den Städten begleitet, da Kapitalinvestitionen auf hohe Akkumulationsraten gerichtet waren und in die Schwer-, besonders aber die Rüstungsindustrie umgeleitet wurden. Folglich sind die zivilisierenden und individualisierenden Effekte des städtischen Lebens nicht voll zur Geltung gekommen.

Fünftens stellte sich heraus, dass die nachstalinistischen Jahre entscheidend für die Formierung eines Persönlichkeitstypus gewesen sind, der in der sowjetischen Gesellschaft dominant wurde. Der »staatsabhängige Arbeiter«[16] war von einem System des »organi-

13 I. M. Klyamkin: »Pochemu pobezhdayut utopii«, in: Kiselev und Klyamkin: *Sotsializm*, S. 226-228.

14 Holland Hunter und Janusz Szyrmer: *Faulty Foundations. Soviet Economic Policies, 1928-1940*, Princeton 1992, S. 136-143.

15 Zitiert in Alec Nove: *The Soviet System in Retrospect. An Obituary Notice*, The Fourth Annual W. Averell Harriman Lecture, New York 1993, S. 25.

16 Yurij Levada (Hg.): *Sovetskijprostoj chelovek. Opyt sotsialnogo portreta na rubezhe 90-kh godov*, Mokau 1993; Piotr Sztompka: »Civilizational Incompetence. The Trap of Post-Communist Societies«, in: *Zeitschrift für Soziologie 22*, Nr. 2, 1993, S. 85-95; Leonid Kosals: *Why Doesn't Russian Industry Work?*, London 1994; V. Zaslavski: »Contemporary Russian Society and Its Soviet Legacy: The Problem of State-Dependent Workers«, in: B. Grancelli (Hg.): *Social Change and Modernization. Lessons from Eastern Europe*, New York/Berlin 1995, S. 45-62.

sierten Konsenses« beherrscht, der den stalinistischen Zwang ersetzte und auf einem unausgesprochenen Gesellschaftsvertrag zwischen Regime und Bevölkerung beruhte. Indem das Recht der Arbeiter, ihren Arbeitsplatz nach ihrem eigenen Willen zu wechseln, wiederhergestellt worden war, schuf die sowjetische Führung einen eigenartigen halbfreien Arbeitsmarkt, auf dem eher der Arbeitsplatzwechsel als höhere Produktivität und Fähigkeiten zur wichtigsten Verhandlungsgrundlage der Industriearbeiter wurde. Völlige Arbeitsplatzsicherheit, Preisstabilität und die Garantie allgemeiner Unterstützung vonseiten eines omnipotenten Staates wurden zur unverletzlichen Norm der sowjetischen Lebensart und zur notwendigen Bedingung stabiler, konsensueller Beziehungen zwischen dem sowjetischen Regime und der Bevölkerung. Nachdem ein spezifischer Typus des staatsabhängigen Arbeiters als gesellschaftliche Basis gefördert worden war, schuf das Sowjetsystem seine eigenen »Totengräber«: große Massen an Menschen, die Wettbewerb verabscheuten und sich nach Stabilität sehnten, die feindselig gegenüber Innovation und produktiver Arbeit und dementsprechend für die Ideologie des Egalitarismus, der Umverteilung und »sozialer Gerechtigkeit« sehr empfänglich waren. Weit verbreiteter Widerstand gegen Veränderung und allgemeiner Mangel an innovativem Geist charakterisierte das Verhalten auf allen Ebenen der sowjetischen Gesellschaft. In der post-stalinistischen Ära wurde so die zunehmend komplexe Arbeitsteilung aufgehalten. Die sowjetische Modernisierungsstrategie war antiinnovativ, industrielle Technologie wurde nur teilweise und selektiv verbreitet.

Das Neue an der sowjetischen Erfahrung liegt in einer durch die Hochrüstung forcierten Modernisierung, welche die Grundlagen der systemischen Reproduktion gefährdete und eine selbstzerstörerische Dynamik in der Gesellschaft auslöste. Die Entwicklung neuer Rüstungstechnologien und die damit einhergehende Logik des Atomkriegs, dessen Leitprinzip die garantierte gegenseitige Zerstörung war, machte einen weiteren Weltkrieg unvorstellbar. Dennoch erhielt der sowjetische militärisch-industrielle Komplex weiterhin steigende Anteile der Staatsinvestitionen, was in einer Zeit des verlängerten Friedens von Sowjetführern mit innenpolitischen und internationalen Argumenten gerechtfertigt wurde.

Wegen seiner zentralen wirtschaftlichen Bedeutung zog der Rüstungssektor durch die Garantie umfassender Privilegien die am besten ausgebildeten Arbeiter an. Facharbeiter, Ingenieure und Techniker, die sich vielleicht einer Reformbewegung angeschlossen hätten, wurden stattdessen weitgehend vom System kooptiert: »Dieses Arrangement stellte sicher, dass die gesellschaftliche Basis für eine Reform während der kritischen frühen Phase der Wirtschaftskrise recht schmal und die Chance, dass ein authentischer reformistischer Führer an die Spitze gelangen würde, minimal war.«[17] Dies hatte zur Folge, dass der sowjetische militärisch-industrielle Komplex die gesellschaftliche Reaktion auf sichtbare Krisentendenzen verzögerte.[18] Die sowjetische Militarisierung wurde zu einer Militarisierung um ihrer selbst willen, die das System in die Selbstzerstörung trieb.

Der systemische Zerfall einer militärisch-industriellen Gesellschaft ist ein Phänomen der Gegenmodernisierung – eine plötzliche Umkehr jener wichtigsten Entwicklungen, die bislang alle Industriegesellschaften ausgezeichnet haben. Diese Form der sozialen Degeneration wurde im sowjetischen Fall von den anti-innovativen Aspekten des Wirtschaftssystems in Verbindung mit dem selbstzerstörerischen Charakter seiner durch die Rüstung angetriebenen Modernisierung hervorgerufen. Die Devolution des Systems kann in vier miteinander verbundene Prozesse aufgeteilt werden: technologische Stagnation und sinkende Produktivität; Abnahme der Komplexität der Sozialstruktur und Stagnation der Arbeitsteilung; die Unfähigkeit des Systems, neue Bedürfnisse, Überzeugungen und Werte zu schaffen (alle sind für den Fortschritt notwendig) und schließlich die Verschwendung von Ressourcen und fortschreitende Umweltzerstörung.

17 Victor Zaslavsky: »From Redistribution to Marketization. Social and Attitudinal Change in Post-Soviet Russia«, in: G. Lapidus (Hg.): *The New Russia. Troubled Transformation*, Boulder, Colorado 1994, S. 128.

18 John A. Hall: *Powers and Liberties. The Causes and Consequences of the Rise of the West*, Berkeley 1985, S. 23.

Die Sowjetunion und die Gesellschaften sowjetischen Typs in Osteuropa litten seit den sechziger Jahren unter einer beständigen, lang anhaltenden Abnahme der Arbeitsproduktivität und der wirtschaftlichen Wachstumsraten. Die sinkende Produktivität führte zu einem Ende des starken Wirtschaftswachstums, was einen Rückgang der Überschüsse nach sich zog. Die technologische Lücke zwischen westlichen Industriegesellschaften und den Gesellschaften sowjetischen Typs wurde seither immer größer. Darüber hinaus sind sowjetische Gesellschaften »von einer Anzahl von Ländern, die Mitte der sechziger Jahre auf einem ähnlichen oder niedrigeren wirtschaftlichen Niveau waren, überflügelt worden«.[19]

Die sowjetische Gegenmodernisierung ist das erste Beispiel technologischen Fortschritts im modernen Industriezeitalter, der ein »negatives« Feedback hervorruft, das die ursprünglichen Entwicklungsimpulse schwächt und schließlich zerstört. Die sowjetische Krise kann daher nicht analog zu Problemen, die zuvor in westlichen Industriegesellschaften aufgetreten sind, d.h. einer Wandlung von einer extensiven zu einer intensiven Wachstumsstufe oder einer Wandlung »von einer industriellen zu einer wissenschaftlich-technologischen Zivilisation«[20], beschrieben werden. Vielmehr entstanden die Probleme, denen die Gesellschaften sowjetischen Typs gegenüberstanden, aus ihren besonderen strukturellen und funktionalen Eigenschaften. Sie waren Nebenprodukte eines bestimmten sozioökonomischen Systems, das jeden Anreiz diskreditierte und technologische Innovationen verlangsamte. Auf der neuesten Stufe der wissenschaftlich-technischen Revolution und der sozialen Entwicklung war das Sowjetsystem nicht mehr lebensfähig. Jahrzehnte umfangreichen Wachstums, das durch verschwenderische, rückständige Technologien angetrieben und durch die Prioritäten des militärisch-industriellen Komplexes gefördert wurde, führten zu einer fort-

19 Bartlomej Kaminski: »Pathologies of Central Planning«, in: *Problems of Communism 36*, 1987, S. 88.

20 Ivan Szelenyi: »Eastern Europe in an Epoch of Transition. Toward a Socialist Mixed Economy?«, in: Victor Nee und David Stark (Hg.): *Remaking the Economic Institutions of Socialism. China and Eastern Europe*, Stanford, Kalifornien 1989, S. 213-216.

schreitenden Abnahme von Ressourcen und dem darauf folgenden Verlust der Fähigkeit des Systems zur Selbstreproduktion. Aufgrund der ökonomischen Irrationalität in der Verwaltung ihrer anfangs unermesslichen Ressourcen unfähig, jene neue Stufe der Entwicklung zu erreichen, fiel die sowjetische Gesellschaft in Bezug auf Produktivität und Zufriedenheit der Konsumenten nicht nur hinter den industrialisierten Westen zurück, sondern degenerierte in eine selbstzerstörerische soziale Form, durchsetzt von Problemen und ökologischen Gefahren.

Politische Reformen und das Erstarken nationalistischer Bewegungen

Die Vorstellung, dass die Reformen Gorbatschows die sowjetische Desintegration entscheidend beschleunigt haben, sollte im Kontext der sowjetischen Gegenmodernisierung und der sich vertiefenden systemischen Krise bewertet werden. Mit der Absicht, den Niedergang umzukehren und das Sowjetsystem zu retten, führte Gorbatschow das allgemein als Perestroika bekannte Reformprogramm ein. Ursprünglich bestand es aus schnellen, aber größtenteils oberflächlichen Verbesserungen innerhalb des Sowjetsystems, die seine Hauptmechanismen und -institutionen unversehrt ließen.[21] Im ersten Jahr seiner Herrschaft verband Gorbatschow einfach Aufrufe zu härterer und disziplinierterer Arbeit mit einem Schlag gegen die »sekundäre Wirtschaft«, einer groß angelegten Anti-Alkohol-Kampagne und einigen Verwaltungsmaßnahmen. Unzufrieden mit den Ergebnissen, ging er über diese frühen Disziplinierungsversuche hinaus, um ein bescheidenes Programm wirtschaftlicher Reformen einzuführen, das auf einer Politik der »Wachstumsbeschleunigung« beruhte und eine Verstärkung der Kapitalinvestitionen in Maschinenbau, Metallverarbeitung und Bergbauindustrie auf Kosten der Konsumgüterproduktion einschloss. Durch die Bevorzugung der etablierten Interessen solch monopolistischer Teile der Wirtschaft wie des militärisch-industriellen Sektors und bestimmter Branchen der Schwerindustrie, die »schon andere Zweige der Industrie fast in

21 V. A. Mau: *Ekonomika i viast'. Politicheskaya istoriya ekonomicheckoj reformy v Rossii 1985-1994*, Mokau 1995, S. 3-15.

den technologischen Bankrott getrieben hatten«[22], verstärkte diese Reform gerade die stalinistischen Politikformen, welche für den sowjetischen Niedergang in besonderer Weise verantwortlich gewesen waren.

Enttäuscht von den Ergebnissen dieser ersten Reformen, erkannte Gorbatschows Kabinett, dass Wirtschaftsreformen zum Scheitern verurteilt waren, wenn nicht die Beteiligung der Bevölkerung an den Entscheidungsprozessen intensiviert würde. Dies schloss eine Reduzierung der Zwangsmechanismen sowie die Einführung begrenzter Demokratie ein – etwa in relativ offenen Wahlen. Demokratische Reformen schlossen sich in rascher Folge an: Die Geheimpolizei und andere Institutionen staatlicher Unterdrückung wurden diskreditiert, relativ offene Wahlen abgehalten, die Zensur eingeschränkt und das Monopol der Partei auf die politische Macht formell aufgegeben. Diese Reformen veränderten den Charakter des sowjetischen politischen Regimes grundlegend, was Auswirkungen auf die gesellschaftliche Atmosphäre des gesamten Landes und sogar der Welt hatte.

Die spektakulärste Konsequenz der Demokratisierung war der beeindruckend schnelle Zusammenbruch des sowjetischen »Außenreiches«. Vor Gorbatschow wurden die osteuropäischen Einparteien-Regime und ihre antiquierten Planwirtschaften durch die sowjetische Militärmacht und wirtschaftliche Hilfe in Form von Rohmaterialien und Energielieferungen zu einem Bruchteil ihres Weltmarktpreises am Leben gehalten. Das heißt, es hatte für die innere Stabilität des Sowjetblocks der Existenz eines starken, umverteilenden Zentrums bedurft, dem massive Ressourcen und ein umfassender Militär- und Kontrollapparat zur Verfügung standen. Als diese Bedingungen nicht länger vorhanden waren, schuf die Opposition vieler Millionen Osteuropäer gegen die von außen aufgezwungene Sowjetisierung die notwendige und hinreichende Bedingung für die »samtene Revolution« von 1989. Dies geschah in Verbindung mit Gorbatschows Politik der demokratischen Reformen und seiner schließlichen Weigerung, Gewalt anzuwenden, um die Satellitenregime Osteuropas zu stützen.

22 V. Yaremenko: »Ekonomika khanzhestva«, in: *Pravda,* 1. September 1990, S. 1.

Im eigenen Land waren die Auswirkungen von Gorbatschows reformistischer Linie nicht weniger zerstörerisch als für das Sowjetsystem insgesamt. Die demokratische Dynamik machte die Schwäche der staatlichen Unterdrückungsmittel sichtbar. Diese Entwicklung, in Verbindung mit dem weiteren Zerfall der ökonomischen Strukturen, einem starken Rückgang des Lebensstandards, extremer Knappheit und Rationalisierung von Grundnahrungsmitteln wie Brot und Zucker, entfesselte bis dahin verborgene soziale Kräfte und führte zur Bündelung der allgemeinen Unzufriedenheit durch solche Gruppen und Bewegungen, deren Bedeutung von Gorbatschow offensichtlich unterschätzt worden war. Die demokratische Mobilisierung machte den Erfolg von Gorbatschows politischen Reformen aus, führte aber auch zu unbeabsichtigten Folgen der Perestroika, die der Staat nicht länger zu kontrollieren vermochte.

Die grundlegende Veränderung zentraler Organisationsprinzipien des Sowjetsystems, die vom reformistischen Teil der Partei durchgesetzt worden war, schuf günstige Bedingungen für eine massenhafte politische Mobilisierung, deren stärkste Grundlage eher ethnisch als politisch gewesen ist. In den Worten eines russischen Philosophen »haben sich Nationalitäten in politische Parteien gewandelt«, und mächtige nationalistische Bewegungen entstanden in den verschiedenen Sowjetrepubliken. Wenngleich gerade die Beschaffenheit des einzigartigen sowjetischen militärisch-industriellen Systems zu seinem unaufhaltsamen Zusammenbruch führte, so beschleunigten doch nationalistische und separatistische Kräfte das tatsächliche Auseinanderbrechen der UdSSR. Nationalistische und separatistische Impulse von gleicher Art waren auch für den Zerfall Jugoslawiens und der Tschechoslowakei verantwortlich, womit sie eine allgemeine Logik ausdrücken, die dem Zerfall multiethnischer Gesellschaften, die entsprechend dem sowjetischen Modell aufgebaut waren, zugrunde liegen. Um diese Dynamik genauer zu verstehen, müssen allgemeine Faktoren, die für die Hartnäckigkeit und das periodische Wiederauftauchen des Nationalismus während des 20. Jahrhunderts verantwortlich sind, wie auch die Besonderheiten der ethnischen und nationalistischen Politik in den Gesellschaften sowjetischen Typs untersucht werden.

Die Nationalitätenpolitik des Sowjet-Imperiums

Das Auseinanderbrechen der Sowjetunion in fünfzehn verschiedene Länder wurde in einer ganzen Anzahl wissenschaftlicher Untersuchungen und Augenzeugenberichten bearbeitet.[23] Ronald Suny hat auf Folgendes hingewiesen: »Die Sowjetunion, die vor einem Vierteljahrhundert von den meisten Sozialwissenschaftlern als Staat und nur selten – gewöhnlich von recht konservativen Analytikern – als ein Imperium bezeichnet worden war, wird nach ihrem Untergang fast immer als Imperium bezeichnet, da es inzwischen so scheint, als handele es sich um eine illegitime, konstruierte Staatsform, die unfähig war, die sich entwickelnden Nationen zu umfassen.«[24]

Die Abneigung, die Sowjetunion als Imperium anzuerkennen, hatte mehrere Gründe. Obwohl die Sowjetunion einen Großteil des Gebiets des früheren russischen Reichs in sich vereinte, dürfen die Ursprünge des sowjetischen Imperiums weniger im zaristischen Vermächtnis als vielmehr in der besonderen Nationalitätenpolitik und im Expansionismus des stalinistischen Regimes gesucht werden. Zu Beginn verfolgte das sowjetische Regime eine den Staatsbürgern gegenüber recht wohl wollende Politik, indem die nationale Selbstbestimmung betont und großrussischer Chauvinismus deutlich abgelehnt wurde. Über Jahrzehnte hinweg zehrte die sowjetische Propaganda mit ihren allgegenwärtigen antiimperialistischen und antikolonialistischen Untertönen[25] von diesen frühen Versuchen, ethnische Minderheiten zu schützen. Der sowjetische Imperialismus trat zwar mit der Annexion der baltischen Staaten deutlich in Erscheinung, aber in anderen Gebieten war der imperialistische Impuls der UdSSR weniger deutlich erkennbar und veränderte sich an verschiedenen Punkten seiner Entwicklung. Mark Beissinger betont zu Recht die Bedeutung der subjektiven Dimension des Imperialismus, aber sein

23 Peter Reddaway: »The End of the Empire«, in: *The New York Review of Books*, 7. November 1991, S. 53-59; Jack Matlock, Jr.: *Autopsy on an Empire. The American Ambassadors' Account of the Collapse of the Soviet Union,* New York 1995.

24 R. G. Suny: »Ambiguous Categories. States, Empires and Nations«, in: *Post-Soviet Affairs 11,* Nr. 2, 1995, S. 187.

25 Waldemar Gurian (Hg.): *Soviet Imperialism. Its Origins and Tactics,* Notre Dame, Indiana 1953, S. 9-10.

Insistieren darauf, dass das sowjetische Imperium nicht als »objektive« Struktur zu behandeln und bereits der Gebrauch des Begriffs »Behauptung und Haltung«[26] sei, erfordert eine wichtige Einschränkung. Seit den dreißiger Jahren war die Sowjetunion sowohl im objektiven als auch im subjektiven Sinn des Wortes ein Imperium. Die ethnoterritoriale Struktur einschließlich der vom Staat eingerichteten und aufrechterhaltenen Grenzen zwischen den Nationalitäten, das vom Staat gesteuerte System der ethnischen Schichtung und die sowjetischen Zentrum-Peripherie-Beziehungen sind die hervorstechendsten imperialen Dimensionen des sowjetischen Staates. Auch wenn der imperiale Charakter des Landes immer eine Frage von Abstufungen gewesen ist, entwickelte sich das Sowjetsystem so, dass es sowohl seine objektiven imperialen Charakteristika als auch die subjektive Wahrnehmung der ethnischen politischen und kulturellen Eliten stärkte. Die Verfestigung dieser Vorstellung vom sowjetischen Staat als einem imperialistischen wurde durch den langsamen, aber unaufhaltsamen Niedergang der sowjetischen Wirtschaft sowie durch das Versagen des bolschewistischen Projekts der nationalen Integration gefördert.

Die sowjetische Politik war angeblich dem Ziel der Annäherung und dem Zusammenwachsen der verschiedenen Nationalitäten zu einem einzigen Staat in einer nicht näher bestimmten Zukunft gewidmet. In Wirklichkeit aber räumte die sowjetische Führung den staatlichen Anforderungen immer Priorität gegenüber der Ideologie ein. Die grundsätzlichen Ziele der sowjetischen Nationalitätenpolitik waren jenen moderner multi-ethnischer Staaten sehr ähnlich: Sie sollte die territoriale Integrität und innere Stabilität der UdSSR sichern und auch den Prozess der nationalen Integration stärken. Für einige Jahrzehnte erhielt diese offensichtlich pragmatische und relativ schlüssige Politik die innergesellschaftliche Stabilität erfolgreich aufrecht. Sie hatte jedoch zugleich die Verstärkung der imperialen Momente der Sowjetunion zur Folge, was wiederum ethnischen Partikularismus und auch

26 Mark Beissinger: »The Persisting Ambiguity of Empire«, in: *Post-Soviet Affairs 11*, Nr. 2, 1995, S. 155.

den Prozess der Nationengründung förderte.[27] Ein kurzer Überblick über die institutionellen Einrichtungen und Praktiken der sowjetischen Nationalitätenpolitik ist sehr hilfreich, um diese Entwicklung zu erklären.[28]

Vor Gorbatschow gehörte die rücksichtslose Unterdrückung nationalistischer und separatistischer Bewegungen zum Kernbestand sowjetischer Nationalitätenpolitik. Durch die gesamte sowjetische Geschichte hindurch ist der mächtige Zwangsapparat in der Zerstörung realer und vorgestellter ethnischer Oppositionen, der Unterdrückung von Aktivitäten oppositioneller Nationalitätengruppen und der Bestrafung lokaler Führer, die versuchten, eine einheimische Machtbasis aufzubauen, überaus erfolgreich gewesen. Die beeindruckende innere Stabilität, die erst während der letzten Jahre der Sowjetunion zusammenzubrechen begann, kann jedoch nicht nur mit Terror und Unterdrückung erklärt werden.

Politische und kulturelle beziehungsweise bürgerliche und ethnische Nationenauffassungen als zwei alternative und sogar antagonistische Prinzipien der Organisation von Staatsbürgerschaft und nationaler Einheit reichen bis in das frühe 19. Jahrhundert zurück. Die marxistisch-leninistische Ideologie, die Nationen und Nationalismus als temporäres, jedoch unvermeidbares Übel tolerierte, gehörte jener Tradition an, die nationale Einheit eher als politische denn als ethnokulturelle Tatsache verstand. Bei dem Versuch, die disparaten Teile des ehemaligen Zarenreichs zusammenzuhalten, war die bolschewistische Regierung jedoch gezwungen, sich zur Sicherung der territorialen und wirtschaftlichen Grundlagen des entstehenden revolutionären Staates des Nationalitätenprinzips zu bedienen. Die Sowjetunion gründete auf einem Prinzip der nominellen national-territorialen Autonomie, ethnoterritoriale Einheiten sind ihre grundlegenden strukturellen Elemente gewesen. So wurde in der sowjetischen Gesellschaft

27 Yuri Slezkine: »The USSR as a Communal Apartment, or How a Socialist State Promoted Ethnic Particularism«, in: *Slavic Studies 53*, Nr. 2, 1994, S. 414-452.

28 Für die Analyse der sowjetischen Nationalitätenpolitik stütze ich mich auf meine bisher erschienenen Arbeiten: V. Zaslavsky: *Das russische Imperium unter Gorbatschow. Seine ethnische Struktur und ihre Zukunft*, Berlin 1991 und »Nationalism and Democratic Transition in Postcommunist Societies«, in: *Daedalus 121*, Nr. 2, 1992.

Ethnizität sowohl auf der gemeinschaftlichen als auch auf der individuellen Ebene institutionalisiert. Auf der gemeinschaftlichen Ebene bekamen große ethnische Gruppen ihre offiziell anerkannten Territorien zugewiesen, und sie wurden in einer ausgeklügelten Verwaltungshierarchie der ethnischen Schichtung organisiert, in welcher die fünfzehn Sowjetrepubliken den höchsten für eine sowjetische Nationalität erreichbaren Status ausmachten. Bei jedem Einzelnen wurde die ethnische Zugehörigkeit in den inländischen Pass eingetragen und als das der Person zugeschriebene, vererbte Charakteristikum angesehen. Die Registrierung der Nationalität im Pass diente als ausschlaggebender Faktor der individuellen Identität und schuf klare Grenzen zwischen den Nationalitäten.

Das sowjetische Verständnis von nationaler Einheit ruhte fest auf der stalinistischen Verbindung zwischen Nationalität, ihrem Territorium und ihrer einheimischen politischen Elite, die wiederum vom Zentrum ernannt und genau überwacht wurde. Nationale Integration sollte über die sozioökonomische Entwicklung der Republiken mit Hilfe einer Politik der Umverteilung von weiter an weniger entwickelte Gebiete sowie der bevorzugten Behandlung jeder Nationalität innerhalb ihres Territoriums erreicht werden. Jeder Republik wurden die gleichen Strukturen gewährt, was die staatliche, adminisitrative und Bildungsebene anging, auch existierten ähnliche Forschungs- und Entwicklungseinrichtungen – einschließlich republikanischer Akademien der Wissenschaft mit einer ganzen Reihe von Forschungsinstituten – und ähnliche Organisationen für die Produktion und Verbreitung von Kultur – vom staatlichen Verlag und den Kultur- und Bildungsministerien bis zu den Gewerkschaften der Schriftsteller, Künstler, Architekten und anderer Kulturproduzenten. Diese institutionelle Gleichartigkeit wurde durch die bereits erwähnte Politik der bevorzugten Behandlung ergänzt, die darauf angelegt war, die gebildeten und ehrgeizigen Mitglieder jeder Nationalität in die Ränge ihrer lokalen politischen Elite und der gebildeten Mittelschicht zu kooptieren.

Die Kontrolle der weiterführenden Ausbildung war ein weiterer wichtiger Aspekt der Nationalitätenpolitik. Über Jahrzehnte hinweg wurde der Wettbewerb um Universitätszulassung zwischen Bewerbern aus verschiedenen Nationalitäten durch ein Quotensystem geregelt, das ebenfalls die lokale Nationalität förderte. Ihre Mitglieder genossen privilegierten Zugang zu weiterführenden Bildungsinstitutionen sowie zu Verwaltungs- und Managementstellen, wie auch zu Führungspositionen und hochrangigen Posten.[29] Da die politischen Eliten der Republiken durch den zentralistischen Parteiapparat ernannt und kooptiert wurden, verhielten sie sich eher gegenüber der zentralen Autorität loyal als gegenüber ihrem ethnischen Umfeld. Das hoch entwickelte System der Kontrolle und Überwachung behielt den Repräsentanten des Zentrums, die überwiegend ethnische Russen waren, wichtige Führungspositionen vor, und dies machte das Aufkeimen nationalistischer Gefühle auf Seiten der lokalen politischen Eliten ebenso riskant wie unwahrscheinlich.

Die größte Leistung dieser Politik war, dass eine weitgehende Einheitlichkeit in der Sozialstruktur der Republiken erreicht wurde. Selbst in den am wenigsten entwickelten Regionen erreichte die Zahl der wissenschaftlich Gebildeten die der russischen Bevölkerung. Durch den Schutz der Bildungs- und Berufsinteressen der einheimischen Eliten und Mittelklassen bot die sowjetische Nationalitätenpolitik durchaus Anreize zur Loyalität gegenüber dem Zentrum. Sie war ungewöhnlich erfolgreich darin, genau diese Gruppen, so empfänglich sie für nationalistische Ideen und so wichtig sie für ethnische Mobilisierung auch sein sollten[30], ins Sowjetsystem zu integrieren.

Sowjetische Investitionen wurden bis zu einem gewissen Grad als Transferzahlungen vergeben, die das Ziel hatten, Unterschiede in der ökonomischen Entwicklung der einzelnen Republiken auszugleichen. Ihre Wirkung sollte jedoch nicht überbewertet werden. Die militaristische Modernisierung bedeutete den konsequenten Vorrang strategischer Überlegungen vor den Zielen der

29 Seweryn Bialer: *Stalin's Successors. Leadership, Stabilily, and Change in the Soviet Union,* Cambridge 1980, S. 214-216; L. L. Rybakovskij und N. V. Tarasova: »Migratsionnye protsessy v SSSR: Novye yavleniya«, in: *Sotsiologicheskie issledovaniya 7,* 1990, S. 40.

30 Miroslav Hroch: »How Much Does Nation Formation Depend on Nationalism?«, in: *East European Politics and Societies 4,* Nr. 1, 1990, S. 115.

Umverteilung und war letztlich nicht in der Lage, eine angeglichene und umfassende Entwicklung der nichtrussischen Republiken zu erreichen. Die Zentralministerien finanzierten unter Vernachlässigung der regionalen Entwicklung zunehmend ihre eigenen Unternehmen, und zentralisierte Investitionen flossen oft in umweltzerstörende Projekte, die der Lebensqualität in der jeweiligen Region schadeten. Im Laufe der Zeit wandten sich die Zentralplaner vermehrt einem mechanistischen Wachstums- und Planungsprinzip zu; sie errechneten Investitionen und Produktionsziele »vom erreichten Niveau aus«, indem sie die Zahlen des Vorjahres um einen bestimmten Prozentsatz erhöhten[31] – was die Republiken mit unterdurchschnittlicher Entwicklung und überdurchschnittlicher Geburtenrate erheblich benachteiligte. Die sowjetische Propaganda stellte die Erfolge in der Verringerung der wirtschaftlichen Ungleichheit zwischen den Sowjetrepubliken ständig in den Vordergrund, und in den frühen siebziger Jahren verkündete Breschnew, dass die sozioökonomische Gleichheit innerhalb der UdSSR »im Grunde« erreicht sei. In der Praxis blieb die ökonomische Rangfolge unverändert, denn die baltischen Republiken lagen immer noch deutlich über dem nationalen Durchschnitt und alle moslemischen Republiken darunter. Die Unterschiede hinsichtlich vieler Indikatoren der Regionalentwicklung hatten sogar seit den späten fünfziger Jahren wieder zugenommen und wurden während der Breschnew-Ära besonders deutlich.[32]

Die Beziehungen zwischen Zentrum und Peripherie nahmen sowohl politisch als auch wirtschaftlich einen offenkundig imperialen Charakter an.[33] Der klassische imperialistische Unterschied in der Produktion, wonach hohe Mehrwertproduktion im Zentrum

31 Igor Birman: »From the Achieved Level«, in: *Soviet Studies 30,* Nr. 2, 1978, S. 153-171; Joseph Berliner: *Soviet Industry from Stalin to Gorbachev,* Ithaca 1988, S. 287-288.

32 Alistair McAuley: *Economic Welfare in the Soviet Union. Poverty, Living Standards, and Inequality,* Madison 1979; Gertrud Schroeder: »Regional Living Standards«, in: I.S. Koropeckyj und G.E. Schroeder (Hg.): *Economics of Soviet Regions,* New York 1981; Leshe Dienes: »Regional Economic Development«, in: A. Bergson und H. Levine (Hg.): *The Soviet Economy. Toward the Year 2000,* London 1983.

33 Für eine Analyse der Beziehungen zwischen Zentrum und Peripherie in zentralisierten Imperien siehe: S.N. Eisenstadt: *The Political Systems of Empires,* New Brunswick, NJ. 1992.

und geringe Mehrwertproduktion in der Peripherie stattfindet, wurde jedoch durch die Praxis einer marktfreien Wirtschaft und den umverteilenden sowjetischen Staat erfolgreich verschleiert. Für einige Zeit stand der Lebensstandard im russischen Zentrum und in der ethnischen Peripherie im umgekehrten Verhältnis zum jeweiligen Grad der Industrialisierung. In den siebziger Jahren kamen sowohl sowjetische als auch westliche Studien über regionale Ungleichheit zu dem etwas paradoxen Ergebnis, dass der Lebensstandard in den zentralasiatischen und kaukasischen Republiken höher war als im industriell entwickelten russischen Zentrum.[34] Dieser offensichtliche Widerspruch wurde von Wissenschaftlern oft als Beleg dafür gedeutet, dass beträchtlicher Reichtum aus den wohlhabenderen in die ärmeren Republiken des »südlichen Gürtels«[35] transferiert wurde. Einige Wissenschaftler sahen darin sogar eine Art »Wohlfahrtskolonialismus«. »Kolonialismus« deshalb, weil Zentralasien große Mengen an Rohstoffen für die Weiterverarbeitung in der europäischen UdSSR produzierte und weil Form und Geschwindigkeit der wirtschaftlichen Entwicklung von Moskau bestimmt wurde; »Wohlfahrt«, weil das Zentrum den Lebensstandard in Zentralasien subventionierte.[36]

Die Vorstellung des Wohlfahrtskolonialismus betont zu Recht die imperialen Qualitäten der UdSSR, aber es wird eine massive Subventionierung der Peripherie unterstellt, welche die zentrale Führung in der Praxis weder leisten konnte noch wollte. Das Paradox eines in der Peripherie oft höheren Lebensstandards als es die Stufe der Entwicklung zuließ, kann man angemessen erklären, ohne auf den »Wohlfahrtskolonialismus« Bezug zu nehmen. Das Scheitern der Planwirtschaft wurde vermutlich in der dauernden Knappheit an Nahrungsmitteln und Konsumgütern am offensichtlichsten. Eine Folge dieses Mangels war das Entstehen einer »sekundären Wirtschaft« und eines freien Marktes für Lebensmit-

34 Vgl. *Economic Welfare in the Soviet Union,* a.a.O. sowie B.S. Khorev: *Territorialnaya organizatsiya obshchestva: aktualnye problemy regionalnogo upravleniya i planirovaniya v SSSR,* Moskau 1981.

35 John Gillula: »The Economic Interdependence of Soviet Republics«, in: *Soviet Economy in a Time of Change,* Washington 1979, S. 652; Jan Dellebrant: *The Soviet Regional Dilemma. Planning, People and Natural Resources,* Armonk 1986, S. 52.

36 Martin Spechler: »Regional Development in the USSR, 1958-1978«, in: *Soviet Economy in a Time of Change,* a.a.O.

tel und Konsumgüter, der sich parallel zur sowjetischen Ökonomie etabliert hatte. Aufgrund der günstigeren klimatischen Bedingungen und vor allem aufgrund geringerer staatlicher Kontrolle war es in der Peripherie leichter, sich am Marktgeschehen zu beteiligen. In Wirklichkeit erhöhte die Produktivität privater Landwirtschaft sowie der Handel und nicht die Subventionen des Zentralstaats den Lebensstandard. Diese Tatsache änderte allerdings nichts an den objektiven Produktionshierarchien zwischen Zentrum und Peripherie, die charakteristisch für eine imperiale Organisation sind. Planwirtschaft und umverteilender Zentralstaat schwächten jedoch ethnische Ungleichheit und Schichtung als Folgen einer imperialen ökonomischen Struktur ab.

Die sowjetische Nationalitätenpolitik wurde zwar konsequent durchgesetzt, führte jedoch zu widersprüchlichen Ergebnissen. Sie war bei der Aufrechterhaltung gesellschaftlicher Stabilität ungewöhnlich erfolgreich. Durch die weitgehende staatliche Abhängigkeit sowie den Schutz der Bildungs- und Beschäftigungsinteressen der lokalen politischen Eliten und gebildeten Mittelschichten schwächte diese Politik die Bestrebungen ebenjener Gruppen nach nationaler Einheit, neutralisierte ihre potenziell destabilisierende Rolle und integrierte sie in das Sowjet-Regime. Andererseits verstärkte diese Politik den imperialen Charakter der Sowjetunion durch die Schaffung hierarchischer Gliederungen von nationalen Gesellschaften und die Förderung von Unterschieden zwischen Peripherie und Zentrum, was die ethnischen Konflikte wie auch die Widersprüche zwischen Peripherie und Zentrum verschärfte. So förderte die sowjetische Nationalitätenpolitik einen spezifischen Prozess der Nationenbildung. Der Staat schuf praktisch undurchdringliche Passgrenzen zwischen den unterschiedlichen ethnischen Gruppen und fesselte jede ethnische Gemeinschaft administrativ an ihr eigenes Gebiet und ihre politischen Führungskräfte. Dementsprechend bildeten sich in den Republiken wichtige Vorbedingungen für eine unabhängige Existenz in Form administrativ festgelegter Territorien, die von den »nominellen« Nationalitäten bewohnt wurden, eigener politischer Eliten und gebildeter Mittelschichten wie auch beständiger Traditionen der Kulturproduktion in der eigenen Sprache. »Die Republiken zeigen die volle Bandbreite an Charakteristika unabhängiger Staaten, die ihre Unabhängigkeit verloren haben«, formulierte ein sowjetischer Wissenschaftler.[37]

Sowjetische Nationalitätenpolitik wurde unterschiedslos auf alle ethnischen Gruppen angewandt, die auf verschiedenen Niveaus der sozioökonomischen, kulturellen und demographischen Entwicklung standen, womit regionale Unterschiede aufrechterhalten und zuweilen noch verschärft wurden. Rüstungsfixierte Modernisierung und sowjetische Nationalitätenpolitik führten dazu, dass in der UdSSR eine Mischung aus modernen und traditionellen Gesellschaften fortbestand. Diese wachsenden ethnoregionalen ökonomischen und kulturellen Unterschiede waren die Quelle für Unmut und politische Konflikte, die den Zusammenhalt des sowjetischen Staates unterminierten. Die Politik trug auch zur Umkehr eines Wanderungsmusters bei, das das russische Imperium von der Mitte des 19. Jahrhunderts bis in die ersten fünf Jahrzehnte der Sowjetunion hinein charakterisiert hatte. Bis zum Ende der sechziger Jahre hatte sich die Richtung der russischen Migration umgekehrt, die Menschen verliessen das Zentrum und gingen in die Peripherie.[38] Zur gleichen Zeit beschleunigte sich die Emigration von Mitgliedern der nicht-nominellen Nationalitäten infolge der sich verschärfenden ethnischen Spannungen, besonders ethnischer Russen aus nicht-russischen Republiken. Insgesamt trieb die sowjetische Nationalitätenpolitik durch groß angelegte Bevölkerungstransfers die ethnische Homogenisierung der Republiken voran und bereitete so den Weg für nationalistische und separatistische Bewegungen.

In der Zeit des wirtschaftlichen Wachstums, als reichlich Ressourcen vorhanden waren und Zwang als effektives Mittel der sozialen Kontrolle eingesetzt wurde, war die Sowjetunion eine relativ stabile und lebensfähige imperiale Konstruktion. In den achtziger Jahren hatten sich die Ressourcen, die benötigt wurden,

37 Boris Strugatsky: »Zhit' interesnee chem pisat'«, in: *Literaturnaya gazeta,* 10. April 1991, S. 9.

38 A. S. Bruk, V. M. Kabuzan: *Migratsionnye protsessy v Rossii i SSSR,* Moskau 1991, S. 108-110; Yu. V. Arutyunyan (Hg.): *Russkie: Etnosotsiologicheskie ocherki,* Moskau 1992, S. 17-87.

um das Wachstum aufrechtzuerhalten, jedoch erheblich verringert. Der alte Sozialvertrag zwischen dem Regime und der Bevölkerung war nicht mehr einzuhalten, weil das Regime die wirtschaftlichen und politischen Kosten nicht mehr zu tragen vermochte. Ohne umfassendes Wirtschaftswachstum war es nicht länger möglich, die Beschäftigungsinteressen der ethnischen gebildeten Schichten durch ihre Kooptierung in wachsende Bürokratien zu schützen. Die Doppelpolitik der Nationalitätenregistrierung in den Pässen und der bevorzugten Behandlung einheimischer Nationalitäten wurde immer kontraproduktiver und führte zu einer weiteren Abnahme der Produktivität. Sie führte auch zu einer wachsenden Unzufriedenheit unter den Minderheiten, die keine territoriale Grundlage hatten, und unter den nichtnominellen Bewohnern der jeweiligen Republiken. In vielen Fällen führte sie zur Bildung einer potenziell gefährlichen ethnischen Arbeitsteilung. Die Situation war besonders in denjenigen Republiken angespannt, in welchen die nominelle Nationalität durch die massenhafte Einwanderung anderer Nationalitäten zur zahlenmäßigen Minderheit geworden war. Beispiele hierfür sind Kasachstan und Jakutien, wo es die ersten Fälle ethnischer Unruhen bereits während der Gorbatschow-Ära gab. Die Furcht der einheimischen Bevölkerung um ihre traditionellen Privilegien und das ethnische Überleben verband sich mit der akuten Wahrnehmung von Unrecht auf Seiten der Neuankömmlinge, die sich besonders diskriminiert fühlten.

Als die Kraft des Zentralstaats durch die sinkende Produktivität und die Verringerung der Ressourcen untergraben wurde, begann sich das staatlich gesteuerte System der sozialen Schichtung aufzulösen. Unter diesen Bedingungen erlangte die institutionalisierte Nationalität, die einzige offiziell anerkannte Unterscheidung zwischen Sowjetbürgern, deutlich an gesellschaftlicher Bedeutung. Sie wurde vorrangige Grundlage für soziale Mobilisierung und kollektives Handeln, es etablierten sich in der Folge zunehmend nationalistische und separatistische Bewegungen. In den zentralasiatischen Republiken richtete sich die Mobilisierung gegen erkennbare Minderheiten und schuf keine lebensfähige nationalistische Bewegung. Im Fall des Kaukasus forderten die Nationalisten die Souveränität als Nationalstaat sowie ethnische Homogenität und führten ethnische Kriege gegen angrenzende Republiken oder ethnische Minderheiten auf dem eigenen Territorium. In den baltischen Republiken, der Ukraine und Moldawien wurzelten die sezessionistischen Bewegungen im Bewusstsein der Unrechtmäßigkeit der Annexion durch das russische bzw. sowjetische Imperium. Diese Bewegungen waren stark anti-imperial ausgerichtet und fanden ihre Grundlage in der Suche nach Selbstbehauptung und Identität, dem gemeinsamen Überlebensinteresse und der kollektiven Wahrnehmung des wirtschaftlichen Eigeninteresses, das durch die Hoffnungen, dem Weltmarkt und der Gemeinschaft der Industrienationen beizutreten, forciert wurde. Die Krise der sowjetischen Wirtschaft und des umverteilenden Zentrums stärkte die Wahrnehmung, dass das aktuelle Gemeinwesen eindeutig eine Form der Fremdherrschaft bedeutete.

Separatistische Bewegungen in den Republiken erhielten unerwartete Unterstützung aus dem russischen Zentrum, wo viele bereit waren, sich der ethnischen Peripherie zu entledigen und »sich von der Sowjetunion zu lösen, um einen russischen Nationalstaat zu errichten«[39]. Die Unzufriedenheit der russischen Bevölkerung richtete sich auf die Verteilung der Ressourcen sowie die bevorzugte Behandlung der territorialen nominellen Nationalitäten. Eine Verschiebung in Richtung Isolationismus und eines abgegrenzten russischen Bewusstseins ging mit den Anfängen der Perestroika einher. Diese verstärkten sich mit der Explosion antirussischer Einstellungen in den Republiken. Ein weiterer Faktor war der Rückgang des Lebensstandards, der ethnische Konflikte im Kontext wirtschaftspolitischer Entscheidungen verschärfte und die ethnische Politisierung beförderte. Ein riesiges Projekt – bei welchem sibirische Flüsse nach Zentralasien umgelenkt werden sollten, was für das russische Gebiet ökologisch gefährlich gewesen wäre – provozierte schließlich den offenen Konflikt zwischen Russland und den zentralasiatischen Republiken. Dies wiederum

39 Mikhail Shirokij: »Perestrojka, natsionalnaya problema v SSSR i russkoe patrioticheskoe dvizhenie«, in: *Vestnik Russkogo Khristianskogo Dvizheniya 153,* 1988, S. 192. Siehe auch Vladimir Balakhonov: »Sokhranenie imperii ili samosokhranenie na puti natsionalnogo suvereniteta - glavnaya natsionalnaya problema russkogo naroda segodnya«, in: *Russkaya mysl,* 23. Juni 1989, S. 7.

war der Auslöser für die russische nationalistische Bewegung.[40] Ethnische Zusammenstöße in der Armee und in russischen Städten nahmen seitdem an Häufigkeit und Gewalt zu, da eine Bevölkerungsexplosion in den moslemischen Republiken die Zuwanderung von Migranten und Wehrpflichtigen aus den südlichen Republiken verursachte. Durch weniger strenge Zensur wurden einer breiten Öffentlichkeit die ungeheuren Investitionen bekannt, die nötig waren, um die Arbeitslosigkeit einzudämmen und riesige Bewässerungsprojekte in Zentralasien zu verwirklichen. Führende russische Wirtschaftswissenschaftler und Demographen wiesen darauf hin, dass in Anbetracht der bevorstehenden Sezession der baltischen Staaten Russland diese Investitionen allein tragen müsse. Einige russische Experten, die »die Unmöglichkeit einer weiteren Koexistenz« industrieller und traditioneller Gesellschaften in demselben Land behaupteten, schlugen als einzige Lösung die Aufgabe Zentralasiens vor.[41] Diese Entwicklungen verstärkten die Spaltung innerhalb der russischen Intelligenz zwischen denjenigen, welche die imperiale Idee befürworteten und denjenigen, die den russischen Separatismus als einzigen Weg aus der Wirtschafts- und Nationalitätenkrise ansahen.[42] Da die ethnische Peripherie schnell zu einer Belastung wurde, schwächte sich der Einfluss der imperialen Vorstellung auf die russische Bevölkerung ab.

Dass der plötzliche Zusammenbruch des sowjetischen Imperiums, des größten Staates der Welt, ohne Blutvergießen verlief, kann mit dem Zusammentreffen einer starken sezessionistischen Bewegung in der ethnischen Peripherie und der Bereitschaft des Zentrums, das Imperium zu verlassen, erklärt werden. Der gesamte Verlauf der Perestroika bereitete den Weg für eine Veränderung der Mentalität der russischen Bevölkerung von einer imperialistischen zu einer isolationistischen. Der isolationistische

40 N. N. Petro: »The Project of the Century. A Study of Russian National Dissent, in: *Studies in Comparative Communism 20,* 1987; J. Dunlop: »Russian Nationalists Reach Out to the Masses«, in: *Working Papers in International Studies,* Stanford, Kalifornien 1990.

41 Sergej Polyakov: »Ostavit Srednyuyu Aziyu v pokoe«, in: *Strana i mir 4,* 1990, S. 128.

42 Roman Szporluk: »Dilemmas of Russian Nationalism«, in: *Problems of Communism 38,* 1989.

Nationalismus der Russen wurde durch die wachsende ethnoregionale Ungleichheit vorangetrieben, die aus dem Zusammenbruch des Projekts der nationalen Integration folgte. Die hegemoniale Nation wies ihr eigenes Imperium zurück, während ihre Führung darum kämpfte, die Migration zu stoppen und Transferzahlungen in die verarmte Peripherie zu verhindern. Nach der Sezession der baltischen Staaten zwang der Beschluss der slawischen Republiken, die Sowjetunion aufzulösen, die zentralasiatischen Republiken 1991 in die ungewollte Unabhängigkeit. Mit den Worten Alexander Motyls: »Nachdem das Zentrum implodiert war und die dominante Hälfte der imperialen Beziehung faktisch aufgehört hatte zu existieren, war der unterlegene Teil allein gelassen und geradezu gezwungen, den Weg der nationalen Unabhängigkeit zu beschreiten«[43].

Schlussfolgerungen

Der Zusammenbruch des Sowjetsystems und die Desintegration der UdSSR als politische Einheit stellen zwei eng miteinander verbundene aber zu unterscheidende Prozesse dar, deren Ursachen nicht miteinander verwechselt werden sollten. Die nationalistischen und regionalistischen Kräfte existierten während des gesamten Bestehens der Sowjetunion. Der Nationalismus hat ganz offensichtlich die Form des Zusammenbruchs der UdSSR als politischer Einheit bestimmt, selbst wenn der sowjetische Zusammenbruch in fünfzehn unabhängige Staaten, entsprechend der Anzahl der Unionsrepubliken, zufällig gewesen ist: Es ist leicht vorstellbar, dass es jetzt 16 unabhängige Staaten gäbe, wäre die karelo-finnische Republik nicht auf den Rang einer autonomen Republik zurückgestuft worden. Die Sowjetunion löste sich jedoch von selbst auf, und die Kräfte des Nationalismus waren nicht in erster Linie für den Zerfall dieser sozioökonomischen Formation verantwortlich. Die Behauptung, dass der Grund für den Zusammenbruch der kommunistischen Regime »in der Dynamik der

43 Alexander Motyl: »From Imperial Decay to Imperial Collapse. The Fall of the Soviet Empire in Comparative Perspective«, in: Richard Rudolph und David Good (Hg.): *Nationalism and Empire. The Habsburg Empire and the Soviet Union*, New York 1992, S. 37.

Imperien im Allgemeinen und im imperialen Zerfall im Besonderen«[44] gesehen werden muss, ist daher unzutreffend. Eine Konsequenz einer solchen Begründung wäre die Vorstellung, dass eine Gesellschaft sowjetischen Typs in einer national homogenen Umgebung sich auf lange Sicht als lebensfähige soziale Organisation herausgestellt hätte.

Die sowjetische militärisch-industrielle Gesellschaft war in einer bipolaren Welt, in der sich die Hauptkontrahenten nicht mehr direkt im Krieg begegnen konnten, kaum aufrechtzuerhalten. Nach dem Zweiten Weltkrieg entwickelte sich die Nukleartechnologie so immens, dass die Technik immer größere Bedeutung gegenüber der Ideologie bekam, was die politischen Vorhaben der sowjetischen Führungselite erstickte. Der stetig wachsende militärisch-industrielle Komplex blieb jedoch der dominante Sektor der sowjetischen Wirtschaft, und die Kombination aus politischem Einparteien-Regime, Planwirtschaft und massiver Militarisierung des wirtschaftlichen und gesellschaftlichen Lebens, die voneinander abhingen und sich gegenseitig stabilisierten, führte zum Phänomen der Gegenmodernisierung und erschöpfte die Ressourcen des Landes. So verlor das Sowjetsystem die Fähigkeit, sich selbst zu reproduzieren. Die sowjetische Nationalitätenpolitik, deren Erfolg untrennbar mit einem starken Zentralstaat verbunden war, der eine Strategie der umfassenden wirtschaftlichen Entwicklung verfolgte, wurde zu diesem Zeitpunkt dysfunktional. Die steigenden Kosten trugen zur Systemkrise der sowjetischen Gesellschaft bei, und ihre spezifische Nationenkonstitution bildete die strukturelle Grundlage der sezessionistischen Bewegungen.

Gorbatschows Versuch, die territoriale Einheit der Sowjetunion durch die Demokratisierung des politischen Regimes und Schaffung der Marktwirtschaft zu erhalten, führte zu einer mächtigen Dynamisierung des Zusammenbruchs. Die politische Revolution von oben lähmte den Zentralstaat und lockerte damit die Herrschaft über nationalistische und separatistische Bewegungen in den fortgeschrittensten Republiken der Föderation. Obwohl diese Bewegungen das Auseinanderbrechen des sowjetischen Imperi-

44 Alexander Motyl: »From Imperial Decay to Imperial Collapse«, a.a.O., S. 16.

ums auslösten, wurden ihm erst durch den unaufhaltbaren Zerfall der sowjetischen Wirtschaft, die Schwächung des Zentralstaats und der tödlichen Krise des Sowjetsystems als Ganzem der Weg geebnet. Der Zusammenbruch der Sowjetunion entlang ethnischer Grenzen ergänzte die politische Revolution von oben und diente als strukturelles Äquivalent einer militärischen Niederlage, das die Institutionen und Mächte des alten Systems zerstörte.

Kultur, Hautfarbe und Nationalismus in aktuellen amerikanischen Debatten

David A. Hollinger

Jeder, der sich für Nationalismus interessiert, hat gute Gründe, die Vereinigten Staaten sorgfältig zu studieren. Das gilt insbesondere für jene Forscher, die ethnischem Nationalismus kritisch gegenüber stehen, aber befürchten, dass Verfassungspatriotismus[1] nicht ausreicht, um Gesellschaften mit jenem Gemeinschaftssinn auszustatten, der für eine effektive politische Solidarität unumgänglich ist. Diese Nationalismusforscher halten die Zersplitterung einer Nation in verschiedene nach Sprache, Religion und Ethnie unterschiedene Gruppen für gefährlich und erkennen dennoch die Notwendigkeit an, Minderheiten gegen die Zwänge einer Nationalkultur zu schützen, die durch eine partikulare ethnische, religiöse oder Sprachtradition definiert wird.

Es sind nicht wenige Wissenschaftler, die über solche Dinge nachdenken. Letztlich teilen die meisten an diesem Thema interessierten nordatlantischen Akademiker bis zu einem gewissen Grade das Interesse an solchen Konstellationen, die zumeist vor

Dieser Aufsatz greift auf verschiedene, in englischer Sprache verfasste Essays zurück, besonders auf »National Culture and Communities of Descent«, zuerst in *Reviews in American History* (März 1998) veröffentlicht und später in *Diversity and its Discontent. Cultural Conflict and Common Ground in Contemporary American Society* (Princeton 1999, hg. von Niels Smelser und Jeffrey Alexander) nachgedruckt. Kürzere Textpassagen stammen aus »National Solidarity and Solidarity at the End of the Twentieth Century. Reflections on the United States and Liberal Nationalism«, in: *Journal of American History* (September 1997) und »Nationalism, Cosmopolitanism, and the United States«, in: *Immigration and Citizenship in the 21st Century* (Durham 1998, hg. von Noah Pickus).

1 Die von Hollinger verwendeten englischen Begriffe lauten »ethnic nationalism« und »civic nationalism«. [Anm.d.Ü.]

dem Hintergrund der historischen Beispiele Deutschlands und Frankreichs diskutiert werden. Ethnischer Nationalismus deutscher Prägung wird nicht nur wegen der Verbindung mit Exklusivitätsansprüchen und nationalsozialistischer Terrorpraxis als problematisch angesehen, sondern läuft interethnischen Verbindlichkeiten zuwider, wie sie durch Migration, Kommunikationstechnologien und die globale ökonomische Integration verursacht werden. Verfassungspatriotismus französischer Prägung wird kritisiert, weil sich sein Universalismus so oft als Deckmantel eines kulturellen Partikularismus erwiesen hat. Verfassungspatriotismus belgischer Prägung folgt einem anderen Modell: Jede ethnisch-linguistische Gruppe verfügt über ihre eigenen Institutionen, die miteinander nur durch schwache nationale Solidarität verbunden sind. Unabhängig von anderen Vorzügen oder Nachteilen ist der amerikanische Nationalismus in erheblich geringerem Maße ethnisch geprägt als der deutsche, er ist wesentlich offener gegenüber kultureller Unterschiedlichkeit als die französische Version der Bürgernation und hat entschieden weniger Respekt gegenüber Gruppenabgrenzungen und Gruppenrechten als das belgische Modell.

Dennoch spielt der amerikanische Fall nur eine untergeordnete Rolle in der umfangreichen Nationalismusdebatte, an der sich Soziologen, Historiker, Politikwissenschaftler, Philosophen und Literaturwissenschaftler während der vergangenen beiden Jahrzehnte beteiligten. Auch wenn es Ausnahmen von dieser Vermeidungsstrategie gibt, versuchen die meisten Nationalismustheoretiker die USA zu umgehen. So finden die Vereinigten Staaten nur in einer einzigen Fußnote von Ernest Gellners *Nation and Nationalism* Erwähnung. Auch Benedict Anderson behandelt die USA in seinem einflussreichen Buch *Imagined Communities* eher beiläufig, wenn er den »kreolischen Nationalismus« diskutiert. Mit den Vereinigten Staaten wird auch in den drei wichtigsten Textsammlungen der neunziger Jahre kurzer Prozess gemacht: in Homi Bhabhas *Nation and Narration*, John Hutchinsons und Anthony D. Smiths *Nationalism* sowie in Geoff Eleys und Ronald G. Sunys *Becoming National.* Die USA werden zweimal beiläufig in Monserrat Guibernaus *Nationalisms: The Nation-State and Nationalism in the Twentieth Century* erwähnt und erfahren in John A. Halls Textsammlung *The State of Nation* weniger Aufmerksamkeit als Kanada und die Ukraine.

Solch eine Verschlossenheit gegenüber den Vereinigten Staaten wäre kaum bemerkenswert, wenn es sich nicht um das erfolgreichste nationale Projekt der gesamten modernen Geschichte handeln würde. Was den »Erfolg« Amerikas ausmacht, ist die Beständigkeit, die Absorption unterschiedlichster Völker und seine bloße Macht; es verwirklicht vieles von dem, was von einer Nation erwartet wird. Die Vereinigten Staaten sind das älteste konstitutionelle Regime der Welt und vermochten die unterschiedlichsten ethnischen[2] Gruppen durch Immigration, Eroberung, Versklavung und Emanzipation zu integrieren. Auch wenn der Integrationsprozess nicht selten durch die systematische Benachteiligung vieler Individuen wegen ihrer Hautfarbe, Sprache oder Religion geprägt wurde, handelt es sich aus der Perspektive vergleichender Geschichtswissenschaft vom Jahr 2000 aus betrachtet um eine relativ stabile Entwicklung.

Die Vereinigten Staaten gewannen immer mehr Einfluss außerhalb ihrer Grenzen und sie sind nach zweieinviertel Jahrhunderten bei weitem der einflussreichste Nationalstaat der Welt. Das kann man bedauern, begrüßen oder sich moralisch indifferent verhalten und dafür gibt es jeweils eine Reihe möglicher Begründungen. Aber unabhängig von solch einer Beurteilung und davon, wie man den ungeheuren Erfolg erklären will, verdient das nationale Projekt der Vereinigten Staaten wissenschaftliche Aufmerksamkeit. Denn einige seiner Eigenschaften legen eine Untersuchung im spezifischen Kontext gegenwärtiger Debatten über die klassischen deutschen und französischen Modelle nahe. Zum einen ist diese Nation der Einwanderer - und der Nachfahren von Immigranten, Sklaven und okkupierten Völkern - ethnisch sehr viel heterogener als jene Gemeinschaften, die in letzter Zeit nationalistische Bewegungen verschiedener Intensität und unterschiedlichen Erfolges hervorbrachten wie beispielsweise Basken,

2 Hollinger spricht von »ethnoracial groups« oder »ethnoracial status«; diese Formulierungen sind, in Ermangelung eines besseren Begriffs, durchweg mit »ethnische Gruppen« oder »ethnischer Status« übersetzt. [Anm.d.Ü.]

Kroaten, Flamen, Kurden, Mazedonier, Quebecois, Schotten, Serben, Sikhs, Slowaken, Tamilen und Ukrainer. Darüber hinaus umfassen die Vereinigten Staaten, deren Bevölkerung sowohl aus verschiedenen europäischen Ländern als auch aus Afrika, Asien und Lateinamerika stammt, eine viel größere Bandbreite an Herkunftsgemeinschaften als die meisten etablierten Nationalstaaten Europas, Asiens oder Lateinamerikas, mit denen sich die Vereinigten Staaten zumeist vergleichen.

Auch unterscheiden sich die USA in einem wesentlichen Punkt von Frankreich, mit dem sie über lange Zeit hinweg das bürgerliche, gegen Abstammungsprinzipien gerichtete Nationalitätsprinzip teilten, welches etwa in Deutschland oder Israel betont wird. Anders als Frankreich treten die Vereinigten Staaten für eine pluralistische Vorstellung ein, die freiwillige Assoziationen auf nichtnationaler und transnationaler Grundlage ausdrücklich unterstützt. Frankreich ignoriert die öffentliche Darstellung von nicht-französischen Bürgergemeinschaften und wendet sich oftmals gegen sie, auch wenn Senegalesen, Marokkaner, Ungarn und andere Einwanderer in die französische Gesellschaft rechtlich mit den Nachkommen von Descartes und DeGaulle gleichgestellt sind. Wenn Immigranten in Frankreich dazu gedrängt werden, »französisch zu werden«, dann ist dies eine kulturell stärker vereinnahmende Reaktion auf Einwanderer als sie gegenwärtig in den Vereinigten Staaten praktiziert wird. Der Hinweis auf diese drei Unterschiede bedeutet nicht, dass eine »amerikanisch-exzeptionistische« Perspektive eingenommen werden soll, sondern dient lediglich als vorläufiger Vergleichsrahmen. Empirische Verallgemeinerungen, inwieweit eine Nation sich von anderen unterscheidet, sind zu wichtig, als dass sie aus Sorge vor einer unausweichlichen Mystifizierung der Vereinigten Staaten unterlassen werden könnten.

So treffend diese drei Punkte für die aktuellen Diskussionen in Europa auch sein mögen, noch wichtiger ist wahrscheinlich der fortwährende Konflikt zwischen einer »pluralistischen« beziehungsweise »kosmopolitischen« Programmatik innerhalb der multikulturalistischen Bewegung in den Vereinigten Staaten. In dieser Auseinandersetzung, die häufig durch unklare Kategorien maskiert wird, die sich auf den ambivalenten Begriff der »Unterschiedlichkeit« konzentriert, stehen sich ein konservatives, gruppenzentriertes, kulturdarwinistisches Programm und ein eher liberales, individuenbezogenes, kulturinnovatives Programm unversöhnlich gegenüber. Ich möchte die Unterschiede dieser beiden Entwürfe kurz andeuten, auf die Geschichte ihrer Rivalität während der vergangenen beiden Jahrzehnte hinweisen und einige Bemerkungen dazu machen, wie die Frage der »nationalen Kultur« innerhalb dieses Konflikts angegangen wird. Das bedeutet jedoch nicht, dass Positionen dieser Debatten leichterdings auf die deutsche oder andere europäische Gesellschaften übertragbar sind. Dennoch hoffe ich, dass die amerikanische Diskussion zumindest einen heuristischen Erkenntniswert hat - denn es ist möglich, dass einige unserer Auseinandersetzungen in den Vereinigten Staaten auf bescheidene Weise zu einer europäischen Kritik des Ethnonationalismus beitragen können.

Einige euphorische Parteigänger der Unterschiedlichkeit wollen vor allem die etablierten Kulturen der Herkunftsgemeinschaften schützen und erhalten, während andere stärker darauf abzielen, freiwillige Formationen neuer Gemeinschaften mit einem weiter gefassten Bezugsrahmen zu unterstützen. *Pluralismus* ist die angemessene Kategorisierung für die Ausrichtung der ersten Gruppe und *Kosmopolitismus* für letztere. Pluralismus ist aus dieser Perspektive eher konservativ: Er orientiert sich an bereits bestehenden Gruppen und tendiert dazu, jedem Individuum eine Identität mit einer ethnisch definierten Gemeinschaft zuzuschreiben. Auch wenn Pluralismus in Bezug auf eine größere Anzahl von Gruppen formuliert werden kann, sind während der vergangenen zwanzig Jahre in den Vereinigten Staaten die prominenten Gruppen die der traditionellen Farbunterscheidungen gewesen: schwarz, braun, gelb, rot und weiß. Kosmopolitismus und Pluralismus haben sich nicht selten in der gemeinsamen Forderung nach Toleranz und Unterschiedlichkeit getroffen, aber dennoch ist Kosmopolitismus vergleichsweise liberaler. Er bezieht sich auf das Individuum und erkennt die gleichzeitige und freiwillige Zugehörigkeit zu mehreren Gruppen an - das gilt für soziale oder religiöse Gemeinschaften wie auch Herkunftsgruppen.

Die partikularistische Betonung der *identity politics* ging auf einen pluralistischen Impuls innerhalb der multikulturellen Bewegung zurück, während die Enttäuschung über diese Politik bei den Vertretern der Unterschiedlichkeit sich aus kosmopolitischen Überzeugungen der gleichen Bewegung speiste. Der Konflikt zwischen pluralistischen und kosmopolitischen Strategien zur Durchsetzung kultureller Unterschiedlichkeit ist in den Vereinigten Staaten bis Mitte der neunziger Jahre nicht offen ausgetragen worden. Dennoch waren Spannungen bereits Ende der siebziger Jahre sichtbar geworden, als durch die Begründung des Richters Lewis Powell im Fall »Regents v. Bakke«[3] die Hautfarbe mit Kultur in Verbindung gebracht wurde. Was als kosmopolitische Strategie zur Durchsetzung kultureller Unterschiedlichkeit begonnen hatte, nahm damals eine pluralistische, farbintensive Wendung.

Powell ging es in seiner Entscheidung aus dem Jahr 1978 darum, die Bevorzugung ethnischer Minderheiten, die in der Vergangenheit benachteiligt gewesen sind, beim Zugang zu wissenschaftlichen Einrichtungen zu rechtfertigen. *Affirmative-Action*-Programme standen unter schwerem Beschuss und Powell wollte ihnen einen verfassungsmäßig abgesicherten Ort zuweisen. Er erklärte die Bevorzugung ethnisch benachteiligter Minderheiten für zulässig, wenn deren Ziel darin liege, »Vorstellungen und Sitten« auf dem Universitätscampus zu diversifizieren. Powell war Teil einer richterlichen Mehrheitsfraktion, die das *Affirmative-Action*-Programm der medizinischen Fakultät an der Universität von Kalifornien in Davis für ungültig erklärte, da hierdurch eine bestimmte Anzahl von Studienplätzen für nicht-weiße Studenten reserviert wurde, was dem sechsten Kapitel des *Civil Rights Act* von 1964 widersprach. Powell und seine Kollegen folgerten aus diesem Kapitel, dass ethnische Herkunft kein Entscheidungskriterium für die Teilnahme an einem staatlich finanzierten Ausbil-

3 Im Verfahren der *Regents* der Universität von Kalifornien gegen Bakke entschied das Oberste Verfassungsgericht der Vereinigten Staaten 1978 mit nur einer Stimme Mehrheit, dass festgelegte Studienplatzquoten für Bewerber aus Minderheitengruppen an der Medizinischen Fakultät rechtswidrig sind, wenn weiße Bewerber zu diesen Studienplätzen prinzipiell nicht zugelassen werden. Trotz des Verbots solcher Quotierungen gestand das Gericht den Fakultäten die Möglichkeit zu, auf ethnische Zugehörigkeit als Auswahlkriterium zurückzugreifen. [Anm.d.Ü.]

dungsprogramm sein könne. Doch formulierte Powell einen weiteren Absatz, der die verfassungsmäßige Begründung von *Affirmative-Action*-Programmen in der weiterführenden Ausbildung liefern sollte, und unterschied die Bevorzugung von bestimmten Gruppen aufgrund ihrer Herkunft von der Bevorzugung von Gruppen als Instrument kultureller Diversifizierung. Ethnische Zugehörigkeit eines Individuums konnte Powell zufolge neben anderen Kriterien im Interesse eines diversifizierten Universitätscampus in die Erwägung einbezogen werden. Der Richter erklärte, die Zukunft des Landes hinge von Führungspersönlichkeiten ab, die »Vorstellungen und Sitten« ausgesetzt seien, die »so unterschiedlich sind, wie diese Nation vieler Völker«[4].

Powells Kunstgriff zur Rettung von Gruppenvorrechten gegenüber den egalitären Verfassungsprinzipien hat über zwei Jahrzehnte hinweg so gut funktioniert, weil er umfassende Kriterien einer leicht erkennbaren Beziehung von Kultur und Hautfarbe zugrunde gelegt hatte. Die überwältigende Mehrheit der vier im Programm der Universität in Davis genannten nicht-weißen Gruppen - »Schwarze«, »Chicanos«, »Asiaten« und »eingeborene Amerikaner« - waren direkt oder indirekt rassistischen Benachteiligungen ausgesetzt, die sie mit anderen Lebenserfahrungen ausstatteten als die durchschnittliche weiße Person.

Das kulturelle Leben aller Amerikaner, die herrschenden Weißen einbezogen, war ganz offensichtlich durch eine lange bestehende und unterschiedlich einflussreiche Hierarchie der Hautfarben geprägt worden. Kulturelle Umgangsformen, Geschmäcker und Vorstellungen, die auf stereotype Weise mit bestimmten Gruppen in Zusammenhang gebracht wurden, waren nicht nur durch die ungleiche Verteilung von Macht und Prestige zwischen ethnischen Gruppen beeinflusst, sondern auch durch verschiedene historische Raster, die aus einer Reihe verschiedener Sprachen, religiöser Orientierungen und geographischer Herkunft entstanden waren. Die Verkürzung, dass »Rasse« sich sowohl durch Kultur als auch durch Hautfarbe konstitutiert, mag in die falsche

4 *Regents of University of California v. Bakke,* 483, U.S. 265, 311-313, 1978. Für eine überzeugende Interpretation vgl. Robert Post: »After Bakke«, in: *Representations,* Nr. 55, Sommer 1996, S. 1-12.

Richtung führen, ist jedoch nicht vollkommen unrichtig. Powells Formulierungen erschienen umso glaubwürdiger als im nordatlantischen Westen die weit verbreitete und zählebige Meinung vorherrschte, dass das, was er »Vorstellungen und Sitten« nannte, ein vor allem ethnisches Phänomen sei. Auch wenn diese Unterstellung durch die Radikalisierung in der nationalsozialistischen Doktrin und Praxis diskreditiert gewesen ist, so hatte sie trotzdem in einer gutmütigen Form weiterhin Bestand. Doch gerieten solche Positionen in den Vereinigten Staaten seit der Nachkriegszeit bis in die siebziger Jahre immer stärker in die Defensive und ließen Powells Bezugnahme darauf für eine fortschrittliche Politik immer problematischer werden.

Mit dem *Immigration and Nationality Act* von 1965 wurden die Einwanderungsbeschränkungen aufgehoben, die es 1924 auf der Grundlage ungeniert rassistischer Überzeugungen hinsichtlich unterschiedlicher »Vorstellungen und Sitten« Asiaten und Osteuropäern verunmöglichten, Teil einer demokratischen und menschlichen Gesellschaft zu werden. Die Kinder der vor 1924 Eingewanderten hatten jedoch eine bemerkenswerte strukturelle Assimilation in einer Gesellschaft erreicht, die sich zunehmend als »Nation von Immigranten« bezeichnete - wenn gleich dieser Terminus diejenigen Schichten außer Betracht ließ, die durch Versklavung und Eroberung inkorporiert wurden. Der massive intellektuelle Angriff auf den Rassismus von Anthropologen, Biologen, Historikern, Soziologen und anderen Wissenschaftlern wie Gunnar Myrdal schnitt das alte doktrinäre Gewebe in Stücke, demzufolge biologische Herkunftsgemeinschaften notwendig kulturell miteinander verknüpft seien. Diese antirassistischen Wissenschaftler verbreiteten die Einsicht, dass Gene die Hautfarbe und morphologischen Eigenschaften bestimmen, jedoch keine Gewohnheiten, Einstellungen und Dispositionen hervorrufen, die auf stereotype Weise mit standardisierten ethnischen Gruppen in Zusammenhang gebracht werden können.

Die Bürgerrechtsbewegung der fünfziger und sechziger Jahre richtete sich auch gegen die Auffassung, dass Schwarze mit spezifischen Eigenschaften belastet seien, die eine erfolgreiche Integration in die Gesellschaft verhinderten. Die Mehrzahl der Regierungsaktivitäten gegen Diskriminierung, einschließlich der unter Lyndon Johnson, Richard Nixon und Gerald Ford entwickelten *Affirmative-Action*-Programme, waren darauf ausgerichtet, nicht kulturelle Gemeinschaften, sondern Individuen zu unterstützen, deren physische Erscheinung sie in die Gefahr brachte, benachteiligt zu werden oder für deren Vorfahren dies galt. Es war daher in öffentlichen Angelegenheiten möglich, eher »farbbewusst« als »farbenblind« zu handeln, ohne damit zu unterstellen, dass Personen mit einer bestimmten Hautfarbe auch einer partikularen Kultur zuzuordnen seien.

Bereits in dem Jahrzehnt vor der Bakke-Entscheidung war ein zunehmendes öffentliches Interesse an ethnischen Kulturen zu verzeichnen. Doch ist der Ethno-Enthusiasmus der frühen siebziger Jahre nicht so stark durch Hautfarben kodiert gewesen wie derjenige der achtziger und neunziger Jahre. Das neue ethnische Bewusstsein der siebziger Jahre zeigte sich am stärksten in verschiedenen Segmenten der weißen Bevölkerung, die polnische, italienische, jüdische und andere Zugehörigkeiten zelebrierten. Dies war ein Echo auf die Stilisierung schwarzer Kultur, die gegen Ende der sechziger Jahre immer mehr ins Auge fiel. So folgte die der Bakke-Entscheidung vorausgehende Überhöhung kultureller Unterschiedlichkeit - einschließlich der Angriffe gegen die Assimilation im Stile des Schmelztiegels - keineswegs der Logik von *Affirmative Action.* Denn dort fanden die kulturellen Unterschiede innerhalb der weißen Bevölkerung keine Beachtung. Vor der Bakke-Entscheidung gingen sowohl die Wertschätzung kultureller Unterschiedlichkeit wie auch die Entwicklung von *Affirmative-Action*-Programmen auf die gleichen politischen Beweggründe zurück, aber beide entwickelten sich in größerer Unabhängigkeit voneinander als nach dem Gerichtsurteil.

Während der achtziger Jahre wurden - vor dem Hintergrund von Powells Urteilsbegründung - Kultur und Hautfarbe in einen direkteren Zusammenhang gestellt. Parteigänger der multikulturellen Bewegung stützen sich zunehmend auf Kategorien, die in gerichtlich bestätigten *Affirmative-Action*-Programmen entsprechend Powells Anleitung gebraucht wurden. Im Zentrum dieser Programme standen richtigerweise nicht-weiße Bevölkerungsgruppen mit physischen Charakteristika, die in der Geschichte eine rassistische Behandlung durch Weiße ausgelöst hatten. Dem Multikulturalismus ging es nie um Unterschiedlichkeit als solche. Wenn dies der Fall gewesen wäre, hätten die Universitäten größere Anstrengungen unternommen, um die verschiedenen asiatischen Kulturen zu unterstützen. Koreaner, Japaner, Kambodschaner und Chinesen bringen eine enorme Unterschiedlichkeit auf den Campus, was die kulturellen Differenzen in Religion, Sprache und gesellschaftlichen Sitten angeht; jedoch ist die Rede über Unterschiedlichkeit zumeist ein Code für bestimmte Formen der Unterschiedlichkeit. Die herausragenden Unterscheidungen sind die der fünf klassischen Farbkategorien, die, obgleich sie wenig mit Kultur und Geographie zu tun haben, immer stärker mit kulturellen und geographischen Etiketten versehen wurden: *schwarz* (Afro-Amerikaner), *braun* (Hispanics oder Latinos und im Südwesten Chicanos), *rot* (Indianer beziehungsweise eingeborene Amerikaner und später indigene Völker), *weiß* (europäische Amerikaner) und *gelb* (asiatische Amerikaner).[5]

Die kulturellen Unterschiede verschiedener weißer Gruppen verloren an Bedeutung, als »Kultur« zum Surrogat für »Rasse« geworden war. Das Gleiche geschah mit Kulturen, welche die Grenzen der Hautfarben transzendierten - als regional, religiös und national definierte Kulturen. Das protestantische Christentum ist lebendiger Bestandteil im Leben vieler Millionen Amerikaner, aber seine Kultur wird von der multikulturellen Bewegung fast vollständig ignoriert. Mit jeglichem Anspruch auf eine nationale Kultur wurde innerhalb des multikulturalistischen Milieus kurzer Prozess gemacht, weil unter dem Titel der »amerikanischen« Kultur so viele Beiträge von Nicht-Weißen ignoriert oder

5 Zur Institutionalisierung des ethno-rassischen Fünfecks im amerikanischen Alltagsleben in Folge einer 1977 erlassenen Direktive des landesweiten *Office of Budget and Management to the Bureau of the Census* vgl. David Hollinger: *Postethnic America. Beyond Multiculturalism,* New York 1995, S. 19-50. Diese Schilderung betont, dass die Alltagskultur jeden Bereich dieses Fünfecks bestimmt und daher die Möglichkeit existiert, dass ethnisch definierte Kulturen sich zukünftig mehr und mehr durch freiwillige Hinwendung denn durch gesellschaftliche Autorität begründen. Der traditionelle Rassismus ist dabei der größte Hinderungsgrund einer eher freiwilligen Begründung kulturell-ethnischer Zugehörigkeit in den Vereinigten Staaten.

unterschätzt worden sind. Die Parteigänger der Unterschiedlichkeit verurteilten häufig schon die Vorstellung einer nationalen Kultur. So funktionierten multikulturalistische Initiativen in Schulen oftmals als *Affirmative-Action*-Programme für jene Kulturen, die mit den nicht-weißen ethnischen Gruppen in Verbindung gebracht und durch weiße Vorurteile benachteiligt wurden.

Es gab gute Gründe, dies zu tun. Die kulturelle Kreativität von Nicht-Weißen ist im amerikanischen Bildungssystem und der öffentlichen Debatte in der Tat nur unzureichend berücksichtigt worden. Multikulturelle Anstrengungen, diese Versäumnisse zu korrigieren, waren hinsichtlich der verwendeten Schulbücher, Anthologien, Curricula sowie dem Bild amerikanischen Alltags in den populären Medien ungeheuer erfolgreich. Der Multikulturalismus setzte vor allem einen größeren Respekt für die afro-amerikanische Kultur durch, die sich in vielen Generationen unter den Bedingungen eines traditionellen, rassistischen Verständnisses entwickelte. Die Allianz zwischen Multikulturalismus und *Affirmative Action* diente auf symbolischer Ebene auch dazu, Nicht-Weiße an neuen Orten willkommen zu heißen: Man versuchte an Schulen, Colleges und Universitäten ein Umfeld zu schaffen, das auf die Gegenwart von Nicht-Weißen, unabhängig von ihren individuellen Werten und Geschmäckern, angemessen reagierte.

Die Allianz zwischen Multikulturalismus und *Affirmative Action* unterbrach den schwierigen Versuch, Kultur und Herkunft voneinander zu entkoppeln, der in den Vereinigten Staaten bereits früher begonnen hatte. Es sollten die individuellen Möglichkeiten geschaffen werden, sich kulturell nach eigener Entscheidung zuzuordnen. Die Allianz verengte eine bereits seit den sechziger und siebziger Jahren vorgehende Veränderung des kulturellen Selbstverständnisses des Landes von einem vorwiegend anglo-protestantischen, männlichen in ein auf verschiedene Arten von Unterschiedlichkeit reagierendes Selbstverständnis. Es wurde massiv die Vorstellung verstärkt, dass Hautfarbe und Kultur miteinander in Verbindung stehen und dass staatliche Politik dazu bestimmt sei, die wegen ihrer Hautfarbe benachteiligten Menschen zu unterstützen und diese dazu anhalten solle, die allgemein mit der besonderen Hautfarbe assoziierte Kultur anzuerkennen. So gewann eine bestimmte Spielart des Pluralismus immer stärkeres Übergewicht gegenüber kosmopolitischen Positionen, was zur Folge hatte, dass Multikulturalismus sich in einer Hinsicht als ungeheuer konservativ erwies: Er trug wenig dazu bei, jenen Einflüssen, die Hautfarbe und Gesichtsform historisch auf die Kultur hatten, zu trotzen.

Die kosmopolitischen Strömungen fanden innerhalb der multikulturalistischen Bewegung während der neunziger Jahre immer größere Unterstützung. Der Kommunikationsforscher Michael Dyson, Autor einer bekannten Studie über Lebensweg und Vermächtnis von Malcolm X, entwarf einen »Post-Multikulturalismus«, der die »Integrität des Partikularen« respektieren sollte, während gleichzeitig die Suche nach »einem rassen-transzendierenden Grund einer allgemeinen Zusammenarbeit« gesucht wurde. Dyson hoffte, »über den Pluralismus« hinauszugehen, um eine »konkrete Interpretation dessen zu erreichen, was Unterschiedlichkeit wirklich bedeutet«[6]. Der Literaturwissenschaftler Ross Posnock beschrieb eine »Nach-Identitäts-Wende«, die keine Zurückweisung der Ethnizität beinhaltete, sondern eher die Lösung »ihrer beschränkenden Herrschaft« sowie die Rehabilitation der Verbindung von Ethnizität mit dem »universalistischen Grundton der Bürgerrechtsbewegung«. Posnock beschrieb »den neuen Kosmopolitismus« nicht nur als »eine andere Form der Gruppenidentität«, sondern als eine trans- und multiethnische Haltung, die »sich vor regressiven Verweisen auf Authentizität hütet und auf der Tatsache besteht, dass sich gegenwärtige kollektive Identitäten nicht selten überschneiden«. Als herausragendes Beispiel eines solchen Kosmopolitismus machte Posnock eine Gruppe schwarzer Intellektueller in Harvard aus: Kwame Anthony Appiah, Orlando Patterson, Randall Kennedy, Cornel West und Henry Louis Gates Jr.[7] Appiah begann schließlich, sich selbst als »kosmopolitischen

6 Michael Dyson: »Contesting Racial Amnesia. From Identity Politics to Post-Multiculturalism«, in: Michael Berube und Cary Nelson (Hg.): *Higher Education under Fire. Politics, Economics, and the Crisis of the Humanities,* New York 1995, S. 336-344, bes. S. 343.

7 Ross Posnock: »Before and after Identity«, in: *Raritan XV,* Sommer 1995, S. 101-102.

Patrioten« zu bezeichnen und vermengte damit ganz bewusst zwei scheinbar unvereinbare Eigenschaften.[8]

In einer weiteren begrifflichen Entgegenstellung, die im Allgemeinen ein Spannungsverhältnis bezeichnet, forderte der Rechtswissenschaftler Alexander Aleinikoff kürzlich einen »multikulturellen Nationalismus«, der eine Übertragung des Kosmopolitismus sein soll, den Randolph Bourne bereits im Jahr 1916 verkündet hatte.[9] Vier weithin diskutierte Bücher verstärkten den Eindruck, dass die Kritik der Verwechslung von Hautfarbe mit Kultur und Gemeinschaft in der amerikanischen Wissenschaft eine Intensität und Verbreitung gewonnen hatte, wie seit einem Vierteljahrhundert nicht mehr.[10] Während der vergangenen beiden Jahre fanden darüber hinaus in Harvard, Stanford und Wisconsin wichtige Konferenzen über den »Neuen Kosmopolitismus« statt. Auch Martha Nussbaums kosmopolitisches Manifest *For Love of Country* hat in der meinungsbildenden Presse eine breite Diskussion angeregt.[11] In meinem Buch *Postethnic America. Beyond Multiculturalism* aus dem Jahr 1995 argumentiere ich für eine Zugehörigkeit zu Herkunftsgemeinschaften ausschließlich auf Grundlage individuellen und widerrufbaren Einverständnisses. Es ist hinsichtlich zugeschriebener Identitäten überaus skeptisch. Ein prominenter Beobachter dieser Debatten, der kanadische Philosoph Will Kymlicka, hat vor einiger Zeit festgehalten, dass die kosmopolitische, »postethnische« Position innerhalb der Vereinigten Staaten die Auseinandersetzung gewonnen hat.[12]

8 Kwame Anthony Appiah: »Cosmopolitan Patriots«, in: *Critical Inquiry*, Nr. 23, Frühjahr 1997.

9 T. Alexander Aleinikoff: »A Multicultural Nationalism?«, in: *American Prospect*, Januar/Februar 1998, S. 80-86. Aleinikoff bezieht sich auf Randolph Bournes »Trans-national America«, zuerst veröffentlicht in: *Atlantic Monthly*, 1916, nachgedruckt in: David A. Hollinger und Charles Kapper (Hg.): *The American Intellectual Traditon. A Sourcebook*, New York, S. 171-180.

10 Todd Gitlin: *The Twilight of Common Dreams*, New York 1995; Jennifer Hochschild: *Facing up to the American Dream*, Princeton 1995; Michael Lind: *The Next American Nation*, New York 1995; Walter Benn Michael: *Our America. Nativism, Modernism, and Pluralism*, Berkeley 1995.

11 Martha Nussbaum et. al.: *For Love of Country*, New York 1996.

12 Will Kymlicka: »American Multiculturalism in the International Arena«, in: *Dissent*, Herbst 1998, bes. S. 74. Kymlicka, das sollte erwähnt werden, spricht sich vehement für »Gruppenrechte« aus und zweifelt daran, dass die amerikanische Version des

Eine Folge des Konfliktes zwischen pluralistischen und kosmopolitischen Strömungen der Multikulturalismus-Konzeptionen war die neuerliche Aufmerksamkeit hinsichtlich der Frage einer »nationalen Kultur«. Wenn vielfältige Identitäten anerkannt werden sollen, wie könnte sich inmitten solcher Konstellationen eine »amerikanische« Identität herstellen? Selbst viele Kosmopoliten wurden angesichts der Vorstellung von einer amerikanischen Nationalkultur unruhig.

Appiah wandte sich gegen eine amerikanische nationale Kultur in Kategorien, die kritisch hinterfragt werden müssen und die ein für andere Beobachter interessantes Moment der amerikanischen Nationalismusdebatte umreißen. Appiah schätzt an den Vereinigten Staaten - und das weckt in ihm »patriotische« Gefühle - vor allem die relative Leichtigkeit, mit der die Bürger sich eine Reihe wichtiger Identitäten erhalten können, ohne ihre Loyalität gegenüber der nationalen Gemeinschaft oder dem Staat einzuschränken. Der aus Ghana stammende Appiah beobachtet, dass viele Bürger seines neuen Landes »Amerika eben deshalb lieben, weil es sie in die Lage versetzt hat, selbst zu entscheiden, wer sie sind und auch, was für eine Rolle Amerika in ihrer ausgewählten Identität spielt«. Um diesen Zustand zu erhalten ist es »nur« notwendig, so Appiah, »dass wir alle den politischen Respekt für die politische Kultur des Liberalismus und die darin enthaltene verfassungsmäßige Ordnung teilen«. Er unterscheidet strikt zwischen dieser »politischen« und einer »nationalen« Kultur, die er als eine weitaus umfassendere Zusammenfassung von Gedanken und Gefühlen über eine Vielzahl menschlicher Angelegenheiten, etwa der Abtreibung, darstellt. Appiah ist gegenüber der Vorstellung von »gemeinsamen zentralen Werten« so unerbittlich, dass er explizit ausschließt, diesen Begriff auch in Bezug auf eine »gemeinsame Verpflichtung« auf demokratische nationale Institutionen zu begreifen, denen gegenüber er sich streng »patriotisch« verhält. Für Appiah ist besonders wichtig, dass demokratische Institutionen eine »große Unterschiedlichkeit von Überzeugun-

Kosmopolitismus für sein eigenes Land, Kanada, oder den Rest der Welt eine größere Bedeutung hätte.

gen« für diejenigen nach sich ziehen, die mit ihnen verbunden sind. Dennoch ist diese Unterschiedlichkeit nicht so groß, wie auf den ersten Blick vermutet. Appiah ist bereit, zu Nutzen der nationalen Gemeinschaft bestimmte Werte zu verfechten: die klassischen liberalen Werte des Respektes für »menschliche Würde und persönliche Unabhängigkeit«[13].

Appiah betont die Unterscheidung zwischen »politischer« Kultur, die er gutheißt, und einer »nationalen« Kultur, die erstere niemals umfassen soll. Er warnt davor, »jeden Amerikaner auf gemeinsame Wertvorstellungen, gemeinsame literarische Bezüge und eine gemeinsame Geschichtserzählung der amerikanischen Nation zu verpflichten«. Aber durch die Kennzeichnung dieser Praxis als eine Form der Nötigung - die Zentrierung *jeder* amerikanischen Person - schmälert Appiah die Effektivität seines eigenen Arguments, das sich nur noch gegen ein verpflichtendes nationales Curriculum richtet. Er kann daher nicht mehr das thematisieren, was er an anderer Stelle selbst als pluralistisches Umfeld einer kulturellen Auseinandersetzung in den Vereinigten Staaten anerkennt. Es ist eine Sphäre, innerhalb der politische Überzeugungen nicht nur in lokal kontrollierten Schulen erarbeitet werden, sondern auch in »Familie, Kirche, Lektüre und Fernsehen sowie in ... beruflichen und Freizeitvereinigungen«[14].

Genau in diesem erweiterten, polyzentrischen Umfeld kann die von Appiah bewunderte »politische« Kultur »national« werden, ohne seinen vernünftigen Einsichten und Einschätzungen zu widersprechen. Und genau in diesem Umfeld werden auch eine ganze Reihe literarischer Verknüpfungen zur politischen Kultur entworfen: Die »nationale Kultur« beansprucht noch immer Mark Twain - Emblem vieler Widersprüche dessen, was Appiah als »politische Kultur« bezeichnen würde - als Nationaldichter der Vereinigten Staaten, vergleichbar mit Puschkin in Russland, Dante in Italien, Goethe in Deutschland, Cervantes in Spanien und Shakespeare in England. Dass die Nationaldichter, diejenigen, welche die Nationalsprache am stärksten entfaltet haben, gleich-

13 Kwame Anthony Appiah: »Cosmopolitan Patriots«, a.a.O., S. 629-631; 633; 635.
14 Ebda., S. 630.

zeitig der gesamten Menschheit zugehören, steht außer Frage. Aber das muss nicht bedeuten, dass sie nicht als Teil der »Kultur« einer partikularen Nation verstanden werden können.

Appiah zeigt nur geringes Verständnis für den historischen Entstehungsprozess jener demokratischen Institutionen und Praxisformen, die er verteidigt. Die konstitutionelle Verfassung der Vereinigten Staaten ist nicht einfach eine Verkörperung abstrakter liberaler Werte, sondern vielmehr eine endliche geschichtliche Entität mit ihren spezifischen Tragödien, Erfolgen, Niederlagen, Widersprüchen und provinziellen Einfällen, die in Appiahs kosmopolitischer Reduktion zu leicht verloren gehen. Die konstitutionelle Verfassung der Gesellschaft kann und soll ein kosmopolitisches Mittel sein, um eine Unmenge freiwilliger Affiliationen zu ermöglichen. Aber es gibt keinen Grund, warum die Vereinigten Staaten nicht für einige ihrer Bürger eine Solidargemeinschaft werden können, zu der jemand ein ebenso starkes Zugehörigkeitsgefühl hat wie jenes, das Appiah in religiösen, beruflichen, lokalen oder geschlechtsspezifischen Solidargemeinschaften sieht. Das intensive Gefühl der inneren Bindung an die Vereinigten Staaten wurde in der dauerhaften Beschäftigung vieler Amerikaner mit Ken Burns' Fernsehserie über den Bürgerkrieg deutlich, die im Herbst 1990 erstmals gesendet wurde.

Gemeinsame Erinnerungen und Alltagspraxis, die zur Erhaltung persönlicher Solidarität wesentlich sind, können sich mit der Zeit ebenso in Bezug auf eine zivile wie in Bezug auf eine Abstammungsgemeinschaft ausbilden. Die Unterscheidung zwischen ziviler und ethnischer Gemeinschaft kann durchaus übertrieben werden. Einige der heute als ethnisch wahrgenommenen Zugehörigkeiten sind in vielen Teilen der Welt über Jahrhunderte hinweg durch staatliche Autoritäten aus ehemals verschiedenen Herkunftsgemeinschaften geschaffen worden. In dem Maße wie die ethnische Zugehörigkeit der Individuen in den Vereinigten Staaten immer undurchsichtiger ist, wird die Integrität der alten, standardisierten Herkunftsgemeinschaften geschwächt. Je größer die Anzahl jener Amerikaner ist, die sich auf mehr als eine Herkunftsgemeinschaft berufen, desto weniger Vorherrschaft hat jede einzelne dieser Gemeinschaften über die anderen und umso größerer

Freiraum entsteht innerhalb der Identitätsökonomie der nationalen Gemeinschaft als besonderer »Herkunftsgemeinschaft«: einer Gemeinschaft, die durch ethnische Mischung entstanden ist.

Bernard Yack hat umfassender als Appiah das Vermögen der Vereinigten Staaten erfasst, Gefühle der Zugehörigkeit zu inspirieren. Er formuliert dies in einem Kommentar zu Ernest Renans Nationalismustheorie und hält fest, dass mindestens »zwei Dinge« eine Nation lebensfähig machen: »gegenwärtige Zustimmung und eine reiche kulturelle Erbschaft gemeinsamer Erinnerungen und Alltagspraxen«. Ohne Zustimmung, fährt Yack fort, »wäre unsere kulturelle Erbschaft eher unser Schicksal als ein Zusammenhang von hintergründigen Handlungszwängen. Aber ohne ein solches Vermächtnis gäbe es überhaupt keine Zustimmung, weil für die Menschen kein Grund existierte, eher mit der einen als der anderen Gruppe von Individuen übereinzukommen. Wenn man sich ausschließlich auf die eine oder andere Komponente nationaler Identität konzentriert, werden die kontrastierenden Mythen des Ethnonationalismus und zivilgesellschaftlicher Theorien politischer Gemeinschaften befördert ..., die einerseits unsere Unfähigkeit zur Veränderung, Fortschreibung und Verbesserung der ererbten gemeinschaftlichen Bindungen übertreiben wie auch die Fähigkeit, uns selbst im Sinne unserer liberalen Theorien weiterzuentwickeln«[15].

Yack erkennt die Möglichkeiten einer Geschichtserzählung an, die dazu beiträgt, eine nationale Kultur zu konstituieren - das gilt insbesondere für eine Geschichte, die in ihren inhaltlichen Zuschreibungen schwach genug ist, um die gleichzeitige Entfaltung multipler Identitäten und Loyalitäten zu ermöglichen. Ein an der Geschichte demokratischer Institutionen orientiertes nationales Narrativ ist hervorragend dazu geeignet, die »Unterschiedlichkeit von Überzeugungen« derjenigen Institutionen zu vermitteln, die Appiah bewahrt wissen will. Ein Teil der zu erzählenden *story* ist die Konstitution der Grenzen nationaler Solidarität - wie und

15 Bernard Yack: »The Myth of the Civic Nation«, in: *Centennial Review*, Nr. 10, 1996, S. 208-209. Vgl. auch Avishai Margalit: »The Moral Psychology of Nationalism«, in: *The Morality of Nationalism* (hg. von Robert McKim und Jeff McMahan), New York 1997, S. 74-87.

wann sie herausgefordert und gelegentlich verändert wurden und von wem. Sie muss beinhalten, wie die Vereinigten Staaten ihre gesellschaftlichen Grenzen gezogen und verschoben haben, um die eine oder andere Gruppe aufzunehmen, abzustoßen oder zu unterdrücken. Oder: Wie haben Rassismus und der Kampf dagegen sich innerhalb unterschiedlicher geschichtlicher Konstellationen entwickelt? Antworten auf diese lebenswichtigen Fragen gehören zu den großen Errungenschaften gegenwärtiger Sozialforschung. Diese Antworten können zur Konstitution der Geschichte, die die Nation über sich selbst erzählt, beitragen und dadurch an einer »nationalen Kultur« teilhaben, ohne anderen, empirisch begründeten Erfahrungen sub- oder transnationaler Solidaritäten zuvorzukommen, einschließlich denen der Herkunftsgemeinschaften.

Ich möchte betonen, dass diese Gedanken über Nationalismus in den Vereinigten Staaten nicht von der Vorstellung getragen sind, dass die Erfahrungen einer Gesellschaft leichterdings auf eine andere übertragen werden können. Ich habe immer wieder auf die geschichtliche Partikularität der Vereinigten Staaten hingewiesen, ohne einem »amerikanischen Exzeptionalismus« das Wort zu reden. Auch maße ich mir weder an, Deutschen, Franzosen, Belgiern oder Russen zu erklären, wie ihre eigenen nationalen Solidaritäten organisiert sein sollten, noch zu sagen, wie die demokratischen und egalitären Ressourcen ihrer eigenen Traditionen gestärkt und ethnizistischer Nationalismus zurückgewiesen werden kann. Doch die allgemeinen Themen politischer Solidarität, die in den aktuellen Diskussionen der Vereinigten Staaten debattiert werden, sind von wachsender Bedeutung für viele Gesellschaften. Und ich hoffe, es ist nicht völlig unangebracht zu sagen, dass ich die Vereinigten Staaten selbst als einen, wie auch immer verbesserungswürdigen Ort bestimmter transnationaler Werte sehe, die vor anderthalb Jahrhunderten von dem größten Barden des amerikanischen Nationalismus verkündet wurden, von Herman Melville.

Als er den Vereinigten Staaten im Jahre 1849 die globale historische Mission zuschrieb, »die Vorurteile nationaler Abneigungen« zu mindern, drückte er zweifelsohne die Gefühle einer kleinen Minderheit aus. Es waren Melvilles romantische Vorstellungen einer amerikanischen Zukunft, in der »Italiener und Indianer und Mohren« genauso wie »Franzosen und Dänen und Schotten« nur ein »Blut« formieren sollen, »wie die Fluten des Amazonas aus tausend ehrenwerten Strömungen, die alle eins werden« um ein »föderiertes Ganzes« zu bilden.[16] Diese Vorstellung ist von der sozialgeschichtlichen Situation seiner Zeit weit entfernt gewesen und bleibt selbst heute noch eine Vision. Doch klingen Melvilles Wünsche für die Alte Republik weniger hohl als damals. Die Vereinigten Staaten haben sich durch die Einwanderung nach 1965 noch stärker verändert: das Bekenntnis zur Vermengung von Herkunft hat sich intensiviert, die Hochzeiten und Familiengründungen haben über die Grenzen der eigenen Gemeinschaft hinweg stark zugenommen und der Multikulturalismus hat die größere Anerkennung einer ganzen Reihe von Kulturen unterstützt. Diese Entwicklungen fordern von den Amerikanern, das alte transnationale Projekt noch einmal anzugehen; ein Projekt, das nicht ihnen alleine gehört, aber durch das sich viele angesprochen fühlen und das viele dazu bringt, sich an Debatten zu beteiligen, auf die ich hingewiesen habe. Dieses Projekt mag niemals verwirklicht werden, aber es verlangt deswegen nicht weniger menschliche Energien. Es geht um nicht weniger als die Befreiung der Individuen aus den farbkodierten Gefängnissen, in die sie eingesperrt wurden.

16 Herman Melville: *Redburn*, London 1849, Penguin Edition 1976, S. 249.

Blowing up the White House

Nationale Identität im Zeitalter der Globalisierung

Berndt Ostendorf

»Alle Zeiten sind Zeiten des Wandels,
aber dies ist ein schrecklicher Augenblick des Wandels.«
Tennyson

Als im Film *Independence Day* das Weiße Haus in die Luft flog, so berichteten amerikanische Zeitungen, jubelte das amerikanische Publikum. Warum applaudieren die Amerikaner, deren Patriotismus sprichwörtlich ist, wenn die nationale Ikone pulverisiert wird? Unterstellen sie etwa eine Verschwörung nicht kontrollierbarer Mächte, vor der das Weiße Haus sie nicht länger schützt oder an der es gar selbst beteiligt sein könnte?[1] In einem *Times*-Essay mit dem Titel »Das Paradox der Prosperität« konstatiert Nancy Gibbs eine widersprüchliche Stimmung im Lande. Selbst die Ergebnisse der Meinungsforschung seien zweideutig. Nach einer Umfrage hätten 78% der Amerikaner keine Zukunftssorgen, während eine andere festzustellen glaubt, dass die Zufriedenheit mit Beruf und finanzieller Situation in das »tiefste Meinungsloch seit zwanzig Jahren« gefallen sei. Dass die öffentliche Stimmung immer wieder zwischen den Polen Malaise und Zuversicht schwankt, führt Seymour Martin Lipset auf die historische Erfahrung der *Boom-and-bust*-Zyklen zurück, welche die amerikanische Wirtschaftsgeschichte seit 1830 begleitet haben. Mit Verweis auf Schumpeter werden diese periodischen Einbrüche als kreative Destruktion verbucht, woraus die amerikanische Wirtschaft ihre Revitalisierungsenergien schöpfe und ihre Problemlösungsbereitschaft gelernt habe. Es waren dies allerdings zu allen Zeiten adstringente Erfahrungen mit ungleich verteilten Kosten. Die

1 Letzteres vermutet die konservative Kolumnistin Arianna Huffington, Ex-Frau eines republikanischen Kongressabgeordneten, in ihrem Buch *How to Overthrow the Government*, 1999.

offiziellen Statistiken jedenfalls lassen keine paradoxe Stimmung erkennen, denn sie sehen nach wie vor gut aus. Die Arbeitslosenzahlen liegen bei 4-5%, das Haushaltsdefizit ist verschwunden, und das schwierigste Problem der Regierung scheint derzeit zu sein, wie man die Haushaltsüberschüsse sinnvoll verwertet.

Wenn es »den USA« so gut geht, was ist dann der Grund für die Sorgen vieler Bürger? Der Arbeitsmarkt floriert und es gibt jede Menge neuer, gut bezahlter Jobs. Und doch, die mittleren und unteren Einkommensschichten bringen weniger Lohn nach Hause als vorher und manche Arbeitnehmer im unteren Sektor leben von zwei oder drei Jobs. Die Wortschöpfung *working poor* deutet an, dass viele Familienväter kaum noch eine Familie ernähren können und dass oft die Kinder und Ehefrauen mitanpacken müssen.[2] Festzuhalten bleibt, dass *alle* Arbeitnehmer, auch die gut verdienenden, mehr arbeiten: Der amerikanische Arbeiter wirft heute im Jahresdurchschnitt 160 Stunden mehr ins Bruttosozialprodukt als vor dreißig Jahren. Im Jahr 1999 wurden die japanischen *workaholics* gar noch von den Amerikanern eingeholt. Sie arbeiten länger und beanspruchen weniger Ferien als Arbeiter vergleichbarer Industrieländer. Relativ verdienen die Amerikaner also weniger und arbeiten wie besessen, obwohl die *corporate economy* und ihre Gewinne heißlaufen. »Und sie konsumieren mehr als sie verdienen«, wirft Alan Greenspan, Chef der *Federal Reserve,* warnend ein. Wem nützen also der Boom, die Arbeitswut und der Konsum? Vielleicht hat der Durchschnittsamerikaner Sorgen, weil zwar nicht der Staat, aber die Familien und Bürger erhebliche Schulden haben (500 Milliarden US-Dollar allein auf Kreditkarten) beziehungsweise weil die Anzahl der privaten Bankrotte in den späten neunziger Jahren und damit das lebensweltliche Risiko der Bürger erheblich angestiegen ist. Vielleicht kommt es bei dem nationalen Ritual, der *State of the Union*-Rede, gar nicht mehr auf jene in der Verfassung genannten »we the people« an? Wen aber meint die öffentliche Rhetorik mit den »boomenden USA«, wenn nicht seine Bürger? »Uns ist es wurscht,

2 Noch aus dieser Not lässt sich eine statistische Tugend stricken: die Aufhebung der Geschlechterdifferenz.

wer im Weißen Haus sitzt«, erklärte mir ein renommierter Wirtschaftsberater der Yale University. Denn hinter den Kulissen legen globale *shareholders* die Rahmenbedingungen für die Steuerung politischer Entscheidungen fest. Überrascht es dann noch, wenn die Wirtschaftsseiten der lokalen Tageszeitungen gegenüber dem politischen Redaktionsteil immer wichtiger werden und weniger als die Hälfte der US-Bürger ihr Wahlrecht wahrnehmen? Der politische Kolumnist Jonathan Rauch läutet schon das Ende des Regierens ein, *Government's End.*

Warnungen dieser Art tauchen als journalistische Leuchtraketen kurz am Horizont der politischen Öffentlichkeit auf, etwa im *Atlantic Monthly*, im *Congressional Quarterly* oder *Public Affairs*, um gleich wieder zu verschwinden. Kritische Interventionen dieser Art haben eine erstaunlich kurze Halbwertzeit und werden vom offiziellen Triumphalismus überlagert. Präsident Clinton, dessen Finger besonders innig am Puls der Nation klebt, fasste die Situation in der beliebten *Good-news-bad-news*-Formel zusammen: »Der Zustand der Nation«, so triumphierte er vor dem Kongress, »war noch nie so stabil wie heute.« Aber dann fügt er eine Liste unerledigter Aufgaben hinzu, deren Länge und Gewicht wohl jeden Politiker erschaudern lassen würde: Millionen Bürger sind ohne Versicherungsschutz oder Ersparnisse; die so genannte Unterklasse wächst stetig; die Gruppe der Inhaftierten ist auf derzeit zwei Millionen angestiegen und die Kapazitäten der Gefängnisse wachsen weiter; viele Amerikaner haben sich mittels Kreditkarten hoch verschuldet und die Rate der privaten Zahlungsunfähigkeit steigt; das Gesundheitssystem bedient nur einen Teil der Bevölkerung und bedarf der Reform; die Mindestlöhne sind nicht an die Lebenshaltungskosten angepasst, Frauen verdienen weniger als Männer; das Erziehungssystem ächzt unter den sozialen Kosten und wird immer teurer; und schließlich zieht sich eine breite Spur der Gewalt durch *Main Street USA.* Zurzeit erzeugt der konjunkturelle Fahrstuhleffekt ein nationales Glücksgefühl und überlagert die paradoxe Stimmung. Aber die nächste Talfahrt, das ist eine tiefsitzende historische Erfahrung, kommt sicher und wird härter. Das jedenfalls meint auch der ehemalige Berater von Margaret Thatcher, John Gray, der inzwischen zum ärgsten Kritiker des Thatcherismus und Reaganismus geworden ist. Er warnt vor den *falschen Verheißungen* eines ungesteuerten globalen Kapitalismus, und er ist wahrlich nicht der Einzige, dem die Tatsache Unbehagen verursacht, dass Politik, Bildung und Kultur zu Funktionen eines globalen Konsums geworden sind und die Bürger immer mehr zu Kunden mutieren. Vielleicht hat diese von Amerika propagierte Wende der Welt zum Markt und die Dominanz von Kosten-Nutzen-Kriterien in der öffentlichen Legitimationslogik die spürbare Revitalisierung einer sozialdarwinistischen Grundstimmung hervorgerufen. In den USA kann man die Kommentatoren dieser Trends in Apokalyptiker und Integrierte einteilen. Von den Integrierten wird die »Hegemonie eines neuen Konsummaterialismus« als amerikanischer Triumph apostrophiert (Twitchell) und als amerikanischer Vorteil im globalen Markt verbucht. Kritische Kommentatoren wie Robert Putnam und gar noch der *Congressional Quarterly* machen allerdings diesen vermeintlichen Triumph verantwortlich für die Erosion nationaler und bürgerlicher Bindungen und sehen darin eine Gefährdung der Zivilkultur, fürwahr ein apokalyptisches Szenario. Richard Sennett diagnostiziert eine Korrosion des Charakters und führt die Schwächung der politischen Öffentlichkeit auf den neuen Kapitalismus zurück. Die Triumphalisten erinnern uns zu gern daran, dass dieser nach 1989 »the only game in town« sei. Selbst der *Economist* konstatiert im Ton koketter (und scheinheiliger) Resignation: »Everyone talks market«. Deutsche Sozialdemokraten und New Labour, so der *Economist*, sprächen die neue Sprache des Marktes, denn ihre Wähler, die sich längst in die Rolle von Konsumenten dieses globalen Angebots eingelebt haben, hätten diese Sprache inzwischen verinnerlicht. Nancy Gibbs bringt die neue globale Gefühlsstruktur, in der dem Konsum eine neue und wichtige Steuerungsfunktion zugeordnet ist, auf den Punkt: »Es scheint, dass die meisten Bürger in einer permanenten und ganz persönlichen Kosten-Nutzen-Analyse gefangen sind.« Auch das politische Urteil wird über den Markt konjugiert und ist doch selbst bereits Teil jenes Konsums, den es steuern soll. Das ist die Stunde der Meinungstautologien und *self-fulfilling prophecies* der Zielgruppenforscher und Stimmungsmeteorologen – »Wie die

Welt zur Ware wurde«, möchte man Nietzsche verballhornend zitieren. Wenn selbst George Soros von der Bedrohung der offenen Gesellschaft durch den neuen Kapitalismus spricht, sollte seine Sorge durchaus Anlass zur kritischen Bilanz bieten. Diese mag jedoch ebenso paradox ausfallen wie die Stimmung der Amerikaner. Die industrielle Revolution, so schrieb Karl Marx, habe alle Sicherheiten in Luft aufgelöst. Tennyson sprach damals von einem »furchtbaren Augenblick des Wandels«. Heute findet eine ähnlich weitreichende *great transformation* in der Evolution des Kapitalismus statt wie zu Zeiten von Karl Marx. Ein hautnahes Indiz ist der funktionierende globale Warenmarkt und ein konkurrenzloser Zugriff auf unsere warenästhetisch vorprogrammierte Sinnlichkeit. Ganz nebenbei bekommt auch der nationale Behälter, in dem sich unsere Identitäten als »ethnischer *l'homme* und politischer *citoyen*« befinden, immer mehr Löcher. Alle Formen der politischen, gesellschaftlichen und kulturellen Loyalität werden zusehends poröser. Zwar ist es in Zeiten des Wandels einfacher die bereits erlittenen Verluste als die noch zu erwartenden Gewinne zu bilanzieren. Jedoch scheint es im augenblicklichen Triumphalismus notwendiger an erstere zu erinnern. Eine zentrale Frage schält sich jenseits jeglicher Bilanzierung von Gewinnen und Verlusten heraus: Kann die selbststeuernde Wirtschaft die Funktion der Systemintegration, die die Nation oder der Staat als Identitätsbehälter leisten, völlig ersetzen?

Es hat offenbar eine globale Reorientierung stattgefunden; Amerikaner sprechen vom *realignment* mit weitreichenden wirtschaftlichen, politischen, demographischen und technologischen Konsequenzen. Gemeinsam haben diese unsere Vorstellung nationaler Aufgaben und der Einheit verändert. Zunächst hat das Ende des Kalten Krieges das künstliche politische Kräftefeld der Nachkriegszeit kassiert. Der Kalte Krieg stabilisierte ein manichäisches Weltbild einer ideologischen Einfalt, die das westliche, vor allem das amerikanische Zusammengehörigkeitsgefühl (bis zur Paranoia im *McCarthyism*) überdeterminierte. Der Zusammenbruch des sowjetischen Imperiums rief zunächst eine gewisse selbstgefällige Genugtuung unter den kalten Kriegern des Westens hervor, er hatte jedoch zwei Seiten. Zuerst machten sich gerade im Ursprungsland der Globalisierung, in den USA, deren negative Konsequenzen mit erhöhter Wucht in den Jahren 1991 bis 1996 bemerkbar (Head). Zweitens wurde das amerikanische Selbstverständnis nicht mehr *ex negativo*, also vom Feindbild des Stalinismus genährt, sondern es musste seine Legitimation in sich selbst suchen. Es ist sicherlich kein Zufall, dass sich kurz nach dem Zusammenbruch des »Reichs des Bösen« Samuel Huntington auf die globale Suche nach neuen Feinden Amerikas machte und seine Funde 1993 in *Foreign Affairs* als »Clash of Civilization« zum Tagesthema wurden. Jetzt plötzlich wurden Konstruktionsfehler im Liberalismus, die das ideologische Gerüst des Kalten Krieges verdeckt hatte, wieder bemerkbar (Young; Holmes; Wallerstein). Der Liberalismus als System und die »Behältertheorie« des Nationalismus, die besagt, dass die Nation eine Identität, eine Sprache, eine Kultur und eine Volkswirtschaft ausbildet, hatten zur gleichen Zeit als Ordnungs- und Denkfiguren abgewirtschaftet (Wallerstein). Mit der Erschöpfung des Gedankens der Nation als Ordnungsrahmen verliert jede nationale Agenda, etwa soziale Reformen, einerseits ihre politische Plausibilität und Dringlichkeit, andererseits aber auch ihre Durchführbarkeit.

Was hat dieses *realignment* hervorgerufen? Die wirtschaftliche Revolution, die schon in den sechziger Jahren begann, hat die Idee einer Volkswirtschaft erodieren lassen. Ursache war sicher der Wandel vom nationalen Fordismus zum globalen Postfordismus, dessen Konsequenzen für Kultur und Gesellschaft von David Harvey in seiner *tour de force* »The Condition of Postmodernity« nachgezeichnet wurde. Der globalisierende Wandel rief eine zweigeteilte Entwicklung hervor. Auf der einen Seite schlossen sich nationale Wirtschaftssysteme in größeren Markteinheiten zusammen. Auf der anderen Seite – und oft als Reaktion – entstanden Mobilisierungen auf subnationaler Ebene, hervorgerufen gerade durch den Verlust nationaler Identitätsmythen, Grenzen und Kontrollinstanzen. In der kritischen Linken gab es antisystemische Bewegungen, die den lokalen sozialen Bewegungen gegenüber fremdbestimmter Zentralisierung Gewicht verschaffen wollten. In der Rechten entstanden fundamentalistische oder populistische Reaktionen sowohl gegen Modernisierung als auch Zentralisierung. Diese letzteren Reaktionen können sich rassistisch, populistisch, libertär, antistaatlich, sozialdarwinistisch gebärden. Einige dieser rassistisch-fundamentalistischen Gruppierungen bedienten sich – und das war eine neue Variante – der »Themen und des Zungenschlags der neuen antisystemischen Linken« (Wallerstein). David Duke, ehemaliger Klanführer und rechtsradikaler Populist, adoptierte die Rhetorik der Politik der Differenz der linken Bürgerrechtsbewegung für seine rechte Rassenpolitik, und in der republikanischen Rechten klang Pat Buchanan wie ein altlinker Gewerkschaftler. Pat Robertsons Generalangriff auf die *Neue Weltordnung*, ein Bestseller, der millionenfach verbreitet wurde, stellt einen Cocktail aus rassistischen, regionalistischen, populistischen, prämillenarischen, antisystemischen und vermeintlich linken Argumenten dar, die, zum Ressentiment gebündelt, faschistoide und antisemitische Züge annehmen (Ostendorf). Mit dem Verlust der nationalen Arena als Austragungsort wesentlicher politischer Auseinandersetzungen waren die »we the people« gezwungen, sich neue politische Legitimationen und Räume zu suchen. Eine Tendenz, die in allen westlichen Demokratien spürbar wird, ist der Rückzug auf immer kleinere politische Einheiten, die einerseits in primordialen Abstammungskulturen und andererseits in privaten *life style clusters* enden. Diese Tendenz wird unterstützt von der Politisierung des Privaten bei gleichzeitiger Aufwertung der Kunden und ihrer *life styles*. Eine gemeinsame nationale Öffentlichkeit und ein *common ground*, so meinen kritische Auguren, wird zusehends entleert (Smelser/Alexander). Man kann diese Tendenzen unter dem Terminus der Individualisierung der Lebenspolitik (*life politics*) bündeln. Parallel hierzu findet ein Prozess der Entpolitisierung durch die globale Wirtschaft statt. Die Entscheidung und Verfügung über die Volkswirtschaft ist in die Hände multinationaler oder transnationaler, weitgehend anonymer Kapitalmärkte übergegangen. Diese Machtverschiebung hat zum Erstarken einer neuen kosmopolitischen Klasse geführt, deren Macht erheblich größer und anonymer geworden ist als die der nationalen demokratisch gewählten Gruppen. Sogar *Amnesty International* und *Greenpeace* verhandeln inzwischen nicht mehr mit nationalen Akteuren, sondern mit internationalen *corporations* und ihren Vertretern (Kaplan). Kurzum, man kann von einer zentrifugalen Globalisierung *und Verschleierung* der politischen Macht oberhalb der nationalen Ebene und ihrer zentripetalen Lokalisierung *und Schwächung* unterhalb der nationalen Ebene sprechen. Diese Gleichzeitigkeit von Expansion oberhalb der Nation und Kontraktion unterhalb der Nation hat uns den Neologismus »Glokalisierung« beschert, eine Doppelentwicklung, die noch von der digitalen Revolution flankiert und beschleunigt wird.

Eine weitere Entwicklung kommt zur Glokalisierung, also zur Expansion und Kontraktion, hinzu. Arjun Appadurai versuchte, die Dynamik der neuen kommunikativen Räume, die sich jenseits nationaler Grenzen entwickeln, auf die Begriffe der Landschaften (*scapes*) zu bringen, in denen reale und virtuelle Informationen und Energien »fließen«. Zuerst nennt er »Ethnolandschaften, die von Strömen von Menschen, Touristen, Einwanderern, Flüchtlingen, Asylanten und Gastarbeitern angefüllt werden. Zweitens finden wir Technolandschaften vor, in denen Ströme von Maschinerie und Fabriken von multinationalen und nationalen Firmen und Regierungsinitiativen dirigiert werden. Drittens Finanzlandschaften, die von Strömen der Geldmärkte, Wechselgeschäfte und Börsen durchzogen werden. Schließlich gibt es die Medienlandschaften, die Bestände an Informationsbildern, Flüsse, die von Zeitungen, Journalen, Fernsehen und Film gefüllt werden. Fünftens die Ideenlandschaften, dies sind Bilderströme, die mit staatlichen oder antistaatlichen Ideologien arbeiten und die Elemente von Freiheit, Wohlfahrt und Rechten transportieren.« (Featherstone, 6-7)

Im Folgenden möchte ich einige dieser Ströme skizzieren, vor allem aber das Zusammenspiel globaler Synergien und Verbindungen am Beispiel der USA nachzeichnen.[3] Von 1945 bis in die späten achtziger Jahre war der wichtigste Ordnungsfaktor der

3 Im Folgenden vgl. meine Artikel: »Does America Need Europe? Can Europe get along without the USA?«, in: *To Be-2B: A Journal of Ideas*, Bd. IV, Nr. 9-10, 1996, S. 40-52. »Introduction: Re-interpreting America: Universalism and Particularism« und »Blowing up the White House. American National Identity, in the Age of Globalization«, in: *Negotiations of America's National Identity*, hg. von Roland Hagenbüchle und Josef Raab, Tübingen 1999, Bd. II, S. 275-282.

Kalte Krieg. Er gab uns eine vorhersehbare Struktur, gab dem Glauben an eine starke Regierung seine Legitimation und stabilisierte die Notwendigkeit eines sozialen Gewissens – allesamt Maßnahmen, das Übel des Kommunismus einzudämmen. Eine typische Ikone der progressiven nationalen Logik, die der Kalte Krieg hervorbrachte, war das Bündeln von Verteidigung und Erziehung in dem *National Defense Education Act* von 1958, der eine Reaktion auf den Sputnikschock darstellte. Hier wurde von der Politik des Kalten Krieges eine in vielerlei Hinsicht vorbildhafte Erziehungsreform möglich gemacht. Der Kalte Krieg definierte den Handlungsspielraum, die politische Arena und die spezifischen Aufgaben nationaler Regierungen. Mit dem Ende des Kalten Krieges sind die alten politischen Begründungen verschwunden; jetzt sind finanzielle Märkte die neuen globalen Spieler, und diese handeln jenseits des Zugriffs der nationalen Regierungen. Eine triumphale Marktwirtschaft mit einer neuen transnationalen Legitimation beherrscht den globalen Raum, als wäre sie eine Macht der Natur. Diese neue globale kapitalistische Ordnung, so hören wir vom englischen *Economist,* sei aber lediglich eine globalisierte Version eines älteren amerikanischen Exzeptionalismus, jener »immanenten Tauschgesellschaft in Reinform«, die Adorno in den USA vorfand. Es gibt nur wenige globale Kontrollmechanismen oder politisch effektive Richtlinien, diese Ströme in kalkulierbare Bahnen zu leiten. Diese Tatsache richtet ziemliches Unheil in neuen Demokratien im Osten und Süden an und erfordert qualvolle gesellschaftspolitische Anpassungen. Die antiwestliche Stimmung, die Huntington in Russland, Südostasien und der arabischen Welt aufkommen sieht, ist nicht etwa eine Reaktion auf den Kapitalismus als solchen, etwa auf die soziale Marktwirtschaft europäischer Prägung, sondern auf den entfesselten »Anarcho-Kapitalismus« amerikanischer Machart, der, von allen innenpolitischen Kontrollen und Bremsen befreit, ohne Rücksicht auf kulturell gewachsene Strukturen seine Interessen durchsetzt (Gray). Im Westen brechen ältere nationale Loyalitätsräume in kleinere Einheiten auseinander. Eine Rette-sich-wer-kann-Mentalität, von *downsizing* und *outsourcing* unterstützt, hat ältere nationale Herzensangelegenheiten der Klassensolidarität aufgelöst, was den Niedergang der Gewerkschaften und gemeinnützigen Vereine einläutet. Robert Putnam hat den rapiden Niedergang voluntaristischen Sozialkapitals während der letzten zwanzig Jahre beklagt. Arbeiter und Politiker erscheinen hilflos, wenn die neuen Sieger dieser vom Markt definierten Arena, die *Corporate Executive Officers* (*CEOs*), lokale und nationale Firmen abspecken, die Produktion in Schwellenländer verlegen oder durch *subcontracting* der nationalen arbeitenden Bevölkerung vor Ort entziehen. Natürliche Personen werden schwächer, juristische Personen mächtiger (Esser). Kein Wunder, dass sich bei den *CEOs* der Zugewinn an Macht in ihrer Entlohnung widerspiegelt: Im Jahre 1995, einem Schlüsseljahr des Abspeckens in den USA, hat das Einkommen amerikanischer *CEOs* einen Zuwachs von 31% erlebt. Lokale Arbeiter und Politiker können nur noch zuschauen, nicht mehr politisch reagieren, wenn die Großfirmen, deren Loyalität immer globaler und deren Steuern immer virtueller werden, mehr Produktivität aus dem individuellen, lokalen Arbeiter herausquetschen, dabei die Sicherheit der Arbeitsplätze rechtlich wie real reduzieren und gegebenenfalls mit der Auslagerung der Produktion drohen. Durch den Wegfall der sozialen Bodenhaftung dieser globalisierenden Firmen wird auch die Bereitschaft, lokale Steuern zu zahlen, geringer. Natur und Qualität des Wettbewerbs ändern sich. Im Kontext nationaler Volkswirtschaften hatte es eine Konkurrenz zwischen den Firmen um Marktanteile gegeben. Die globalisierten Firmen entfachen eine Konkurrenz zwischen Nationen, Städten und Regionen. Lokale Verwaltungen müssen für die Anwerbung neuer Firmen steuerliche Konzessionen und infrastrukturelle Geschenke machen, um Firmen anzusiedeln und neue Jobs zu schaffen, selbst wenn diese vorwiegend zu den schlecht bezahlten gehören. All diese Entwicklungen deuten das an, was manche in Europa das Ende des sozialdemokratischen Jahrhunderts und in den USA das Ende des *New Deal* genannt haben. Es ist eine Marktwirtschaft, in der nationale Verfügung über Arbeit, Steuern und Loyalitäten ebenso wie die sozialen Problemlösungen auf Dauer verschwinden. »Nur in einem geschlossenen System können Theorien der gerechten Verteilung umgesetzt werden«, schreibt John Gray, »globale Mobilität von

Kapital und Produktion in einer offenen Weltwirtschaft machen die zentralen Steuerungsmittel der Sozialdemokratie unwirksam« (Gray, 89). Schumpetersche Reformoptimisten begrüßen den Abbau von Barrieren und argumentieren, dass das neue globale System ganz neue Energien freisetzt. Der Optimismus mag berechtigt sein, ist aber auch voreilig; denn es entstehen neue Probleme jenseits der Parteienpolitik: Während die Bereitstellung von Arbeit von den Interessen globaler Märkte abhängt und die Arbeitsteilung zusehends globaler wird, so ist die Bearbeitung und Korrektur der sozialen Wirkungen der Arbeitslosigkeit immer noch eine nationale Aufgabe. Um für die wachsenden Dienstleistungen zu zahlen, ist bei sinkendem Steueraufkommen die Deregulierung und die Reduzierung von öffentlichen Diensten kaum zu vermeiden. Es heißt, der Staat, die Nation oder die öffentliche Hand sind gezwungen zu sparen und ihre Funktion als Arbeitgeber in Reserve zurückzufahren. Die Situation der Arbeitnehmer, die im Vergleich zum globalen Kapital immer noch national organisiert ist, hat sich seit 1970 stetig von der Sicherheit hin zum Risiko entwickelt – durchaus im Einklang mit einer postmodernen Theorie.

Ein Symptom für den Wandel der öffentlichen Einstellung ist die weitgehende Akzeptanz von städtischen Spielkasinos und Staatslotterien als Ersatz für Steuern. Viele Städte, vor allem im verarmten Mittelwesten und entlang des Mississippi, versuchen so ihre leeren Säckel zu füllen. Für eine puritanisch-fundamentalistisch geprägte Nation ist das erstaunlich. Im Zentrum des amerikanischen Erfolgsmythos steht heute nicht länger die Arbeit, sondern das Glück oder, eleganter ausgedrückt, der persönliche Risikofaktor. Die Mehrheit der Amerikaner scheint das in Ordnung zu finden, selbst wenn die Gewinnchancen extrem schlecht stehen. Als ich eine schwarze Journalistin, die es aus dem Ghetto bis zum Yuppie gebracht hatte, von der sozialen Ungerechtigkeit der hohen Gehälter der CEOs bei sinkenden Mindestlöhnen der unteren 20% der Bevölkerung überzeugen wollte, hörte sie sich meine Kritik sichtlich verwirrt an und fragte: »What is wrong with making a lot of money?« In diesem Klima der Akzeptanz wirtschaftlicher, risikoreicher Selbststeuerung verwundert es nicht, dass neue Formen des Sozialdarwinismus als öffentliche Moral fröhliche Urständ feiern und dass eine Legitimation von Einkommensdifferenzen um sich greift, die diese als natürlich gewachsen und damit als verdient deklariert. Bisweilen sind diese Argumente gar in Rassismus gekleidet, wie in *The Bell Curve*, einem Buch, welches die Leistungsdifferenz zwischen Schwarzen und Weißen biologisch erklärt. Heute erlaubt es die DNA-Analyse, diese Verschiebung der Macht von der Politik in die Biologie weiter zu treiben. Es gibt schon jetzt Gedankenspiele unter Versicherungsfachleuten, dass man per DNA-Analyse Risiko- und Erfolgsgruppen demographisch feststellen und versicherungstechnisch unterschiedlich einstufen könnte. In diesem Klima der bürgerlichen Ohnmacht und der Naturalisierung der Ungleichheit wachsen und gedeihen auch neue paranoide Fantasien und Verschwörungstheorien in der Rechten wie in der Linken, von Oliver Stone bis zu Pat Robertson.

Ein weiteres Symptom für den Niedergang der alten Ordnung ist das rapide Anwachsen der Kurzzeitarbeit oder Teilzeitarbeit, Arbeitsverhältnisse, die keine Nebenkosten verursachen. Die Firma Manpower Inc. hatte 1994 770.000 Teilzeitarbeiter im Angebot, mit steigender Tendenz. Diese neue Reservearmee genießt nicht mehr die üblichen Sozialleistungen und die Sicherheiten einer festen Anstellung. Firmen sprechen lieber von *multitasking* und von einer »flexiblen Arbeiterschaft«. Mit dem Wegfall des Sozialismus als kritischer Entlarvungsinstanz werden die so genannten Gesetze des Marktes zusehends natürlicher. Diese Tendenz ist sogar in den universitären *Cultural Studies,* die normalerweise der Linken zugeordnet sind, zu spüren. Dort gibt es jede Menge Kritik an der Ideologie des amerikanischen Exzeptionalismus, solange es um merkmalspezifische Unterdrückung hinsichtlich Rasse, Geschlecht und ethnischer Zugehörigkeit geht. Hier haben sich die diagnostischen Mittel erheblich verfeinert. Aber kaum einer stellt den nunmehr globalen Exzeptionalismus des amerikanischen Marktes oder seinen populärkulturellen Zugriff auf unsere Sinnlichkeit in Frage. Alan Wolfe schreibt: »Was in anderen Ländern den Inhalt politischen Konflikts ausmacht – Einkommensverteilung unter den Klassen, Produktionsverhältnisse und

Regulierung der Industrie, Subventionen ja oder nein, regionale Ungleichheiten – kann in den USA nur diejenigen aufregen, die direkt davon betroffen sind ... Die Haltung der Mehrzahl der Amerikaner zu diesen Themen besteht aus einer instabilen Mischung aus Langeweile, Ressentiment und nur sporadisch aufflackerndem Interesse. Kultur hat jedoch Hochkonjunktur.«

In der Tat haben die *Cultural Studies* in den letzten Jahren die Kultur des Konsums als Arena der persönlichen oder ethnischen Selbstverwirklichung entdeckt, ganz im Sinne ihrer Erfinder, während eine Kritik der Produktionsverhältnisse kaum noch seriöses Interesse findet. Produktion schmeckt nach älteren Pathologien und Tragödien, nach den langweiligen Geschichten alternder Marxisten, Konsum stellt die natürliche Ordnung und eine Erlösung dar. Zu dieser neuen Akzeptanz hat die unerhörte Expansion der globalen Konsumgüter, gepaart mit verbesserter Zielgruppenforschung beigetragen. Mittels einer fein abgestimmten Diagnostik der Sehnsüchte, denen Produkte auf den Leib geschneidert werden, kann der Fluch der Arbeit für jeden Kunden rückgängig gemacht werden. Diese neuen Konsumverhältnisse und die Sozialisation hin zu einer entsprechenden Konsumerwartung werden gar noch als Dienstleistung verkauft. Viele haben die lustbetonte Anmache der Werbung, die ihren Stil ab 1970 radikal verändert hat, unterschätzt. Ihre Aufforderung an alle, sich als *homo ludens* in das globale Spiel einzuklinken, ist zu attraktiv und macht es so schwer, die neue Hegemonie politisch in Frage zu stellen. Der Konsum hat die Sinne erobert. *Hip consumerism* ist die neue Masche, die gar noch aus der Konsumverweigerung neue Produktpaletten zaubert (Ostendorf, 1999). Undiskutiert und unreflektiert schafft diese Verdrängung von allen Alternativen, die nicht vom Markt bestimmt sind, ihre eigene Stimmung. Im Cartoon *Doonesbury* erklärt Kim Rosenthal ihrem Freund, der noch in den sechziger Jahren sozialisiert wurde, den Unterschied zwischen seiner und ihrer Generation: »Du hast deinen Zynismus nach harter Erfahrung erworben, wir wurden zynisch geboren.« Sie fasst die neue Stimmung in einem unübersetzbaren Neuamerikanisch zusammen: »On planet downsize, random despair becomes the default paradigm for all worker bees.« Als Alternative zur fremdbestimmten Welt der »Arbeitsbienen« bleibt als »default paradigm« nur »random despair«, jene vagabundierende Stimmung, die Nancy Gibbs in den USA vorfindet.

Diese Neuverortung der Arbeit in einer totalen Warenwelt hat auch die Zivilgesellschaft[4] in Mitleidenschaft gezogen. Der freie Fluss des globalen Kapitals und das Anwachsen transnationaler Firmen hat zu einer Internationalisierung der Arbeitsteilung geführt. Bestimmte stabile Arbeitsverhältnisse sind im Laufe der vergangenen dreißig Jahre aus den USA verschwunden, und damit auch die Lebenswelten, die man mit ihnen assoziierte. Zuerst wurde die Welt der einfachen *blue collar worker* demontiert, die Norman Rockwell auf die Titelseite des *Saturday Evening Post* bannte und die Disney nostalgisch in *Main Street USA* evoziert. Aber bald darauf ging auch die sichere, suburbane *White collar*-Welt bei Boeing, ITT und AT&T, United und First National in die Brüche – sogar auf der Ebene der *CEOs*. Das Verschwinden von Arbeitssicherheit und kalkulierbaren Lebenskarrieren hat die Idee der *neighborhood* und der *community*, beides Säulen der amerikanischen Zivilgesellschaft, stark beeinträchtigt.[5] Als Konsequenz verändert sich auch die Idee des Gemeinwohls und der Nation als Behälter einer Zivilgesellschaft. Eine Reihe von Jeremiaden beklagt gerade diesen Zerfall der lokalen und nationalen Gemeinschaft. Das plötzliche Aufkommen einer kommunitaristischen Kritik am inhaltslosen Liberalismus und an der von ihm freigesetzten *Me-first*-Haltung in der Reaganzeit ist sicher eine spontane Reaktion auf diese umfassende Veränderung. Die »Glokalisierung« hat also als Konsequenz zu einer Neudefinition von Zugehörigkeit und Gemeinwohl geführt.

Nationen schließen sich zu größeren wirtschaftlichen und kosmopolitischen Einheiten zusammen wie etwa in der EU, NAFTA, ASEAN und Mercosur, die wiederum gegenläufige zentripetale Mobilisierung und reaktionäre Retribalisierung hervorrufen. Solche größeren Einheiten dienen sicherlich einer Kosmopolitisie-

4 »The Downsizing of America«, in: *New York Times*, 3. bis 9. März 1996.

5 Beide Begriffe lassen sich trotz homonymer Entsprechungen im Deutschen nicht übersetzen. Die politische Semantik der Begrifflichkeit ist historisch ganz anders gewachsen.

rung der Politik. Es hat aber jüngst jede Menge unterschiedlicher Anti-Maastricht und Anti-NAFTA-Schübe wie auch regionale baskische, walisische oder schottische separatistische Aufbrüche gegeben, ganz abgesehen von den korporatistischen Bewegungen von LePen, der Lega Nord und Jörg Haider. In den USA gibt es eine alte Tradition nativistischer Ressentiments: anfangs die *silent majority* Nixons, dann die *moral majority* der Fundamentalisten, neuerlich die *Militias* in Michigan oder Pat Robertsons *700 Club.* Bei der demokratischen Linken gab es den Versuch einer Regenbogenkoalition, die allerdings schnell ihr Ende fand. Was ist also mit der Idee der Zugehörigkeit am Ende des Kalten Krieges geschehen? Werden neue Gemeinschaften entstehen, die subnational oder transnational oder virtuell zu verstehen sind? Oder formieren sich neue Wagenburgen als Europa, als Euro-Amerika oder als eine hemisphärisch-amerikanische Koalition, »wir gegen den Rest der Welt«, wie Huntington den neuen Frontverlauf beschreibt?

Seit dem Erstarken der Identitätspolitik als Folge der Bürgerrechtsbewegung ist eine »bloß amerikanische« Identität nicht länger politisch attraktiv oder wirksam. Man definiert sich ethnisch, lesbisch, schwul, rassisch. Dieser Prozess wird vom rapiden Verschwinden einer Volkswirtschaft als vereinendem Projekt und der Vorstellung einer nationalen Arbeiterschaft als verlässliche Bastion und Versicherung gegen Ungleichheit oder Ungerechtigkeit flankiert. Ein weiterer Faktor kommt erschwerend hinzu: Als Konsequenz globaler Verwerfungen hat sich die Arbeitsmigration auf der Erde seit 1970 verzehnfacht und zeigt eine steigende Tendenz. Billige Arbeit strömt in die Erste Welt, vor allem in die Megastädte, die in Zukunft wie Städte der Dritten Welt aussehen werden. In der Tat meinen Stadtsoziologen, dass die Speerspitze der Metropolisierung nicht länger von New York sondern von Mumbai eingenommen wird. Der neue Markt saugt diese Ströme der illegalen Arbeiter gierig auf, nämlich als neue Reservearmee, die billig sein muss, damit ihre Arbeitgeber im neuen transnationalen Kapitalismus reüssieren können. Ihre mangelnde Beteiligung am politischen Leben wird niemanden belasten. In anderen Worten: Wir sind Zeugen nicht nur der Globalisierung der Märkte, sondern auch der Globalisierung einer neuen sozialen und ethnischen Fragmentierung; einige sprechen von der Brasilianisierung (Lind), von der Verdrittweltlichung (Luttwack) oder der Re-Feudalisierung (Esser) der Ersten Welt. Auch uns, den gehobenen Konsumenten, kommt das Hereinholen der Drittweltarbeiter in die Erste Welt durchaus zugute. Es dient der Verbilligung der von uns gekauften Produkte und der von uns wahrgenommenen Dienstleistungen. In der oben angedeuteten privaten Kosten-Nutzen-Analyse bedeutet das Angebot billiger Produktpaletten für die westlichen Eliten einen Einkommensgewinn, der auf der Seite der Produktion als Mindestlohn für die arbeitende Bevölkerung bilanziert werden muss, ein gravierender Einkommensverlust nunmehr global schlecht bezahlter Arbeiterschaften. Besser steht es für die obersten Einkommensgruppen. Ihre neuen Risiken schlagen sich in höherem Einkommen nieder – wie oft hört man das Argument, dass *CEOs* so hoch vergütet werden, weil sie erhöhte Risiken haben. Die Risiken und Gewinne in diesem *realignment* sind also ungleich verteilt.

Der technische Ausdruck für diese neue Ungleichheit ist der gespaltene Arbeitsmarkt, ein schrecklicher Gedanke für alte Sozialdemokraten und Musik in den Ohren der Abspecker und *CEOs*. In den USA hat diese Umwälzung einen breiten sozialen Graben zwischen den *Symbolic Analysts* mit anständigem Einkommen und den *In-Person-Servers* mit Mindestlohn geschaffen. So nannte der ehemalige Arbeitsminister Clintons, Robert Reich, diese demographische Entmischung eine Selektion, die in den USA zudem noch ethnisch kodiert ist. Selbst vor der akademischen Welt macht diese Entwicklung nicht halt. Sie wird im Auseinanderklaffen der steigenden Gehälter akademischer Stars und der wachsenden Gruppe der so genannten Zeitangestellten (*Adjunct Staff*) deutlich. An renommierten Universitäten der Ostküste werden 30% des Lehrangebots inzwischen von solchen schlecht entlohnten *Adjuncts* besorgt, an weniger renommierten bis zu 45%. Nur durch rigoroses Sparen bei der Entlohnung des unteren Drittels der Lehrkräfte wird der Einkauf von Stars und damit ein gutes Abschneiden beim *ranking* möglich. So bedingen sich die Gehälter im gespaltenen Arbeitsmarkt und bei erhöhter Konkurrenz. Im

Zeitalter von *e-mail* und Jetvernetzung hat diese neue Klasse der *Symbolic Analysts,* die zusehends nomadischer und virtueller wird, mehr Gemeinsamkeiten miteinander als mit den Bürgern jener Staaten, in denen sie zufällig ihre Geschäfte abwickeln. Mit anderen Worten: Diese mobile Klasse von Bankern, Filmcrews, Tennisstars oder akademischen Koryphäen wird in Zukunft mehr mit ihren Kollegen in London, Frankfurt, Mumbai und Tokio zu tun haben als mit ihren Hausangestellten, die sie zum lokalen Mindestlohn einstellen. Sie leben schon jetzt in einer kosmopolitischen Welt globaler Dienstleistungen und Kommunikationsnetzwerke, die immer weniger Bodenhaftung benötigen, um zu funktionieren. Robert Kaplan spricht von den »resident expatriate cosmopolitans« einer globalen anglophonen Welt. Mit der neuen Unsicherheit auf allen Ebenen der Arbeitsverhältnisse hat keine der drei Gruppen oder ihre Küchenhilfe aus der Dritten Welt großes Interesse an der klassischen *neighborhood* oder städtischen Gemeinschaft, die vordem das Herzstück des amerikanischen Traumes darstellten. Es ist interessant, dass heute die Mehrzahl städtischer Gemeinschaftsinitiativen von der schwarzen Bevölkerung ausgehen. Denn für sie ist Gemeinschaft, selbst noch in der abgeschriebenen, ghettoisierten Form, existenziell und politisch wichtig.

Wie kann man diese neue Entwicklung auf den Begriff bringen? Wie soll man diesen Wandel, der auch uns Akademiker betrifft, einschätzen? Eine neue *Life style*-Spaltung wird zwischen *cosmopolitans* und *locals* sichtbar, eine Teilung, die sich quer über die ältere Orientierung von Links und Rechts, Republikanern und Demokraten legt. Es gibt Kosmopoliten auf der Rechten und Linken, bei den Demokraten und Republikanern. Man konnte also NAFTA-Gegner und -Befürworter auf beiden Seiten und in beiden Parteien finden. Hinter ihrem politischen Bekenntnis macht sich die verborgene Politik der Lebensstile bemerkbar. Zoe Baird, eine Demokratin, und Michael Huffington, ein Republikaner, mochten unterschiedlichen Parteien angehören, aber sie verhielten sich als Kosmopoliten ähnlich: Ihre Berufung in politische Ämter scheiterte an ihren Lebensstilen, da beide zu deren Beibehaltung illegale Hausangestellte zum Mindestlohn beschäftigten. In der Rechten machen sich Pat Buchanan und Pat Robertson zu Fürsprechern weiß-ethnischer Gruppen und klingen wie alte Gewerkschaftler.[6] Dann gibt es noch die Poststrukturalisten und Postmarxisten, die sich in einem ideologisch-lebensweltlichen Dilemma zwischen Theorie und Praxis befinden. Während sie, wie der schwarze akademische Star Cornell West schreibt, »das Abstrakte, Allgemeine und Universelle ablehnen und dafür das Konkrete, Spezifische und Partikulare umarmen«, leben sie jedoch als Kosmopoliten mit den wirtschaftlichen Privilegien der *Symbolic Analysts*. Als Kritiker der *grand narratives* schlägt ihr Herz zwar für lokale, partikularistische Anliegen, aber als *movement intellectuals* und akademische Stars partizipieren sie am Lebensstil der Kosmopoliten. Zwischen Theorie und Praxis zieht sich der Graben des gespaltenen Arbeitsmarkts. Leider fehlen zurzeit die analytischen, ideologiekritischen Mittel, diesen Zustand zu beschreiben (Wolfe). Nur die Verortung der Akteure als Kosmopoliten und Lokale erlaubt es, ihr neues politisches Verhalten in der veränderten, globalen politischen Landschaft zu erkennen.

Abgespeckte Produktion, Automation, Effizienzsteigerung, *outsourcing* und Mediatisierung haben einen großen Teil der klassischen Arbeiterschaft obsolet gemacht. Wir haben seit etwa zwanzig Jahren das Ansteigen einer längerfristig unbeschäftigen Unterklasse zur Kenntnis zu nehmen. Das klassisch sozialdemokratische Neuseeland hat seit Einführung der neuen wirtschaftlichen Ordnung zum ersten Mal in seiner Geschichte eine Unterklasse, die 20% der Bevölkerung umfasst (Gray). In den USA schuf der neue Kapitalismus eine permanente Reservearmee des Konsums, die für die Produktionsverhältnisse unerheblich geworden ist. Juliet Schor meint, dass diese neue Konsumkultur die Leerstellen der schwindenden Zivilgesellschaft einnimmt. »Der wachsende Einfluss multinationaler Firmen, die amerikanische Konsumgüter weltweit verteilen, das Anwachsen der populären Medien und elektronischen Kommunikationssysteme und die weltweit wachsende Ungleichheit der Einkommensverhältnisse lassen die Vermutung zu, dass sich dieser neue konsumgetriebene Kapitalis-

6 Nicht von ungefähr sind die US-Gewerkschaften in so genannten *locals* organisiert.

mus über die Grenzen Amerikas hinweg fortsetzen wird.« Diese Übertragung amerikanischer Verhältnisse auf die Welt, hier stimmt sie mit John Gray überein, würde zu Verwerfungen führen (Schor, 47). Interessanterweise werden die nunmehr globalen Moden dieser Konsumkultur ausgerechnet von der schwarzen Unterklasse entworfen. So akzeptieren schwarze Ghettokids bestimmte suburbane Lebensstile und Lebensstandards, die von den oberen Klassen in zahllosen Sitcoms vorgelebt werden, als *cool*, während die suburbanen, weißen Jugendlichen ihrerseits den schwarzen Kids nacheifern. Die Konsumkultur fungiert so als eine dialektische kommunizierende Röhre über alle sozialen Gräben hinweg. Die global tätigen Firmen nutzen inzwischen *Inner City Business Consultants* wie etwa Sarah Young. Sie berät Firmen wie Tommy Hilfiger, Hush Puppies, Timberland, Nike, Reebok, Armani, Ralph Lauren, Coach Wallets, Guess und BMW bei der Platzierung der Produkte im Ghetto. Denn sobald die *black kids* Produkte als *cool* akzeptieren, finden sie global reißenden Absatz. Ihre Einschätzung liest sich wie ein zynischer Kommentar auf eine Art symbolischen Lastenausgleichs der Arbeitsteilung: »Jene, die kaum Kontrolle über die Geschicke ihres Lebens haben, finden Trost in der Tatsache, dass sie Stile prägen.« (Rosenblatt, 70)

Ein Indikator dafür, dass die Unterklassen für die Produktion überflüssig sind, ist die Tatsache, dass sie aus dem Horizont der Sorge verschwunden sind. Sie erscheinen nicht mehr in der Arbeitslosenstatistik, da sie oft schon seit Generationen keine Arbeit mehr haben. Dies ist ein Grund, weshalb die amerikanischen Statistiken so positiv aussehen. Ein zweiter sind die vollen Gefängnisse, die immerhin zwei Millionen potenzielle Arbeitslose entsorgen. Das Verschwinden der Unterklasse aus der öffentlichen Darstellung ist eine Form der Entpolitisierung. Ralph Ellison nannte diesen Vorgang noch altmodisch »Unsichtbarkeit«. Aber sie hat System. Die Arbeitslosigkeit eines Drittels der Bevölkerung, so belehren uns einige Wirtschaftsfachleute, sei durchaus kompatibel mit einer gesunden Wirtschaft. Also haben wir noch einen alten Maßstab eingebüßt: Es gibt im neuen Kapitalismus keine automatische Korrelation zwischen wirtschaftlicher Prosperität und gesellschaftspolitischem Wohlergehen. Eine soziale Malaise der Risikoklassen ist durchaus mit dem wirtschaftlichen Boom der besitzenden Klassen kompatibel, und der anfänglich zitierte Widerspruch in der öffentlichen Meinung wird erklärbarer. Man könnte das neue Paradigma noch radikaler formulieren. Soziale Malaise gehört schlichtweg zum Funktionieren des globalen Kapitalismus neuer Prägung dazu. Es ist sogar im Interesse des globalen, kosmopolitischen *corporate capital,* dass die lokale Arbeit billig und politisch schwach ist. Sogar Alan Greenspan, kaum sozialdemokratischer Gesinnung verdächtig, ist der Meinung, dass man diese Entwicklung mit Sorge betrachten muss, und Felix Rohatyn, der vor zwanzig Jahren den Bankrott von New York heilte, meint besorgt: »Was hier stattfindet, das ist ein umfangreicher Transfer des Volksvermögens von den unteren und mittleren Einkommen arbeitender Amerikaner hin zu den Inhabern von Kapitalvermögen und zu einer neuen technologischen Aristokratie, die einen großen Teil ihrer Entlohnung in Form von Anlagebeteiligungen erhält.« (Head) Recht subtil hat mit der Verschiebung des Reichtums eine Veränderung im klassischen Sozialvertrag zwischen Arbeitgeber und Arbeitnehmer stattgefunden, ein Vertrag, der sicher auch das Gemeinschaftsgefühl der Arbeiterklasse definierte. Der neue Vertrag findet zwischen den Firmen und ihren *shareholders* statt, und ihr Gemeinschaftssinn ist global orientiert und daher unterentwickelt.

Jetzt ist zu fragen, welche *realignments* auf der subnationalen Ebene stattfinden. Man kann hier einen Schub in Richtung Identitätspolitik feststellen. Identitäten werden in den USA zusehends über die Unterdrückung der kleineren durch größere Gruppen definiert, wobei den kleineren ein moralischer Heimvorteil zufällt. Das alte Selbstbild einer Nation von Siegern, so meint der australische Kunsthistoriker Robert Hughes spöttisch, sei dem Bild einer Nation von Opfern gewichen, und diese Opfer treten in einen öffentlichen Wettbewerb, wer nun die meisten historischen Wunden nachweisen könne: Schwule, Lesben, Indianer, schwarze Männer, Chicanas oder neuerdings weiße Männer und gar noch Scientologen. Ein zentripetales Netzwerk von immer kleiner werdenden reaktiven Minderheiten (und ihrer Sprecher und Rechtsanwälte) entsteht. Sie alle verbindet nicht mehr eine positive

Definition der Zugehörigkeit etwa zur Nation, zum Einzelstaat oder zur Region, sondern ein Ressentiment gegen das »Zentrum«, gegen die *grand narratives* einer gemeinsamen Plattform, oder kurz gegen andere »Andere«, die allesamt unter Aufbietung juristischer Logik um Anteile eines schrumpfenden nationalen Kuchens kämpfen. Kein Wunder also, dass in diesem Szenario die Exekutive eine schlechte Presse hat. Ein Symptom dieser Stimmung ist die denunziatorische Rhetorik, die links wie rechts gang und gäbe ist und von den Milizen in Oklahoma und Montana bis zu den Schwarzen in den städtischen Ghettos sowie radikalen Feministinnen instrumentalisiert wird.[7]

Zyniker möchten wohl von der List des Kapitalismus sprechen: WASPs gegen weiße Arbeiter, Schwule gegen *Straights,* Frauen gegen Männer, beide gegen die Schwarzen und alle gegen die Lesben etc., etc. Die geradezu peinlich-reaktionären Legitimationen des *Million Men March* oder der Chauvinismus der *Promise Keepers* sprechen für sich.[8] Welche List des globalen Kapitalismus, seine Opfer so zu programmieren, dass sie sich in einem Kräftefeld, das von Identitätsgräben durchsetzt ist, gegenseitig matt setzen! Ein Resultat der Schwächung der Parteien und Parteienloyalität ist eine stärkere ethnische Mobilisierung durch politische Lobbys in Washington – auch dies eine Entpolitisierung demokratischer Öffentlichkeit. Hier sind in der letzten Zeit die Wunden der Geschichte zu einer neuen Form politischen Kapitals geworden. Man kann allerdings den Rückzug ins Eigene und die Instrumentalisierung der historischen Wunden aus der Sicht der Betroffenen verstehen. So fragt die schwarze Juristin Lana Guinier zu Recht: Welche Möglichkeiten bleiben denjenigen, die der strukturelle

7 Interessant ist in diesem Zusammenhang der Boom von Programmen, in denen Beziehungskisten denunziatorisch bearbeitet werden, etwa von Rush Limbaugh im Radio und Jerry Springer im Fernsehen.

8 Ohne Frage gehört der schwarze Jugendliche zu den »gefährdeten Spezies«. Zur Stabilisierung eines in Verruf geratenen schwarz-männlichen Moralverhaltens wurde ein Solidaritätsmarsch von einer seltsamen Koalition schwarzer männlicher Chauvinisten veranstaltet. Bei den *Promise Keepers* handelt es sich um vornehmlich weiße Männer, die sich einem traditionellen männlichen Verhaltensideal verpflichten. So wichtig die moralische Aufrüstung verantwortungsloser Männer sein mag, beide Bewegungen stehen der Emanzipation der Frau feindlich gegenüber.

Rassismus vom Amerikanischen Traum immer noch fern hält? Der neue Markt fördert und stabilisiert also den Zerfall der Bevölkerung in politische und gesellschaftliche *life style clusters* und in ethnisch oder merkmalspezifisch konfligierende Gruppen. Nationen und Gemeinschaften reorganisieren sich als »patchworks of identity clusters« – alle werden zu Minderheiten. In den *Federalist Papers* hatte Alexander Hamilton davor gewarnt, »sich in unendlich kleine, eifersüchtige, verfeindet lärmende Kleinreiche zu spalten, grässliche Brutstätten unendlichen Streits und armseliger Gegenstand universeller Verachtung und Mitleids.«

Eine weitere Komplikation wird deutlich. Trotz des schwindenden Glaubens an die Problemlösungskapazität des Staates wird der Ruf nach dem Staat, der die durch die Globalisierung verursachten neuen Probleme lösen soll, immer lauter. Während die »verwundeten Gruppen« wenig Vertrauen in zentralistische Macht haben – da sie sich ja als Opfer des Universalismus der Aufklärung sehen –, müssen sie sich doch an das Rechtsbewusstsein der nationalen Regierung wenden, die sie zwar hassen, aber benötigen, um die aus alten Versäumnissen entstandenen Wunden zu heilen. Jede Konstruktion eines neuen fragmentierten verwundeten »Ich« in der neuen Politik der Differenz verringert das Vertrauen in einen gemeinsamen Nenner, erhöht aber den moralischen Druck auf alte Problemlösungsinstanzen. Ein weiteres Element spielt mit. Im Maße seiner Instrumentalisierung nimmt der Glaube an die prozedurale Justiz ab. Die Logik der spezifisch amerikanischen prozeduralen Justiz wird immer mehr von einer populistischen Politik der Leidenschaften korrumpiert. Hierfür sind die Gerichtsfälle von Rodney King und O. J. Simpson oder der Freispruch der New Yorker Polizisten, die mit 48 Schüssen einen unbewaffneten Afrikaner »aus Notwehr« erlegten, gute Beispiele. Der Rechtsstaat legt sich mit seiner ausufernden prozeduralen Logik selbst lahm und leidet an der Häufung solcher mediatisierter Zusammenstöße mit dem Rechtsempfinden der Minderheiten. Ohne Zweifel sind die Wunden der Sklaverei, des Sexismus und des Rassismus bis heute real und warten auf juristische Heilung. Aber ohne einen Satz politisch überprüfbarer Spielregeln, die *für alle* wirksam und akzeptabel sind, oder ohne eine gemeinsame Plattform oder einen überlappenden Konsens wird es keine nationale Position mehr geben, von der aus irgendeine Benachteiligung politisch eingeklagt werden kann. Zudem, Ressentiment und Opferrolle sind wenig probate Mittel, um dem globalen Kapitalismus Paroli zu bieten. Dieser fördert die lokale Fragmentierung in abzockbare und konkurrierende Zielgruppen.

Wenn man alle diese Faktoren in Rechnung stellt, wird klar, dass die Diskurse des Multikulturalismus eine Pseudodebatte und eine List des Konsumkapitalismus darstellen (Ostendorf, 1992). Warum eine Pseudo-Debatte? Es handelt sich in Wirklichkeit um die Umgehung oder Verdrängung einer wirtschaftspolitischen Auseinandersetzung. Im multikulturellen Diskurs hat eine Fixierung auf Kultur oder auf ethnische Merkmale die Klassen- oder Einkommensfrage verdrängt. Das Timing der Debatte nach 1985 ist bezeichnend, denn sie entwickelte sich auf dem Höhepunkt der Reaganschen Deregulierung, als auch die Ausgaben für Erziehung drastisch sanken. Der multikulturalistische Diskurs entstand aus der Frage »wer oder welche Gruppe wird bei sinkenden Erziehungsetats Zugang zur Universitätserziehung erhalten?« Bei einem gespaltenen Arbeitsmarkt entscheidet ein Universitätsabschluss, ob ein Student als *Symbolic Analyst* mit einem Gehalt von 80.000 US-Dollar oder als *In-Person-Server* mit einem Gehalt von 8.000 US-Dollar pro Jahr in den Markt eintritt.[9] War Amerika nicht schon vor 1985 multikulturell? Sicherlich, aber in den fünfziger Jahren waren Amerikaner mit einem Sekundarschulabschluss in der Lage, einen sicheren Job bei der *Ford Company* zu erhalten, und ihr Einkommen konnte mit dem in den akademischen Berufen durchaus konkurrieren. Als die Berufsaussichten weißer Männer düster wurden, reagierten Gruppen aus der unteren Mittelklasse besonders erbittert auf die bevorzugte Behandlung Schwarzer in den so genannten *Affirmative Action*-Programmen. Sie wurden die Protestwähler der Wahlen von 1994 zum Kongress und stellen heute das Ressentimentpotenzial in der Wählerschaft dar.

9 Hier liegt eine besondere Verantwortung und eine neue Quelle der Macht für Akademiker, die die Reproduktion der Eliten über die Steuerung des Zugangs zum gespaltenen Arbeitsmarkt in der Hand haben.

Die neue Arbeitsmigration verursachte eine weitere Komplikation. Die Auslagerung der Manufakturen in Schwellenländer, die dort durchaus positive wirtschaftliche Impulse gibt und daher von den lokalen oberen Klassen begrüßt wird, hat alte Migrationsmuster verstärkt und neue transnationale Migrationsströme am unteren Ende der Einkommensskala hervorgerufen. Aus der Karibik, Mexiko, Korea, den Philippinen und Taiwan stammt die Mehrzahl der neuen Arbeitsmigranten. Diese nicht-europäischen Gruppen fungieren in erster Linie als eine Arbeitsreserve und sind daher aus Sicht der Großfirmen willkommen. »Je mehr desto besser«, trompetete der Vertreter der Chicagoer Schule Julian Simon. Aber wegen der niedrigen Mindestlöhne stärken sie die Zahl jener *working poor*, die zusehends dem Staat, vornehmlich den städtischen Kommunen zur Last fallen. Sie nehmen jene Wohlfahrtseinrichtungen in Anspruch, die im Rahmen der *Great Society* von Lyndon B. Johnson für die alten Minderheiten eingerichtet wurden, also den Schwarzen und Indianern helfen sollten, die durch Sklaverei und Kolonialismus entstandenen Wunden zu heilen. Kein Wunder also, dass eine große Anzahl der Schwarzen und Hispanics sich gegen die neuen Illegalen wandten und dass etwa in Kalifornien die asiatisch-amerikanischen Gruppen der *affirmative action* wenig Positives abgewinnen können. Die Globalisierung der amerikanischen Einwanderungspolitik seit 1965 hat zu einem Abflachen der europäischen und zu einem Anwachsen der nicht-europäischen Zuwanderung geführt, eine Tatsache, die apokalyptische Ängste bei den Neo-Malthusianern hervorruft, die ein *browning* Amerikas, oder unter den Kulturkonservativen, die eine Schwächung des eurozentrischen Kanons in den Schulen befürchten. Sicher sind die Wurzeln der amerikanischen Neubürger immer weniger in Europa zu finden. Aber das sollte die Amerikaner mit ihrer relativ erfolgreichen Einwanderungsgeschichte nicht beängstigen. Jedoch ist das Gedächtnis der Apokalyptiker kurz. Gruppen, die von der vom Kongress eingesetzten so genannten Dillingham-Kommission im Jahre 1906 als völlig unassimilierbar eingestuft worden waren, vornehmlich die Süditaliener und Ostjuden, gehören heute zu den neokonservativen Verteidigern des amerikanischen Systems und seiner universalistischen Logik.

Doch kommt nun das aggressive Wachstum des gespaltenen Arbeitsmarktes als Angstverstärker hinzu. Denn dieser betrifft sowohl die alte als auch die neue Arbeiterklasse und wirft bisherige multikulturelle Utopien über den Haufen. Während diese Gruppen um die abnehmenden städtischen Wohlfahrtsleistungen kämpfen und eine Verschlechterung des Jobmarkts hinnehmen müssen, schreitet die Verdrittweltlichung der Megastädte voran, die ihrerseits Einkommensdifferenzen vermehrt und Wohlfahrtsabhängigkeit erhöht. Diese wohlfahrtsabhängigen Klassen wachsen zurzeit schneller als das Steueraufkommen der Städte kompensierend reagieren kann, was wiederum den Argumenten gegen den Wohlfahrtsstaat, sogar unter klassischen Liberalen, Auftrieb gibt.

Die Bevölkerungsexplosion in Asien, Indien, Afrika und Südamerika und ein Ansteigen der weltweiten Landflucht geben dem Phänomen der Urbanisierung, vor allem angesichts der neuen Megastädte, eine neue ökologische Komponente. Seit 1965 hat sich das Stadtbild verändert. Da gibt es das klassische New York mit seinen fünf Stadtteilen und sieben Millionen Einwohnern. Darum gruppiert sich die so genannte *New York Standard Metropolitan Statistical Area* (SMSA) mit weiteren zehn Millionen Bürgern. Ein fiskal-hungriges Zentrum wird von einem Speckgürtel von immerhin zehn Millionen Einwohnern umgeben. Von den Wahlberechtigten von New York City gingen gerade mal 1,8 Millionen zur Bürgermeisterwahl, und Giuliani, der Bürgermeister der Stadt, gewann mit 950.000 Stimmen gegen Dinkins. Er wurde mehrheitlich von den Wall-Street-Kosmopoliten, nicht von den *locals* gewählt, eine Tatsache, die einen interessanten Blick auf die politische Willensbildung dieser Stadt zulässt. Diese Megastädte und die neuen suburbanen *edge cities* zwischen Boston und Washington, San Diego und San Francisco, die man *BosWash* und *SanSan* nennt, deuten auf einen tiefen Wandel in der Bedeutung der Einwanderung für die Wirtschaft hin. Unter den wirtschaftlichen Bedingungen des Fordismus wurden die ländlichen Einwanderer zum Motor der Produktion in den Städten, die den Reichtum an das Hinterland weitergaben. Unter dem globalen Postfordismus sind die Städte schon längst nicht mehr Zentrum der Produktion, sondern das Umfeld der alten Städte hat diese

Rolle übernommen. So exportiert die Zweite und Dritte Welt ihre problematische und arbeitslose Bevölkerung in die urbanen Zentren der Ersten Welt, wo sie in *sweatshops* oder als illegale Arbeiter überleben. Wenn sie keine Arbeit finden, fallen sie den Einrichtungen der Städte anheim und füllen »Besserungsanstalten«, wie man Gefängnisse zu nennen pflegte. Kalifornien ist wie immer vorneweg. Bereits unter Reagan wurden die Ausgaben für Gefängnisse erhöht und Erziehungsausgaben reduziert. Vor siebzehn Jahren gab Kalifornien sechs Mal so viel für Erziehung aus wie für Gefängnisse, heute sind die Ausgaben gleich hoch. Ein Gefängniswärter erhält heute ungefähr das Gehalt eines Assistenzprofessors für Politische Wissenschaft an der University of California in Berkeley. Was noch mehr beunruhigt ist, dass viele Amerikaner die Privatisierung des Gefängnissystems positiv, nämlich als Schaffung einer neuen »Wachstumsindustrie« begreifen.

Die fünf großen urbanen Räume Amerikas erhalten fast 75% der neuen legalen Einwanderer und nehmen auch den Löwenanteil der Illegalen auf. Diese Welle billiger Arbeit, die zwar den *CEOs* das Herz erwärmen mag, aber für die städtischen Behörden ein Problem darstellt, ist sicherlich ein Motor des neuerlichen Booms der amerikanischen Wirtschaft, der bei Wirtschaftsjournalisten Lob findet, aber dieser hat auch Arbeitsverhältnisse zurückgebracht, die man für überwunden gehalten hatte. Sie stellen eine große Bürde für die Städte dar. Die gleichzeitige Steuerflucht hat die Unregierbarkeit von Städten wie Los Angeles verstärkt.

Henry Ford war schon vor achtzig Jahren prophetisch, als er sagte: Wir lösen das Problem der Stadt, indem wir sie verlassen. Das »wir« bezeichnet heute nicht nur die Firmen, sondern vor allem die weißen *Symbolic Analysts*, die sich hinter so genannte *gated communities* zurückziehen. Es sind dies von Mauern umgebene, 30 bis 100 Einfamilienhäuser umfassende Kleinkommunen, die sich aus der Öffentlichkeit ausklinken, eine eigene Polizei oder Müllabfuhr besitzen und von städtischen Diensten unabhängig sind. Allein im Stadtgebiet von Los Angeles gibt es zwanzig solcher Wagenburgen, die nicht mehr öffentlich zugänglich sind. Zwischen 1960 und 1985 nahm ihre Zahl landesweit von 1000 auf 80.000 zu, mit steigender Tendenz. Man sollte nicht vergessen, dass es sich dabei um eine südamerikanische Erfindung handelt. Das Wort »Brasilianisierung« trifft also für die Neuordnung der urbanen Geographie zu. Parallel hierzu findet der Exodus des innerstädtischen Handels und Gewerbes statt, die sich in so genannte *malls* vor den Städten zurückziehen. Hier sind sie ungestört von der Willkür städtischer Behörden, sicher vor Bettlern, streikenden Gewerkschaftlern und Dieben. Und nachdem Firmen und Steuerzahler sich vom städtischen Gemeinwohl verabschiedet haben, werden die zurückbleibenden Probleme von liberalen schwarzen Bürgermeistern (Dinkins, Morial, Barry) oder von hartleibigen Konservativen (Giuliani, Riordan) angegangen. Kein Wunder, dass die Gefängnisse bis zu acht Mal so voll sind wie in Deutschland. Als langfristige Konsequenz macht sich eine gegenseitige Paranoia zwischen einem multikulturellen, liberalen Stadtzentrum und einer suburbanen, ummauerten weißen Bevölkerung breit.

Die globale Mobilität von Waren und Menschen führt, wie Benjamin Barber meint, zur *McWorld.* Seine Metapher deutet an, dass es sich um eine Globalisierung mit amerikanischem Gesicht handelt, selbst wenn die Produkte in Taiwan oder Ungarn produziert werden. Gleichzeitig verlieren die Produkte zusehends ihre lokale Bodenhaftung und werden transnational. Selbst Coca Cola, die Ikone der Amerikanisierung nach 1945, bemüht sich um ein globales Image. Die älteren Slogans »American made«, »Buy British« oder »Made in Germany« sind bedeutungslos geworden. Hier macht sich auch ein Waren-Exzeptionalismus breit – und zwar im Design und der designerischen Ethik. Was ist noch japanisch an einem Mazda, der in Belgien von türkischen und algerischen Arbeitern und aus Einzelteilen multinationaler Zulieferer montiert wird? Auch der BMW in Spartanburg verliert seine unverkennbar bayerische Art. Alle Produkte werden global-amerikanischer. Es ist bezeichnend, dass die Kritik der Warenwelt und der Warenästhetik aus dem öffentlich-akademischen Diskurs verschwunden ist. Nach 1990 nehmen hingegen die zelebratorischen Töne zu. Es gibt kaum noch einen Film, der zur Finanzierung ohne *product placement* auskäme, und das Wettbewerbsrecht eines älteren Öffentlichkeitsverständnisses passt nicht mehr in die postmoderne Welt. Zudem wären die Gerichte, wollten sie wirklich unlauteren Wettbewerb definieren und dann verfolgen, hoffnungslos überfordert. Wie bereits oben erwähnt, wird die Warenwelt als Arena für ethnische oder weibliche Selbstfindung neu entdeckt. Filme wie *Tank Girl* und *Terminator*, Fernsehsitcoms wie *Roseanne* begrüßt man als neue utopische Räume für die Gestaltung einer weiblichen Subjektivität. Diesen Einstellungswandel mag man als geschickte Kooptation multikultureller und feministischer Themen durch einen klugen Markt verstehen. Neuere Publikationen aus den USA suggerieren eine Wahlverwandtschaft zwischen Emanzipation und freiem Markt: das Adjektiv frei wird missverstanden als Emanzipationsangebot – in der Tat seit der Gründung des *Ladies Home Journal* die älteste rhetorische Fangformel der Reklame.

Die globale Identität der Produkte findet eine demographische Entsprechung in der transnationalen Identität der neuen Einwanderer. Welchem national-amerikanischen Ideal sollen sich diese Neueinwanderer anpassen? Welcher städtischen Subkultur sollen sie sich anschließen, nun, da der Druck zur Amerikanisierung entfällt? Die wachsende Gruppe Illegaler und die kurze Verweildauer der saisonalen Arbeitsmigranten hat den Willen und die Notwendigkeit der Assimilation an ein nationales Gemeinschaftsideal reduziert, vor allem wenn dieses Ideal durch die Veränderungen des Arbeitsmarkts gesellschaftlich unerreichbar und politisch fern bleibt. Während es interessante ethnische Neugruppierungen wie die Formation einer karibischen Identität in New York gibt, hat die neue Sehnsucht nach merkmalspezifischer Zugehörigkeit, die von der korporatistischen Fraktion des Multikulturalismus unterstützt wird, zu einem Rückzug von gemeinsamen Plattformen hin zu einem diasporischen *networking* geführt, das transnationale Züge annimmt. Sikhs, Hindus, Kurden, Palästinenser, Inder, Iren, Kubaner, Haitianer, wo sie sich auch aufhalten mögen, halten ihre primordialen Bindungen intakt. Oft kommt es erst zu einer Primordialisierung, nachdem die Einzelnen auswandern und es entsteht ein ganz neuer *long distance nationalism*, der durch Fax-Maschinen, Internet und Billigflüge unterstützt wird. Dieser Fern-Nationalismus ist oft romantisch, nostalgisch, aber auch gewalttätig. Man denke an die Zerstörung der Moschee in Indien, die mit finanzieller Hilfe der amerikanischen Sikh-Gemeinde erfolgte. Diese Formationen der Diaspora sind wohl bekannt aus der Geschichte der Einwanderung. Sie nahmen in der Regel mit der zweiten Generation ab. Damit kann jetzt aber nicht mehr gerechnet werden.

Wie soll man sich die postfordistischen und postmodernen Formen der Zugehörigkeit im Kontext der alten Begriffe »Gesellschaft« und »Gemeinschaft« vorstellen? Es gibt eine Reihe von Büchern auf der Bestsellerliste in den USA, die eine solche Neudefinition und Restauration nationaler Zugehörigkeit versuchen. Ihr Bestsellerstatus ist ein Indiz der Angst.[10] Wie wird zwischen individuellen Rechten, die sich auf Universalismus und Zentralismus berufen, und den Gruppen- und Minderheitsrechten abgewogen? Wenn Gruppen statt Individuen Rechte zustehen und sie politische Autonomie wünschen, sollte dann ethnischen oder anderen »unterdrückten« Gruppen das Recht zustehen, das gute Leben zu definieren, das andere wiederum ausschließt? Wenn nein, wer beschließt was? In welchem Entwicklungsstadium der internationalen Arbeitsmigration wird der Altruismus entweder einer ethnischen Gruppe oder der Nation kontraproduktiv? Wie kann man Ansprüche historisch definieren? Sollten arbeitslose Amerikaner universell tolerant bleiben, um illegalen Einwanderern in Kalifornien den Zugang zu öffentlichen Diensten wie Schulen zu gestatten? Welche Haltung kann man von arbeitslosen Jugendlichen erwarten, die nie gearbeitet haben und daher aus der Förderung fallen? Und kann man überhaupt noch einen vernünftigen Unterschied zwischen wirtschaftlichen und politischen Flüchtlingen machen? Wie soll man den Vorschlag des *Congressional Immigration Reform Committee* einschätzen, das Visa für eine neue Kategorie von mexikanischen Gastarbeitern vorschlägt, um dem kalifornischen *agribusiness* seinen Wettbewerbsvorteil im globalen Markt zu

10 Der Erfolg der neuen Fernsehserie über einen Mafiaboss im Zeitalter der Globalisierung »The Sopranos« wird von Kritikern darauf zurückgeführt, dass sie »all die Ängste, von denen die gesamte amerikanische *middle class* geplagt wird« artikuliert: »Verlust der Werte und Traditionen, Auflösung der Familienstrukturen, Abstieg des Mittelstands ... Nichts ist mehr, wie es war.« Süddeutsche Zeitung, 7. März 2000, S. 14.

sichern, während zur gleichen Zeit die Wähler von Kalifornien den Mitgliedern dieser Gruppe individuelle Rechte und Ansprüche aberkennen wollen? Ein Gesetzesentwurf von Phil Gramm sieht vor, dass ausländische Absolventen technischer Studiengänge sofort ein Visum bekommen, wenn sie eine Anstellung mit einem Gehalt von mindestens 60.000 US-Dollar nachweisen können. Die Aufzählung deutet an, dass diese Aktionen zur Rettung des nationalen Vorteils dem Trend der Globalisierung widersprechen. Lässt sich überhaupt eine Balance zwischen Gruppenrechten und individuellen Rechten erreichen – oder sollte man mit Verweis auf universelle Gleichbehandlung gänzlich auf die Sonderbehandlung von Gruppen verzichten? Kann man sich überhaupt gesellschaftliche Gerechtigkeit ohne ein Meta-Narrativ vorstellen, das dieses Interesse definiert? Kann diese Entscheidung ohne autonome Subjekte, ohne Staatsbürger fallen, geht es letztlich ohne die Nation? All diese Fragen werden als Konsequenz der Globalisierung in Europa und Amerika erneut auf den Tisch kommen und für Diskussionsstoff sorgen (Beck).

Was wird der Stellenwert neuer »ethnischer Identitäten« in Europa und Amerika sein? Wo liegt der Unterschied zwischen ethnischem Voluntarismus und Determinismus? Wer beschließt, wer man ist – die Bürger, die Regierung, Anthropologen oder Gerichte mit Hilfe der DNA-Analyse? Was kann man von der Wiedergeburt von Blut und Boden und anderen Formen ethnischen Fundamentalismus in multikulturellen Diskursen in Amerika halten, während gleichzeitig der Druck hin zum Voluntarismus der *life style politics* zunimmt? Kann man, wie in den USA, dazu übergehen, seine ethnische oder geschlechtliche Identität frei zu wählen, oder spielen Geburt, Sozialisation und Milieu eine Rolle? Was ist vom Beweiswert der DNA-Analyse bei Abstammungs- und Vererbungsfragen zu halten? Wird nicht jedes Mal die Option der ethnischen Zugehörigkeit essenzialisiert, wenn es im prozeduralen demokratischen Prozess um die Verteilung von Mitteln entlang ethnischer Zugehörigkeit geht? Seit 1990 gesteht der amerikanische Zensus dem Einzelnen das Recht zu, sich selbst ethnisch zu definieren. Diese Regelung steht in der älteren voluntaristischen Tradition, die vom Universalismus der amerikanischen Revolution in klarer Abweichung von der deutschen Abstammungspraxis eingeführt wurde. Man darf durchaus bezweifeln, ob sich dieses Prinzip des ethnischen Liberalismus, gestützt vom Ersten Zusatz der amerikanischen Verfassung, nach Europa exportieren lässt.

Ich fürchte, dass die Kulturalisierung der politischen Diskurse die im Entstehen begriffene globale Machtkonstellation eher verschleiert als beschreibt und gleichzeitig die politische Fragmentierung und wirtschaftliches *clustering* entlang kultureller Differenz fördert. Die amerikanischen *CEOs* und die Marketing-Spezialisten freuen sich über jede weitere Fragmentierung der Zielgruppen in kulturell unterschiedliche *life style clusters.* Denn auf sie können die global produzierten Güter individuell zugeschnitten werden. Es wird jedoch darauf ankommen, wie Europa und Amerika mit diesen Veränderungen innerhalb der jeweils gewachsenen gesellschaftlichen Problemlösungskompetenz umgehen. Der amerikanische Spätkapitalismus ist ruppiger und schumpeterisch in der Destruktion und Ablösung von älteren Produktionsformen. Daher geht von den USA einerseits ein ungeheurer Schub und Druck aus, den wir gegenwärtig bis in die Universitäten hinein spüren, die einer amerikanisierenden Reform unterliegen. Andererseits nehmen die USA weniger Rücksicht auf die Verwerfungen auf dem Arbeitsmarkt. Als Folge des *downsizing* formierte sich lediglich ein Aufruf zur Selbstreform im Kommunitarismus, eine ideologische Aufrüstung, die bewusst wirtschaftliche Fragen ausklammert. Europa reagiert sozialdemokratischer, technik- und innovationsunfreundlicher, aber hier denkt man in längeren Zyklen und berücksichtigt die ökologischen Folgen wirtschaftlicher Maßnahmen. Doch auch hier scheinen die *shareholder* gegen die *stakeholder* zu gewinnen. Obwohl das Niveau apokalyptischer Angst in beiden Ländern hoch ist, kann man dennoch den größeren Optimismus in den USA konstatieren, dass man die Probleme der Veränderung zur Zufriedenheit der Wähler wird lösen können. Es gibt Ähnlichkeiten mit der Agonie der Großen Transformation im industriellen Zeitalter während des späten 19. Jahrhunderts, als unzählige Handwerksjobs der Industrialisierung und Massenproduktion anheim fielen. Auch die

Räuberbarone wie Rockefeller, Carnegie und Mellon, die ungeheure Reichtümer aufhäuften, führten einen Teil dieses Reichtums wieder in die Gemeinschaft zurück, indem sie Universitäten, Bibliotheken, Museen und, sehr viel später, meinen Lehrstuhl für nordamerikanische Kulturgeschichte an der Universität in München finanzierten. Alan Greenspan sagte in New Orleans vor einer Gruppe von Stadtpolitikern: »Die Verwerfungen durch rapide technologische Veränderung haben sehr große Unsicherheit unter der Arbeiterschaft hervorgerufen … menschliche Fähigkeiten veralten schneller als je zuvor in der amerikanischen Geschichte«, aber er schloss mit der optimistischen Prognose, dass die positiven Konsequenzen die Verwerfungen glatt aufwiegen werden (*New Orleans Time Picayune,* März 1996). Die amerikanischen Arbeitnehmer haben kaum eine andere Wahl, als dem Zweckoptimismus des Chefs der amerikanischen *Federal Reserve Bank* zu folgen. Oder sie müssten sich an ihre konstitutionell verbrieften Rechte, nunmehr als Weltbürger, erinnern, um der wirtschaftlichen Globalisierung eine politische folgen zu lassen. Ich vermute, ihr ungebrochener Patriotismus wird bestenfalls eine Nostrifizierung, also Amerikanisierung der globalen Wirtschaft und Politik zulassen.

Zitierte Literatur

Appadurai, Arjun: »Disjuncture and Difference in the Global Cultural Economy«, in: *Public Culture,* Nr. 2, 1990, S. 1-23.

Ders., »Cosmopolitans and Patriots Together«, in: *ToBe-2B. A Journal of Ideas,* 1998, S. 106-112

Barber, Benjamin: »Jihad versus McWorld«, in: *Atlantic Monthly*, März 1992.

Beck, Ulrich: »The Cosmopolitan Perspective. On the Sociology of the Second Age of Modernity«, erscheint in: *British Journal of Sociology* 1999/2000.

Chomsky, Noam: »From Aristotle to Adam Smith: What is Left and What is Right?«, in: *Sources: Revue d'etudes anglophones*, Nr. 4, Frühjahr 1998, S. 7-28.

»The Downsizing of America«, in: *The New York Times,* 3. bis 9. März 1996.

Drucker, Peter: *Post-Capitalist Society,* Harper 1993.

Esser, Hartmut: »Inklusion, Integration und ethnische Schichtung«, in: *Journal für Konflikt- und Gewaltforschung*, 1/1999, S. 5-34.

Featherstone, Mike: *Global Culture: Nationalism, Globalization and Modernity*, London 1990/1993.

Gebhardt, Jürgen: »Amerikanismus – Politische Kultur und Zivilreligion in den USA«, in: *Aus Politik und Zeitgeschichte. Beilage zu Das Parlament*, B 49/90 vom 30. November 1990, S. 3-18.

Gibbs, Nancy: »The Paradox of Prosperity«, in: *Time*, 29. Dezember 1997 bis 5. Januar 1998, S. 57-58.

Gray, John: *False Dawn. The Delusions of Global Capitalism*, London 1998. (Deutsch: *Die falsche Verheißung. Der globale Kapitalismus und seine Folgen*, Berlin 1999.)

Hannerz, Ulf: »Cosmopolitans and Locals in World Culture«, in: Mike Featherstone: *Global Culture: Nationalism, Globalization and Modernity*, London 1990/1993, S. 237-252.

Harvey, David: »Klassenbeziehungen, soziale Gerechtigkeit und die Politik der Differenz«, in: Berndt Ostendorf (Hg.): *Multikulturelle Gesellschaft*, München 1995.

Head, Simon: »The New Ruthless Economy«, in: *The New York Review of Books*, 29. Februar 1996.

Hollinger, David A.: »How Wide the Circle of the ›We‹? American Intellectuals and the Problem of Ethnos since World War II«, in: *American Historical Review*, April 1993, S. 317-337.

Holmes, Stephen: *The Anatomy of Antiliberalism*, Cambridge, Mass. 1993.

Kaplan, Robert: »Was Democracy Just a Moment«, in: *The Atlantic Monthly*, Dezember 1997.

Lipset, Seymour Martin: »Malaise and Resiliency in America«, in: *Journal of Democracy*, Nr. 6:3, Juli 1995, S. 4-18.

Miyoshi, M.: »A Borderless World? From Colonialism to Transnationalism and the Decline of the Nation-State«, in: *Critical Inquiry*, Nr. 19, Sommer 1993.

Ostendorf, Berndt: »Der Preis des Multikulturalismus. Entwicklungen in den USA«, in: *Merkur*, Nr. 46, 9-10, September/Oktober 1992, S. 846-862.

Ostendorf, Berndt: »Conspiracy Nation: Verschwörungstheorien und evangelikaler Fundamentalismus: Marion G. (Pat) Robertsons ›Neue Weltordnung‹«, in: Heiner Bielefeld/Wilhelm Heitmeyer (Hg.): *Politisierte Religion*, Frankfurt/M. 1998.

Portes, Alejandro und Min Zhou: »Should Immigrants Assimilate?«, in: *The Public Interest*, Sommer 1994, S. 1833.

Rawls, John: »The Idea of an Overlapping Consensus«, in: *Political Liberalism,* New York 1993, S. 133-173.
Ray, Jonathan: *Government's End,* Plymbridge 2000.
Reich, Robert: *The Work of Nations. Preparing Ourselves For 21st Century Capitalism,* New York 1991.
Rifkin, Jeremy: *The End of Work. The Decline of the Global Labor Force and the Dawn of the Post-Market Era,* New York 1995.
Sennett, Richard: *Der flexible Mensch. Die Kultur des neuen Kapitalismus* (engl. *The Corrosion of Character*), Berlin 1998.
Smelser, Neil J. und Jeffrey C. Alexander (Hg.): *Diversity and its Discontents. Cultural Conflict and Common Ground in Contemporary American Society,* Princeton, N.J. 1999.
Soros, George: »The Capitalist Threat«, in: *The Atlantic Monthly,* September 1996.
Wallerstein, Immanuel: *After Liberalism,* The New Press 1996.
Walzer, Michael (Hg.): *Toward a Global Civil Society,* New York 1995.
Wolfe, Alan: »Politics by other means«, in: *The New Republic,* 11. November 1991, S. 39-40.
»The World Economy«, in: *The Economist,* 28. September 1996.
Young, Iris Marion: *Justice and the Politics of Difference,* Princeton 1990.
Young, James P.: *Reconsidering American Liberalism: The Troubled Odyssee of the Liberal Idea,* Boulder 1996.

»I Have a Dream«
Die politische Repräsentation der schwarzen Minderheit in den USA

Britta Waldschmidt-Nelson

Am 28. August 1963 hielt der schwarze Bürgerrechtler Martin Luther King Jr. seine inzwischen weltweit berühmt gewordene Rede »I Have a Dream« vor dem Lincoln Memorial in Washington, D.C. King brachte darin seine Hoffnung zum Ausdruck, dass eines Tages die Vereinigten Staaten von Amerika ihren schwarzen Bürgerinnen und Bürgern die volle Gleichberechtigung erteilen und Menschen aller Rassen friedlich zusammenleben und sich gegenseitig respektieren würden. Über 36 Jahre sind seither vergangen, und es stellt sich die Frage, inwieweit dieser Traum Kings inzwischen Wirklichkeit geworden ist. Alle Aspekte der Veränderungen in den Rassenbeziehungen und in der Stellung schwarzer Amerikaner seit den sechziger Jahren hier erläutern zu wollen, würde allerdings weit über den gegebenen Rahmen hinausführen. Der folgende kurze Überblick konzentriert sich deshalb vor allem auf einen Bereich afro-amerikanischer Geschichte, in dem diese Veränderungen besonders deutlich werden und dem im Hinblick auf Kings Traum zweifellos besondere Bedeutung zukommt: die politische Repräsentation schwarzer Amerikaner.

Eine solche Bestandsaufnahme der amerikanischen Gesellschaft an der Schwelle vom 20. zum 21. Jahrhundert scheint zunächst durchaus Grund zum Optimismus zu geben: Seit Beginn der neunziger Jahre sind mehr schwarze Amerikaner und Amerikanerinnen in politischen Ämtern vertreten als je zuvor. Die Clinton-Regierung – einschließlich des Vizepräsidenten Al Gore, dem im derzeitigen Wahlkampf gute Chancen eingeräumt werden, Clintons Nachfolger zu werden – hat sich immer für *diversity* ausgesprochen, und Bill Clinton berief mehr Schwarze in hohe Regierungspositionen als irgendeiner seiner Amtsvorgänger. Trotzdem sind viele Afro-Amerikaner unzufrieden mit der Regierungspolitik, sie beklagen fortbestehende soziale, politische und wirtschaftliche Diskriminierung, und einige haben sich – aus Gründen, die im Folgenden noch erläutert werden – inzwischen fast vollständig vom politischen System abgewandt. Im Hinblick auf die politische Repräsentation schwarzer Amerikaner stellen sich also folgende Fragen: Wie viel Zugang zur politischen Macht hat die *black community* heute tatsächlich und inwieweit hat die erhöhte Präsenz von afro-amerikanischen Amtsinhabern in der Politik dazu beitragen können, Kings Traum von der schwarzen Gleichberechtigung zu realisieren?

Um diese Fragen beantworten zu können ist es sinnvoll, zunächst einen kurzen Blick auf die wichtigsten Stationen der politischen Geschichte schwarzer Amerikaner zu werfen. In der amerikanischen Verfassung von 1787 wurde das Wahlrecht, die elementarste Voraussetzung für eine Beteiligung am politischen Prozess, nur Land besitzenden weißen Männern gewährt. Schwarze, auch Indianer und Frauen, waren somit ganz vom politischen Entscheidungsprozess ausgeschlossen. Erst nach dem Bürgerkrieg (1861-1865) wurden mit der Abschaffung der Sklaverei sowie der Verabschiedung des 14. und 15. Verfassungszusatzes, die offiziell allen schwarzen Amerikanern und anderen Minderheiten die vollen Bürgerrechte (1869) und das Wahlrecht (1870) verliehen, maßgebliche Schritte zur politischen Gleichberechtigung der Afro-Amerikaner in den USA vollzogen. Frauen erhielten übrigens das Wahlrecht erst durch den 19. Verfassungszusatz von 1920. Während der als *Reconstruction* bekannten Zeitperiode zwischen 1865 und 1876 kontrollierten Verfechter der Rassengleichberechtigung den US-Kongress, und die Anwesenheit von Unionstruppen in den Südstaaten sorgte für die Einhaltung der neuen Gesetze. Zum ersten Mal wurde eine beachtliche Anzahl von Afro-Amerikanern in politische Ämter gewählt. So gab es zum

Beispiel während der siebziger Jahre des 19. Jahrhunderts zwei schwarze Senatoren und sechzehn Abgeordnete im Kongress; im Parlament von South Carolina stellten Schwarze sogar die Mehrheit der Abgeordneten. Doch diese Phase der politischen Integration der Schwarzen sollte nicht von Dauer sein. Kaum waren die Unionstruppen aus dem Süden abgezogen, sorgten dort weiße Rassisten für die Durchsetzung neuer Gesetze in ihren Staaten, den so genannten *black codes*, mit denen sie die vom Bundesgesetz bestimmte Gleichstellung der Schwarzen umgehen konnten. Diese *black codes* hatten drei Hauptziele: erstens die Rassentrennung (Segregation) in allen Bereichen des öffentlichen Lebens, zum Beispiel in Schulen, Restaurants, Theatern, Krankenhäusern und öffentlichen Verkehrsmitteln durchzusetzen; zweitens die Kontrolle über die schwarze Arbeitskraft: So war es Afro-Amerikanern in vielen Südstaaten verboten, Handel zu treiben, ein Handwerk auszuüben, eigenes Land oder Häuser zu besitzen. Auf diese Weise wollte man die ehemaligen Sklaven dazu zwingen, weiterhin auf den Feldern der weißen Grundbesitzer zu arbeiten – meist für einen Hungerlohn. Das dritte und letzte Ziel der *black codes* war die politische Entmachtung der Afro-Amerikaner. Mit Hilfe raffinierter Wahlzugangsbeschränkungen gelang es weißen Südstaatlern bald, ihre schwarzen Mitbürger nahezu vollständig aus dem demokratischen Prozess zu verdrängen. Ein beliebtes Mittel war zum Beispiel die so genannte »Großvaterklausel«. Dieses im Süden weit verbreitete Statut sagte nicht etwa, »nur weiße Amerikaner dürfen in unserem Staat wählen«, denn dies wäre eine direkte Verletzung des 15. Verfassungszusatzes gewesen. Stattdessen schrieb das Großvatergesetz vor, dass in dem jeweiligen Staat nur diejenigen Amerikaner zur Urne gehen durften, deren Großväter bereits gewählt hatten. Auf diese Weise wurden alle Schwarzen, die Nachkommen von Sklaven waren, politisch entmündigt.

Natürlich protestierten viele Afro-Amerikaner gegen dieses Vorgehen. Aber am Ende der *Reconstruction*-Ära hatten die Befürworter der schwarzen Gleichberechtigung die Mehrheit im Kongress verloren, und die Bundesregierung engagierte sich nicht weiter für die Interessen der Schwarzen im Süden. Einige Afro-Amerikaner hofften, dass der oberste Gerichtshof der USA, der

Supreme Court, sich für ihre Rechte einsetzen würde. Doch ihre Hoffnungen wurden bitter enttäuscht. Im berüchtigten »Plessy v. Ferguson«-Urteil von 1896 entschied der *Supreme Court*, dass Gesetze zur Rassentrennung durchaus verfassungskonform seien, solange die getrennten Einrichtungen von gleicher Qualität sind (*Separate but equal*-Doktrin). Dies wurde jedoch von den Gerichten nie überprüft. Der Qualitätsstandard der Einrichtungen für Schwarze war denn auch in der Regel weit unter dem der Weißen. So wurden zum Beispiel für schwarze Schulen nur ein Bruchteil der öffentlichen Gelder zur Verfügung gestellt, die weiße Schulen erhielten. Mangelhafte Bildungsmöglichkeiten zählten deshalb neben Armut und politischer Entmündigung weiterhin zu den gravierenden Problemen schwarzer Amerikaner im Süden. Nicht nur Gesetze und Gerichtsurteile, auch nackte Gewalt zementierte die Herrschaft der weißen Rassisten. Der 1867 gegründete Ku Klux Klan erlebte nach der *Reconstruction* seine Blütezeit. Seine Mitglieder glaubten fest an die Überlegenheit der weißen Rasse und taten alles, um deren Herrschaftsanspruch durchzusetzen. Afro-Amerikaner, die gegen die Segregation protestierten oder sich öffentlich für Gleichberechtigung aussprachen, wurden von Klan-Mitgliedern verprügelt, ausgepeitscht, verstümmelt und nicht selten auch ermordet. Die meisten schwarzen Opfer wurden gehenkt, einige jedoch auch zu Tode gefoltert oder lebendig verbrannt. Allein zwischen 1889 und 1922 gab es mehr als 3400 solcher Lynchungen im Süden, die öffentlich bekannt und dokumentiert wurden; dazu kommt eine weit größere Anzahl heimlich begangener Gräueltaten des Ku Klux Klan. Dieser Terror, der Afro-Amerikaner im ganzen Süden in ständige Angst versetzte, sorgte auch in Gegenden ohne Großvatergesetz für den Niedergang schwarzer politischer Repräsentation. Es wurden keine schwarzen Politiker mehr gewählt und der letzte afro-amerikanische Kongressabgeordnete der *Reconstruction*-Ära, George White, verlor sein Amt mit der Jahrhundertwende. Aus war der Traum von der Gleichberechtigung.

Fast dreißig Jahre lang gab es kein schwarzes Kongressmitglied mehr, erst 1973 wurde wieder ein Afro-Amerikaner aus den Südstaaten in den Kongress gewählt. Natürlich heißt das nicht, dass

Afro-Amerikaner im Süden in der Zwischenzeit nicht für ihre Rechte gekämpft hätten – ganz im Gegenteil. Es ist hier nicht möglich, im Einzelnen auf die ereignisreiche Geschichte der schwarzen Bürgerrechtsbewegung einzugehen (hierzu sei auf die entsprechenden Arbeiten im Literaturverzeichnis verwiesen), aber es sollen zumindest kurz einige historische Höhepunkte beziehungsweise Erfolge dieser Bewegung erwähnt werden, die für den Fortschritt der politischen Partizipation und der Gleichberechtigung der schwarzen Minderheit von entscheidender Wichtigkeit waren. 1915 errang die sechs Jahre zuvor gegründete NAACP (*National Association for the Advancement of Colored People,* die älteste und bis heute größte landesweite Bürgerrechtsorganisation der Vereinigten Staaten) ihren ersten bedeutenden Sieg vor Gericht. Der Supreme Court erklärte die »Großvaterklauseln« in den Verfassungen von Oklahoma und Maryland für verfassungswidrig und 1939 erreichten die NAACP-Anwälte ein landesweites Verbot dieser Klauseln. 1941 beendete Präsident Roosevelts *Executive Order 8802* die Rassendiskriminierung in der Rüstungsindustrie, in Regierungsbetrieben und öffentlichen Ausbildungsprogrammen. 1944 verbot der *Supreme Court* die in vielen Südstaaten übliche Praxis der nur Weißen zugänglichen Vorwahlen und 1948 wurde durch Präsident Trumans *Executive Order 9981* die *desegregation* der amerikanischen Streitkräfte angeordnet. 1954 erklärte die berühmte Entscheidung des *Supreme Court* im Fall »Brown v. Board of Education of Topeca« die Rassentrennung an öffentlichen Schulen für verfassungswidrig und stellte somit auch alle anderen existierenden Segregationsgesetze in Frage. Zwei Jahre später, nach einem 382 Tage langen Busboykott in Montgomery, Alabama, wurde dessen Anführer, der junge Pfarrer Martin Luther King Jr., an die Spitze der schwarzen Bürgerrechtsbewegung katapultiert. Daraufhin verbot der *Supreme Court* auch die Segregation in städtischen Bussen. Durch den *Civil Rights Act* von 1957 wurde eine nationale Bürgerrechtskommission eingerichtet und das Bundesjustizministerium dazu autorisiert, jede Person gerichtlich zu belangen, die eine andere daran hinderte, sich in das Wahlregister einzutragen. 1960 erweiterte der Kongress die Machtbefugnisse der Bürgerrechtskommission noch einmal, indem er anordnete, dass alle lokalen Wahlregistrationsunterlagen dem Justizministerium zur Verfügung gestellt werden mussten. Es zeigte sich jedoch bald, dass eine solche Einzelüberprüfung lokaler Behörden ein sich ewig dahinschleppender Prozess war und keine wirksame Maßnahme gegen Segregation und Diskriminierung schwarzer Wähler im Süden darstellte. Die Bürgerrechtsbewegung setzte deshalb ihren gewaltlosen Protest mit Kundgebungen, Sitzstreiks, Boykotten und Demonstrationsmärschen fort. Im Süden führte dies während der frühen sechziger Jahre oft zu blutigen Zusammenstößen mit weißen Rassisten, und eine Reihe schwarzer sowie einige weiße Bürgerrechtler verloren dabei ihr Leben. Durch das neue Massenmedium Fernsehen wurde nicht nur die gesamte amerikanische, sondern auch die Weltöffentlichkeit auf die brutale Unterdrückung der schwarzen Bevölkerung in den USA aufmerksam gemacht, und der Druck auf die Regierung, etwas dagegen zu unternehmen, wurde immer stärker.

Schließlich verabschiedete der Kongress den berühmten *Civil Rights Act* von 1964. Dieses Gesetz unterzeichnete Präsident Johnson am 2. Juli 1964, knapp ein Jahr nach Kings »I Have a Dream«-Rede. Damit wurde Rassendiskriminierung in allen Bereichen des öffentlichen Lebens der USA, im Bildungswesen und im Berufsleben verboten. Es schuf die legale Grundlage für *Affirmative Action*, das heißt für gesetzliche Regelungen, die Afro-Amerikanern und anderen Minderheiten – sowie Frauen und Behinderten – gewisse Vorteile im Ausbildungs- und Berufswesen verschaffen sollen, um frühere Diskriminierungen auszugleichen. Darüber hinaus wurde zur Durchsetzung der Chancengleichheit auf dem Arbeitsmarkt eine eigene Kommission, die so genannte *Equal Employment Opportunity Commission* eingerichtet. Ohne Zweifel stellte der *Civil Rights Act* den bis dahin bedeutendsten Fortschritt für die Gleichberechtigung schwarzer Amerikaner in den USA dar. Er zielte jedoch im Wesentlichen auf eine Abschaffung von Diskriminierung im sozialen und im wirtschaftlichen Bereich und änderte darum nichts am Ausschluss schwarzer Bürger aus dem politischen System vieler Südstaaten.

Erst im Sommer des folgenden Jahres, nach einer Reihe weiterer Protestaktionen – vor allem einem großen, von King angeführten »Marsch für das Wahlrecht« von Selma nach Montgomery, Alabama – gab die Regierung den Forderungen der Bürgerrechtsbewegung nach und verabschiedete den *Voting Rights Act* von 1965 (VRA). Dieses neue Wahlrechtsgesetz, das Präsident Johnson am 6. August 1965 unterzeichnete, verbot mit sofortiger Wirkung alle Arten von Wahlsteuern, Tests und Sonderregelungen, die zur politischen Entmündigung der Schwarzen im Süden beigetragen hatten. Darüber hinaus wurden Inspektoren der *US Commission on Civil Rights* nach Virginia, North- und South Carolina, Georgia, Alabama, Mississippi und Louisiana gesandt, um den Prozess der Einschreibung in die Wahlregister genau zu überwachen. 95 Jahre nach der Verabschiedung des 15. Verfassungszusatzes setzte sich die Bundesregierung endlich mit ihrer ganzen Autorität für dessen Verwirklichung ein.

Die Bedeutung des *Voting Rights Act,* der 1970, 1975 und 1982 erneuert und erweitert wurde, kann kaum überschätzt werden. Seine strengen Vorschriften und deren tatsächliche Durchsetzung öffneten schwarzen Amerikanern auch im Süden den ihnen so lange Zeit verwehrten Zugang zur politischen Repräsentation. Im Wahlbezirk, zu dem Selma gehörte, stieg die Anzahl der registrierten schwarzen Wähler innerhalb eines Jahres von 333 auf über 9000. Vier Jahre später hatte sich in den Südstaaten der Anteil afro-amerikanischer Wahlberechtigter, die sich in die Wahllisten einschreiben ließen, verdoppelt. In einigen Staaten war die Wirkung sogar noch größer, so stieg der Prozentsatz der registrierten schwarzen Wähler in Alabama von 19% auf 61% und in Mississippi von 6% auf 67%. Dadurch wiederum erhöhte sich die Zahl der gewählten schwarzen Amtsinhaber in den Südstaaten zwischen 1965 und 1970 von 72 auf 711 – heute sind es über 5000. Auch in anderen Gebieten der USA stieg der Anteil gewählter afro-amerikanischer Politiker seit den sechziger Jahren stetig an. So gab es im gesamten Bundesgebiet 1965 weniger als 300 schwarze Amtsinhaber, heute sind es mehr als 9000. Die landesweite afro-amerikanische Wahlbeteiligung liegt nur unwesentlich unter der weißen, und in einigen Fällen waren die Stimmen schwarzer Wähler entscheidend für den Ausgang der Präsidentschaftswahlen, zum Beispiel trugen sie maßgeblich zu den Wahlsiegen von Jimmy Carter und Bill Clinton bei. Auch auf lokaler und einzelstaatlicher Ebene hat die politische Repräsentation der schwarzen Minderheit große Fortschritte erzielt. So wurden während der neunziger Jahre zahlreiche amerikanische Großstädte, unter anderem New York, Atlanta, Chicago und Los Angeles, von afro-amerikanischen Bürgermeistern geführt, und die Wähler im Staat Virginia machten Douglas L. Wilder zum ersten schwarzen Gouverneur der USA. Zudem ist die Zahl der schwarzen Kongressabgeordneten seit Verabschiedung des *Voting Rights Act* von sieben auf vierzig gestiegen. Damit verfügen Schwarze, deren Bevölkerungsanteil mehr als 12% beträgt, über 8% der Sitze im Kongress und können auf den legislativen Entscheidungsprozess einen nicht zu vernachlässigenden Einfluss ausüben. Auf Bundesebene sind sie heute sogar deutlich besser repräsentiert als andere Minderheiten oder als Frauen. Die so genannten *Hispanic Americans* verfügen zum Beispiel bei einem Bevölkerungsanteil von 9% nur über 3,6% der Sitze im Kongress, *Asian Americans* (3% der Bevölkerung) über 1,7%, Indianer oder *Native Americans* (1% der Bevölkerung) über 0,15%, und obwohl 51,3% der amerikanischen Bevölkerung weiblich sind, stellen Frauen nur 10% der Kongressabgeordneten.

Ohne Zweifel ist diese durch den *Voting Rights Act* ermöglichte Entwicklung als großer Fortschritt im Bereich der politischen Repräsentation schwarzer Amerikaner zu bewerten. Auch innerhalb der Exekutive finden sich zahlreiche Afro-Amerikaner in bedeutenden Positionen. Präsident Clinton ernannte zum Beispiel vier schwarze Männer und drei schwarze Frauen zu Ministern beziehungsweise Ministerinnen seines Kabinetts – darunter Handelsminister Ronald H. Brown, Energieministerin Hazel O'Leary, Verkehrsminister Rodney Slater und Arbeitsministerin Alexis Herman. Die Leitung wichtiger Bundesausschüsse, etwa der Kommission zur Reform des Einwanderungsrechts und der Bürgerrechtskommission, wurde Afro-Amerikanern übertragen, und der erste schwarze Militärstabschef Colin Powell erreichte während des Golfkriegs eine derartige Popularität, dass viele schwarze und weiße Amerikaner ihn 1996 gerne als Präsidentschaftskandidaten gesehen hätten.

Trotz dieser positiven Veränderungen kann kaum gesagt werden, dass das von King angestrebte Ziel der gleichberechtigten Verteilung politischer Macht erreicht wäre. So gibt es zwar heute 9000 schwarze Amtsinhaber, aber diese stellen immer noch weniger als 2% aller amtierenden Politiker in den USA. Viele politische Beobachter zweifeln auch daran, dass es jemals, oder in absehbarer Zeit, zu einer paritätischen Repräsentation von Schwarzen und anderen Minderheiten im politischen System der USA kommen wird. Sie gründen ihre – wohl berechtigte – Skepsis auf die weiterhin existierenden Vorurteile, die einen Teil der weißen Wähler prinzipiell davon abhält, für einen nicht weißen Kandidaten zu stimmen, sowie auf systeminhärente Gründe, zum Beispiel das amerikanische Mehrheitswahlrecht, das im Gegensatz zu dem in Deutschland praktizierten Verhältniswahlrecht Minderheiten benachteiligt. Wichtiger jedoch als die bloße Anzahl schwarzer Politiker ist die Frage danach, wie sich ihr Einfluss auf das Leben der afro-amerikanischen Bevölkerung ausgewirkt hat. Denn für King ging es beim Kampf um die Öffnung des politischen Systems nicht nur um die Quantität, sondern primär um die Qualität der schwarzen Partizipationsmöglichkeiten. In dieser Hinsicht zeigt sich bei einer Bestandsaufnahme der tatsächlichen Einflussmöglichkeiten afro-amerikanischer Politiker und der Situation schwarzer Amerikaner in den USA heute ein relativ gemischtes Bild.

Werfen wir zunächst einen Blick auf die positive Seite: Im Kongress der Vereinigten Staaten führte die erhöhte afro-amerikanische Repräsentanz zur Verabschiedung zahlreicher fortschrittlicher Gesetzgebungen, zum Beispiel in den Bereichen Sozialhilfe, Familienförderung, Bildungswesen und Minderheitenrechte. An dieser Stelle sei auch ausdrücklich darauf hingewiesen, dass die Unterstellung einiger Kritiker, die meisten erfolgreichen schwarzen Politiker seien doch »Oreo-Cookies« (das heißt außen schwarz, aber innen weiß; Leute, die nur ihre eigene Karriere und Akzeptanz bei der weißen Mehrheit, nicht die Interessen der schwarzen Bevölkerung im Sinn hätten), keineswegs zutrifft. Wie eine intensive Analyse des Abstimmungsverhaltens und der

Gesetzesinitiativen schwarzer Abgeordneter in den neunziger Jahren sowie zahlreiche Interviews mit den Abgeordneten und ihren Mitarbeitern gezeigt haben, setzen sie sich, wo immer möglich, für die Interessen der schwarzen Bevölkerung ein – vor allem für die der verarmten schwarzen Unterschicht in den Ghettos der Innenstädte, aber auch für die Anliegen anderer sozial bedürftiger Gruppen, für die Rechte von Minderheiten und Frauen. Viele der afro-amerikanischen Abgeordneten, vor allem die Frauen unter ihnen, stammen aus ganz einfachen Verhältnissen, waren lange Zeit in der Bürgerrechtsbewegung aktiv und bezeichnen ihre eigenen Erfahrungen mit Segregation, Diskriminierung und Armut beziehungsweise den Wunsch, an diesen Zuständen etwas zu ändern, als wesentliche Motivationsquelle für ihr politisches Engagement. In jedem Fall stellen die schwarzen Abgeordneten die mit Abstand linksliberalste Gruppe im Kongress dar, und ihr Einsatz trug maßgeblich zur Verabschiedung der erwähnten fortschrittlichen Gesetze bei.

Auch in der Außenpolitik konnten afro-amerikanische Politiker einige Male ihren Einfluss geltend machen – etwa bei der Durchsetzung eines Wirtschaftsembargos gegen das Regime in Südafrika. Dieses Embargo trug maßgeblich zum Sturz des Apartheidsystems bei und ermöglichte 1994 die Wahl Nelson Mandelas zum ersten schwarzen Präsidenten Südafrikas. Auch während der Haiti-Krise (1991-1994) sorgte der Druck afro-amerikanischer Politiker dafür, dass den zu über 95% schwarzen haitianischen Flüchtlingen in den USA politisches Asyl gewährt wurde. Ihr Votum bestärkte zudem Präsident Clinton in seiner Entscheidung, im Oktober 1994 durch eine vom UN-Sicherheitsrat gebilligte militärische Intervention den vertriebenen schwarzen Präsidenten Haitis, Jean-Bertrand Aristide, wieder in sein Amt einzusetzen.

Im sozialen und wirtschaftlichen Bereich lässt sich ebenfalls eine beachtliche Anzahl positiver Veränderungen nennen. So hat sich zum Beispiel seit der Verabschiedung des *Civil Rights Act* die Rate schwarzer Jugendlicher, die einen Hochschulabschluss erwerben, von weniger als 3% auf über 15% erhöht. Lebten damals noch mehr als die Hälfte aller Schwarzen unterhalb der

Armutsgrenze, so sind es heute weniger als ein Drittel. Die bereits erwähnte relativ gut situierte schwarze Mittelschicht macht heute rund ein Viertel der *black community* aus. Dies ist unter anderem darauf zurückzuführen, dass seit den siebziger Jahren die schwarze Arbeitslosenquote von 15% auf 8,5% sank, die Anzahl selbstständiger schwarzer Betriebe um 40% gestiegen ist und die Anzahl afro-amerikanischer Topmanager in Großfirmen sich verdoppelt hat. Außerdem gibt es zahlreiche berühmte Schwarze in der Sport- und Unterhaltungsindustrie, die nicht nur steinreich sind, sondern sich auch allgemeiner gesellschaftlicher Anerkennung erfreuen. Zudem ist neben der Zahl schwarzer Sozialhilfeempfänger auch die der schwarzen Straftäter in den letzten Jahren zurückgegangen. Gleichzeitig hat sich die Gesundheitsversorgung für Afro-Amerikaner verbessert. Mehr als die Hälfte verfügen heute zum Beispiel über eine Krankenversicherung, die schwarze Kindersterblichkeitsrate halbierte sich und die durchschnittliche Lebenserwartung von Afro-Amerikanern hat sich inzwischen auf etwa 66 Jahre für Männer beziehungsweise 74 Jahre für Frauen erhöht.

Doch genauso wie diese positiven Fakten müssen auch die weniger optimistisch stimmenden Tatsachen ins Auge gefasst werden. Der von King 1968 gemachte Vorschlag einer *Economic Bill of Rights* – das heißt einem Gesetz, das allen Amerikanern Beschäftigungsmöglichkeiten oder ein Mindesteinkommen für alle, die nicht arbeiten konnten, garantiert hätte –, den viele schwarze Abgeordnete jahrelang weiterverfolgten, wurde niemals vom Kongress verabschiedet. Auch viele andere fortschrittliche Initiativen schwarzer Kongressabgeordneter scheiterten am Widerstand ihrer konservativen Kollegen, die seit 1996 die absolute Mehrheit im Kongress haben. Darunter waren Gesetze zur Kürzung des Rüstungsetats und zur Erhöhung der Ausgaben für Sozialhilfeprogramme sowie für die Schulausbildung benachteiligter Gruppen, ein Gesetz zur Verhinderung indirekter Rassendiskriminierung im Justizsystem und eine Gesundheitsreform, die auch ärmeren Amerikanern Zugang zur Krankenversicherung ermöglicht hätte.

Nicht zuletzt aufgrund des Scheiterns dieser Gesetzesinitiativen blieb, bei all den beachtlichen Fortschritten schwarzer Amerikaner in den oben genannten Bereichen, immer noch eine große Kluft zwischen ihrer Situation und der weißer Amerikaner bestehen. Blickt man zum Beispiel auf die Gesundheitsversorgung, so fällt sofort auf, dass die schwarze Kindersterblichkeit auch heute noch doppelt so hoch ist wie die weiße. Der Anteil krankenversicherter Weißer liegt deutlich über dem der Schwarzen und die Lebenserwartung weißer Amerikaner liegt bei Frauen um 5,4 Jahre, bei Männern um 7,7 Jahre höher als die afro-amerikanischer. Auch im Bildungs- und Berufswesen sind die Unterschiede deutlich. So ist der Anteil weißer Hochschulabsolventen mit 35% mehr als doppelt so hoch wie der afro-amerikanischer. Zudem verdienen schwarze Hochschulabsolventen rund 15% weniger als ihre weißen Kollegen mit einem vergleichbaren Universitätsabschluss und das Durchschnittseinkommen einer vierköpfigen afro-amerikanischen Familie beträgt nur 63% des Einkommens einer gleich großen weißen Familie. Die Arbeitslosenquoten in den USA befinden sich zwar momentan für alle Bevölkerungsgruppen auf einem historischen Tiefstand, aber dennoch beträgt die schwarze Arbeitslosenrate (8,5%) mehr als das Doppelte der weißen (3,6%). In den Ghettos der Großstädte sind zum Teil über 40% der schwarzen Jugendlichen ohne Arbeit. Auch haben Untersuchungen belegt, dass es für einen schwarzen Jugendlichen mit Schulabschluss oft schwieriger ist, eine Stelle zu finden, als für einen weißen Schulabbrecher. Neben anderen Faktoren trägt dies zum Entstehen eines Teufelskreises aus Arbeitslosigkeit, Armut, Drogensucht und Kriminalität bei, der in vielen schwarzen Ghettos die Bewohner in den Abgrund zieht. Zwar ist die Straffälligkeitsrate insgesamt zurückgegangen, liegt aber immer noch weit über der weißen. Fast ein Viertel aller schwarzen Männer zwischen 18 und 28 Jahren saß 1998 entweder in Untersuchungshaft, im Gefängnis oder wurde auf Bewährung entlassen. Mord ist die Haupttodesursache für Schwarze zwischen 15 und 34 Jahren, und die Wahrscheinlichkeit für einen Afro-Amerikaner, ermordet zu werden, ist sechsmal so hoch wie für einen Weißen. Durch die Kombination dieser Faktoren wurde die Zahl heiratswilliger junger schwarzer Männer, die eine Familie ernähren könnten, spürbar reduziert. Dies wiederum führte zu einem Anstieg der Zahl alleinerziehender schwarzer Mütter. Auch wenn diese Entwicklung seit Mitte der neunziger Jahre leicht rückläufig ist, wachsen heute nur ungefähr ein Drittel aller schwarzen Kinder zusammen mit beiden Eltern auf (im Vergleich zu drei Vierteln aller weißen Kinder), und über die Hälfte der Kinder von schwarzen Alleinerziehenden lebt unterhalb der Armutsgrenze.

Während es auf der einen Seite viele Mitglieder der afro-amerikanischen Mittelklasse geschafft haben, die soziale und wirtschaftliche Situation ihrer Familien erheblich zu verbessern, gibt es immer noch eine unverhältnismäßig große Zahl von Afro-Amerikanern, die in den Ghettos der von den Weißen verlassenen Innenstädte unter miserablen Umständen leben. Seitdem die gesetzliche Gleichstellung der Schwarzen durch die Bürgerrechtsgesetze der sechziger Jahre vollzogen wurde, ist es allerdings immer schwieriger geworden, im Hinblick auf die Armut der so genannten *black underclass* die Faktoren »Rasse« und »soziale Klasse« klar voneinander zu trennen. In jedem Fall ist der Kampf für mehr soziale Gerechtigkeit, den ja auch King in seinen letzten Jahren immer stärker in den Mittelpunkt seiner Forderungen stellte, neben dem Kampf gegen Rassismus auch heute noch die größte Herausforderung schwarzer Politiker und Bürgerrechtler. Das Problem dabei ist – heute genauso wie zu Kings Lebzeiten –, dass weitreichende Änderungen in der wirtschaftlichen und sozialen Struktur der USA nötig wären, um die desolate Lage der schwarzen Unterschicht wirklich zu verbessern. Diese Veränderungen würden beispielsweise Steuererhöhungen und andere Formen der Einkommensumverteilung enthalten, denen die große Mehrheit der amerikanischen Bevölkerung vermutlich niemals zustimmen wird. Deshalb ist trotz der vielen Teilerfolge schwarzer Politiker nicht damit zu rechnen, dass eine US-Regierung – weder ein Präsident noch der Kongress – die Durchsetzung solch radikaler Änderungen befürworten würde.

Kritiker unter den schwarzen Nationalisten und separatistischen Gruppen, wie der Nation of Islam, eine schwarz-nationalistische

Glaubensgemeinschaft, die 1930 gegründet und während der fünfziger und sechziger Jahre durch Malcolm X populär wurde, sehen deshalb die größere Zahl schwarzer Abgeordneter und Regierungsmitglieder nur als eine bedeutungslose Illusion von politischer Macht, die darauf abzielt, die afro-amerikanische Bevölkerung ruhig zu halten. An den eigentlichen Missständen hat sich ihrer Ansicht nach nichts geändert, ebenso wenig wie am Rassismus der weißen Mehrheit. Die meisten dieser schwarzen Kritiker sehen das politische System der USA als unbewegliches Bollwerk zur Erhaltung des Status quo. Sie haben sich darum ganz von diesem System abgewandt, ebenso wie vom Ziel der Rassenintegration. Die heute von Louis Farrakhan geführte *Nation of Islam* erfreut sich vor allem unter der schwarzen Ghettojugend zunehmender Beliebtheit. Statt Integration und politischer Partizipation predigt Farrakhan das alte Separatistendogma von der Überlegenheit der schwarzen Rasse, ruft Afro-Amerikaner zur Einheit und Selbsthilfe auf und verdammt die Weißen, vor allem die Juden, als rassistische Teufel.

Farrakhans Anhänger stellen zwar nur eine kleine Minderheit der *black community* dar, aber es kann auch nicht behauptet werden, dass sich das Verhältnis zwischen schwarzen und weißen Amerikanern seit den sechziger Jahren grundlegend verbessert hat. In vielen Fällen ist es noch genauso von Misstrauen und Aggression geprägt, wie zur Zeit Martin Luther Kings. Trotz der Abschaffung der gesetzlichen Segregation lebt die Mehrheit der Afro-Amerikaner und Weißen heute immer noch in getrennten Wohngebieten, wodurch die de-facto-Segregation der Schulen ebenfalls weiter andauert. Auch wenn die Integration im Berufsleben deutliche Fortschritte gemacht hat, gehen schwarze und weiße Arbeitskollegen in ihrer Freizeit meist getrennte Wege. Außer im Sport gibt es im sozialen Bereich nach wie vor nur wenige Berührungspunkte zwischen beiden Gruppen – dies wird auch daran deutlich, dass die Rate von schwarz-weißen Eheschließungen nur bei 0,6% liegt. Dagegen ist die Zahl der Eheschließungen zwischen weißen Amerikanern und Amerikanern asiatischer oder lateinamerikanischer Herkunft um ein Vielfaches höher, obwohl deren Bevölkerungsanteil unter dem der Schwarzen liegt. Wie groß die Kluft zwischen Weiß und Schwarz ist, zeigte sich zum Beispiel auch durch die nationale und internationale Erregung über den Prozess gegen O. J. Simpson im Jahre 1995. Ob Simpson seine weiße Exfrau Nicole ermordet hat oder nicht, wird angesichts der dubiosen Beweislage immer ein Rätsel bleiben. Aber während fast alle Weißen mit Zorn und Empörung auf Simpsons Freispruch reagierten, jubelten und feierten Afro-Amerikaner ihn begeistert. In den letzten Jahren gibt es auch immer mehr weiße Opposition gegen die noch bestehenden *Affirmative-Action*-Programme. Umfragen zufolge denkt heute die Mehrheit der weißen Amerikaner, dass Schwarze durch diese Programme zu viele Vorteile haben, dass sie das System ausnutzen, was zu einer Benachteiligung der Weißen führen würde. Die meisten Schwarzen halten dagegen eine Fortsetzung der Programme für dringend notwendig und reagierten mit Empörung darauf, dass einige Staaten, zum Beispiel Kalifornien, *Affirmative Action* inzwischen ganz abgeschafft haben. Seit Mitte der neunziger Jahre hat es zudem im Süden wieder vermehrt Vorfälle rassistischer Gewalt gegen Afro-Amerikaner gegeben. Zahlreiche schwarze Kirchen wurden in Brand gesetzt und mehrere Menschen ermordet, in vielen Großstädten – von Los Angeles bis New York – kam es zu Rassenunruhen und Protesten schwarzer Amerikaner gegen die ihrer Ansicht nach unerträgliche Brutalität weißer Polizisten.

Angesichts dieser Beispiele wird deutlich, dass die Vereinigten Staaten auch zu Beginn des 21. Jahrhunderts noch weit von der in Kings »I Have a Dream«-Rede beschriebenen Utopie entfernt sind. Gleichzeitig dürfen jedoch auch die deutlichen Verbesserungen der Lebensbedingungen schwarzer Amerikaner, die nicht zuletzt auf ihre enorm gestiegene politische Repräsentation zurückzuführen sind, nicht vergessen werden. Bemerkenswert ist in jedem Falle der ungebrochene Erfolgswille und Optimismus der meisten Afro-Amerikaner: Bei einer Umfrage im Sommer 1999 äußerten zum Beispiel 71% der schwarzen Teilnehmer – im Vergleich zu 59% der weißen – die Überzeugung, dass es ihrer Familie in den nächsten zehn Jahren finanziell besser gehen würde. Dass die meisten Afro-Amerikaner trotz aller Schwierigkeiten den Glauben an eine Verbesserung ihrer Lage nicht aufgeben haben und sich weiterhin mit allen ihnen zur Verfügung stehenden Mitteln dafür einsetzen, die Ideale der Bürgerrechtsbewegung zu verwirklichen, ist vielleicht das bedeutendste Vermächtnis Martin Luther Kings. Die Herausforderung besteht weiter – der Traum lebt fort.

Auswahlbibliographie

Arrington, Karen/William L. Taylor (Hg.): *Voting Rights in America. Continuing the Quest for Full Participation,* Washington DC, Joint Center for Political and Economic Studies 1992.

Branch, Taylor: *Parting the Waters. America in the King Years, 1954-1963,* New York 1988.

Branch, Taylor: *Pillar of Fire. America in the King Years, 1963-1965,* New York 1998.

Cowan, Tom/Jack Maguire (Hg.): *Timelines of African American History,* New York 1994.

Crawford, Vicki (Hg.): *Women in the Civil Rights Movement,* Indiana University Press 1993.

D'Souza, Dinesh: *The End of Racism: Principles for a Multiracial Society,* New York 1995.

Davidson, Chandler/Bernard Grofman (Hg.): *Quiet Revolution the South. The Impact of the Voting Rights Act, 1965-1990,* Princeton University Press 1994.

Franklin, John Hope/Alfred A. Moss, Jr.: *From Slavery to Freedom. A History of African Americans,* New York, 6. Aufl. 1988.

Garrow, David J.: *We Shall Overcome. The Civil Rights Movement in the United States in the 1950s and 1960s,* 3 Bde., New York 1989.

Gitlin, Todd: *The Twilight of Common Dreams. Why America Is Wracked By Cultural Wars,* New York 1995

Graubard, Stephen R. (Hg.): *Daedalus. An American Dilemma Revisited,* Bd. 124, Nr. 1, Proceedings of the American Academy of Arts and Sciences, Winter 1995.

Hacker, Andrew: *Two Nations: Black and White, Separate, Hostile, Unequal,* New York 1992.

Hamilton, Donna Cooper/Charles V. Hamilton: *The Dual Agenda. Race and Social Welfare Policies of Civil Rights Organizations,* Columbia University Press 1997.

Jacoby, Tamar: *Someone Else's House. America's Unfinished Struggle for Integration,* New York 1998.

Kahlenber, Richard D.: *The Remedy. Class, Race, and Affirmative Action.* New York 1996.

Lawson, Steven F.: *Running for Freedom. Civil Rights and Black Politics in America Since 1941,* Temple University Press 1991.

Marable, Manning: *Black American Politics. From the Washington Marches to Jesse Jackson,* New York 1993.

Marable, Manning: *Black Leadership*, Columbia University Press 1998.

Patterson, Orlando: *The Ordeal of Integration. Progress and Resentment in America's »Racial« Crisis,* Washington D.C. 1997.

Payne, Charles: *I've Got the Light of Freedom. The Organizing Tradition and the Mississippi Struggle, University of California Press 1995.*

Scharenberg, Albert: *Schwarzer Nationalismus in den USA. Das Malcolm X-Revival,* Münster 1998.

Spann, Girardeau A.: *Race Against the Court. The Supreme Court and Minorities in Contemporary America,* New York University Press 1993.

Steinberg, Stephen: *Turning Back. The Retreat from Racial Justice in American Thought and Policy,* Boston 1995.

Swain, Carol M.: *Black Faces, Black Interests. The Representation of African Americans in Congress,* Harvard University Press 1993.

Thernstrom, Stephen/Abigail Thernstrom: *America in Black and White. One Nation Indivisible,* New York 1997.

Waldschmidt-Nelson, Britta: *From Protest to Politics: Schwarze Frauen in der Bürgerrechtsbewegung und im Kongreß der Vereinigten Staaten,* Frankfurt/M. 1998.

Waldschmidt-Nelson, Britta: *GegenSpieler: Martin Luther King – Malcolm X.* Frankfurt/M., Mai 2000.

Ward, Brian/Tony Badger (Hg.): *The Making of Martin Luther King and the Civil Rights Movement,* London 1996.

Williams, Juan: *Eyes on the Prize. America's Civil Rights Years, 1954-1965,* New York 1987.

Wilson, William J.: *The Truly Disadvantaged. The Inner City, the Underclass, and Public Policy,* University of Chicago Press 1987.

Stichwort Nation – am Beispiel der Schweiz

Bruno Schoch

»Tatsächlich kommt es zu den ersten offenen Bekundungen der Idee der Nation im Namen eines lokalen Geistes, der sich gegen den übermächtigen Einfluss des französischen Geistes zur Wehr setzen will – und zwar in der Schweiz seit den ersten Jahrzehnten des 18. Jahrhunderts.«

Federico Chabod 1961[1]

»Wenn das Prinzip der Nationalität anerkannt würde, wäre die Existenz der Schweiz vernichtet!«

Bundesrat Jakob Stämpfli 1862[2]

»Stichwort Nation« – das ist ein weites Feld. Und es soll ausgerechnet am Beispiel eines Landes entfaltet werden, das einem zumal in Deutschland weitverbreiteten Verständnis nach gar keine ist – hat doch die Schweiz nicht einmal eine richtige Nationalsprache, sondern mehrere, wie schon der flüchtige Blick auf jede Banknote zeigt. Was der Deutschschweizer unter *national* versteht, nennt der Romand oder Welsche, ein Terminus, dem hier jeder pejorative Unterton fehlt, *fédéral*. Auch der Amtsname, Schweizerische Eidgenossenschaft oder *Confoederatio Helvetica* – bekannt vom CH des Autokennzeichens – trägt sichtlich die Spuren ihrer Entstehungsgeschichte als Bund souveräner Stadtrepubliken und agrarischer Gemeinwesen. Die Schweiz besteht aus 23 Kantonen, deren staatsrechtliche Selbstständigkeit die der deutschen Länder übertrifft: Sie haben nicht nur ihre je eigene Verfassung, parlamentarische Vertretung, Regierung sowie ihr Schul- und Bildungssystem, sondern bestimmen auch ihre Amts-

1 Federico Chabod: *L'idea di nazione*, neu hg. von Armando Saitta und Ernesto Sestan, Bari 1993, S. 26. [eigene Übers., B.S.]

2 Im Juli 1862 in der Parlamentsdebatte über irredentistische Ansprüche in Italien auf das Tessin, hier zitiert nach Guido Hunziker: *Die Schweiz und das Nationalitätsprinzip im 19. Jahrhundert. Die Einstellung der eidgenössischen Öffentlichkeit zum Gedanken des Nationalstaates*, Basel und Stuttgart 1970, S. 118.

sprachen und ihr Verhältnis zu den Kirchen und besitzen die Steuerhoheit. Das kleine Land ist somit vielfältig staatlich gegliedert, der verbreitete Parochialismus als »Kantönligeist« sprichwörtlich. Zumindest was seine komplizierten politischen Verhältnisse angeht, trifft ein gern erzählter Witz den Nagel auf den Kopf: Auf die Frage, woher in der Schweiz die Kinder kommen, antwortet ein Schüler: »Da isch vo Kanton zo Kanton andersch.«

Die Schweiz wird seit eh und je herangezogen, wenn über Wesen und Gehalt des Nationalen nachgedacht und gestritten wird. Schon Jean-Jacques Rousseaus Vorschläge, die Freiheitsliebe der Polen oder der Korsen mittels Patriotismus, nationaler Erziehung und Brauchtum zu fördern, waren – wie es im *Gesellschaftsvertrag* einleitend heißt – geprägt von seinen Erfahrungen »als Bürger eines freien Staates und Mitglied des Souveräns«[3]. Und Ernest Renan fragte 1883 in seinem berühmten Vortrag »Qu'est-ce qu'une nation?«, warum Holland eine Nation sei, nicht aber Hannover, warum die uneinheitliche Schweiz, nicht aber die homogene Toskana.[4] Seit die ethnisch grundierte Nation in Ost- und Südosteuropa aufs Neue allenthalben im Schwange ist, beginnt die Schweiz wieder zu stören. Sie passt nicht ins gängige Bild einer Welt ethnischer Nationalstaaten. Das ist zwar nachweisbar ein Zerrbild, da man ethnisch homogene Staaten an zwei Händen abzählen kann, besitzt aber offenbar eine Suggestivkraft, an der alle Hinweise auf die realen Verhältnisse abperlen. Unlängst tat sogar ein reflektierter Intellektueller wie Timothy Garton Ash, als er für die ethnische Separation im Kosovo mit dem Argument plädierte, der Wunsch nach ethnischer Homogenität sei nun einmal der Lauf der europäischen Nationalstaatsbildung seit dem Mittelalter, das klassische Gegenbeispiel spürbar unwillig ab: »Yes, I know, there's still trination Switzerland, God bless her.«[5] Auch Benedict Andersons kluges Buch *Die Erfindung der Nation,*

3 Jean-Jacques Rousseau: »Der Gesellschaftsvertrag« (1761), in: *Kulturkritische und politische Schriften* in zwei Bänden, hg. von Martin Fontius, Berlin 1989, Bd. 1, S. 382.

4 Ernest Renan: *Was ist eine Nation? Und andere politische Schriften,* hg. von Walter Euchner, Bozen 1995, S. 46.

5 Timothy Garton Ash: »Cry, the Dismembered Country«, in: *New York Review of Books,* 14. Januar 1999, S. 33.

dem die neue Nationalismusforschung vieles verdankt, kam nicht um das Land herum, dessen »sprachliche Vielfalt so oft als Knüppel gegen die Befürworter von sprachlich fundierten Nationalismustheorien benutzt wird«[6]. Er wollte seine Mehrsprachigkeit damit erklären, dass die Schweiz bis zum Zweiten Weltkrieg ein rückständiges Agrarland gewesen sei. Zwar entspricht diese Vorstellung vom armen Land der Hirten und Bauern einem beliebten Topos, den die aufklärerische Reiseliteratur im 18. Jahrhundert erzeugte und den heute die Tourismusindustrie als Klischee hätschelt; doch trotz Milka-Kuh, Heidi und Appenzeller Sennentrachten gehörte vor dem Durchbruch der mechanisierten Baumwollspinnerei im 18. Jahrhundert in England die Schweiz in der Textilindustrie, *dem* Schwungrad der Frühindustrialisierung, und in der Mitte des 19. Jahrhunderts dann generell zu den Pionieren der kontinentalen Industrialisierung.[7]

Die Schweiz muss es in sich haben: Mal soll sie die moderne Nation erfunden haben, dann wiederum ist sie gar keine, schließlich soll sie gar aus drei Nationen bestehen. Die erste Auffassung vertrat der italienische Historiker Federico Chabod. Er führte zahlreiche Belege aus der schweizerischen Aufklärungspublizistik an, die ihn zu dem Schluss gelangen ließen, die Idee der Nation habe ihre erste Ausprägung im frühen 18. Jahrhundert in der Schweiz gefunden. Die charakteristische Mélange aus Freiheitspathos, Republikanismus, heroisierender Nationalgeschichte und patriotischer Heimat- und Alpenliebe sah er als Prototyp der modernen Nation.[8] Nachdem aber die nationale Einigung Italiens und Deutschlands die politische Landkarte Europas von Grund auf umgekrempelt hatte und der ethnisch fundierte Nationalismus sowie das so genannte Nationalitätsprinzip, demzufolge sich ethnonationale und politische Grenzen decken sollen, Schule machte, fehlte es nicht an Stimmen, die der Schweiz den Charakter einer Nation rundweg aberkannten. Giuseppe Mazzini, der

6 Benedict Anderson: *Die Erfindung der Nation*, Frankfurt/M. 1988, S. 135.

7 Vgl. dazu Ulrich Menzel: *Auswege aus der Abhängigkeit. Die entwicklungspolitische Aktualität Europas*, Frankfurt/M. 1988, S. 31-158, für das 19. Jahrhundert Eduard Fueter: *Die Geschichte der Schweiz seit 1848. Geschichte, Politik, Wirtschaft*, Zürich und Leipzig 1928.

8 Vgl. Federico Chabod, a.a.O., S. 17-35.

Prophet der italienischen Nation und eines Europas homogener Nationalstaaten, aber auch deutsche Publizisten unterschiedlicher Couleur seit dem Vormärz schlugen vor, sie unter richtige Nationen aufzuteilen[9], was immer heftige eidgenössische Proteste auslöste. Bis heute geistern in der Fachliteratur[10] oder implizit in Konzepten, die mit dem »Schweizer Modell« einer »Kantonalisierung« Nationalitätenkonflikte lösen wollen[11], Vorstellungen herum, sie sei aus mehreren Nationen oder Nationalitäten zusammengesetzt. Die erste Nation, überhaupt keine, eine Föderation aus mehreren Nationen – die Konfusion ist groß.

Wie der Begriff der Nation im Englischen und Französischen gern synonym mit dem des Staates verwendet wird, während beide in der deutschen Tradition unterschieden sind und Nation bis zur Austauschbarkeit eng mit Volk konnotiert ist, hat auch das Adjektiv *national* einen Doppelsinn und kann sich sowohl auf den Gesamtstaat als auch auf die Ethnie beziehen. Beim Thema *Nationalität* kann der Dialog zwischen einem Deutschen und einem Schweizer ins Stocken geraten. Insistierendes Nachfragen, welcher eigentlichen Nationalität der Schweizer Staatsbürger denn nun angehöre, stößt auf Unverständnis. Eine eigentliche Nationalität? Der Schweizer, in diesem Punkt begriffsstutzig, wird in der Regel seine Heimatgemeinde anführen, deren Bürger er ist, und seinen Kanton. *Nationalität* meint offenbar zweierlei: zum einen Staatsangehörigkeit, zum andern eine sprachlich oder ethnisch definierte Gruppe – die Volksgruppe, wie das hieß, bevor der Terminus von der völkischen Diskriminierungs- und Ausrottungspolitik kontaminiert wurde. Die Äquivokation verweist auf zwei entgegengesetzte Auffassungen von Nation. Sie kehren in der

9 Unter anderem die in die Schweiz geflohenen Vormärzintellektuellen Julius Fröbel und Karl Follen, später der Kathedersozialist Adolph Wagner. Vgl. dazu meinen Aufsatz »Helvetische Abgrenzungen im 19. Jahrhundert«, in: Dan Diner (Hg.): *Tel Aviver Jahrbuch für deutsche Geschichte 1997: Deutschlandbilder*, Gerlingen 1997, S. 25-60.

10 Etwa bei Peter Alter: *Der Nationalismus*, Frankfurt/M. 1985, S. 21.

11 Beispielsweise in Bosnien oder auf Zypern. – In Wirklichkeit sind die Schweizer Kantone weder bloße Verwaltungseinheiten noch ethnische Größen, wie allein die Existenz mehrsprachiger Kantone bezeugt. Ausführlich dazu Bruno Schoch: *Die Schweiz – ein Modell zur Lösung von Nationalitätenkonflikten?* HSFK-Report 2/1998.

Literatur unter wechselnden Bezeichnungen wieder: Der Historiker Friedrich Meinecke unterschied in seiner berühmten Studie *Weltbürgertum und Nationalstaat* Staatsnation und Kulturnation; Hans Kohn und Carlton J. Hayes, die Väter der älteren Nationalismusforschung, differenzierten zwischen einem »subjektiven«, »politischen«, »westlichen« oder »rationalen« Nationsverständnis und der angeblich »objektiven«, ethnisch grundierten oder »irrationalen« Auffassung in Mittel- und Osteuropa; heute ist gern vom Gegensatz zwischen *civil nationalism* und Ethnonationalismus die Rede.[12] Der Soziologe Rainer M. Lepsius hat den Unterschied als den von *Staatsbürgernation* und *Volksnation* auf den Begriff gebracht. Während jene auf einer politischen Bürgergesellschaft mit ihren individuellen Freiheitsrechten und demokratischen Institutionen beruht, versteht diese die Nation als eine in Ethnie, Sprache oder Kultur gründende vorpolitische Volkszugehörigkeit.[13]

Nun ist zumindest in der Nationalismusforschung heute kaum noch strittig, dass Nationen nicht mit »primordialen«, »natürlichen« oder »objektiven« Kriterien definiert werden können, wie man lange meinte – und wie immer noch allzu viele glauben. Das kritisierte schon Ernest Renan, als er im Kontext des deutsch-französischen Krieges von 1870-1871 und der Annexion Elsass-Lothringens nach dem Wesen der Nation fragte. Er klopfte die geläufigen Faktoren wie Rasse – heute würden wir sagen: Ethnizität –, Sprache, Religion, Interessen, Geographie, Grenzen, strategische Gegebenheiten und Territorium auf ihre nationsbildende Potenz ab und gelangte zu dem Ergebnis, dass sie alle nicht ausreichten. Renan bestimmte die Nation als »eine Seele, ein geistiges Prinzip«, das aus zweierlei bestehe: »Das eine ist der gemeinsame Besitz eines reichen Erbes an Erinnerungen, das andere das

12 Vgl. Friedrich Meinecke: *Weltbürgertum und Nationalstaat. Studien zur Genesis des deutschen Nationalstaates*, München-Berlin 1922 (6. Aufl.); Hans Kohn: *Die Idee des Nationalismus. Ursprung und Geschichte bis zur Französischen Revolution*, Heidelberg 1950; Carlton J. Hayes: *Nationalismus*, Leipzig 1929; unter den neueren Studien, die diesem Gegensatz verpflichtet sind, sei stellvertretend genannt Liah Greenfield: *Nationalism. Five Roads to Modernity*, Harvard University Press, Cambridge, Mass. und London 1992.

13 Vgl. Rainer M. Lepsius: »Nation und Nationalismus in Deutschland«, in: ders., *Interessen, Ideen und Institutionen*, Opladen 1990, S. 232-246.

gegenwärtige Einvernehmen, der Wunsch zusammenzuleben, der Wille, das Erbe hochzuhalten, welches man ungeteilt empfangen hat. ... Eine Nation ist also eine große Solidargemeinschaft, getragen von dem Gefühl der Opfer, die man gebracht hat, und der Opfer, die man noch zu bringen gewillt ist. ... Die Existenz einer Nation ist – erlauben Sie mir diese Metapher – ein Plebiszit, das sich jeden Tag wiederholt, so wie die Existenz eines Individuums eine dauernde Bestätigung des Lebensprinzips ist.«[14] Diese klassische Definition umfasst mehr als ihre gängige Reduktion auf das *plébiscite de tous les jours*. Sie hat dem angeblich rationalistischen Renan gern entgegengehalten, die offenkundige emotionale Wirkungsmacht der Nation verbiete ihre Gleichsetzung mit einem Verein, in den jeder nach Belieben ein- und austreten kann. Das wusste er auch. Sein viel zitierter, aber selten gelesener Vortrag hat die Einsicht von der Nation als einer »gedachten Ordnung«, wie Max Weber das nennen sollte, vorweggenommen. Sie schöpft ihre Kraft zur Kohäsion atomisierter, unterschiedliche Interessen verfolgender Individuen nicht aus der *realen* gemeinsamen Herkunft, sondern aus dem *Glauben* daran und aus dem Willen.[15] Deshalb ist die Nation keine Substanz, sondern eine gesellschaftlich-kulturell definierte Vorstellung von Gemeinsamkeit. Benedict Anderson hat dafür die prägnante Formel geprägt, die Nation sei »eine politisch vorgestellte Gemeinschaft, vorgestellt als begrenzt und souverän«[16].

Was immer der Begriff der Nation seit dem Spätmittelalter bedeutete, am Ende des 18. Jahrhunderts erhielt er eine prinzipiell neue Bedeutung.[17] Am Anfang des modernen Nationsbegriffs steht »die demokratische Revolution«.[18] Zuerst brach sich das

14 Ernest Renan, a.a.O., S. 56f.

15 Vgl. Emerich Francis: *Ethnos und Demos. Soziologische Beiträge zur Volkstheorie*, Berlin 1965 sowie Rainer M. Lepsius, a.a.O., S. 247-255.

16 Benedict Anderson, a.a.O., S. 15.

17 Umfassend dazu Reinhart Koselleck: »Volk, Nation, Nationalismus, Masse«, in: O. Brunner, W. Conze und R. Koselleck (Hg.): *Geschichtliche Grundbegriffe. Historisches Lexikon zur politisch-sozialen Sprache in Deutschland*, Bd. 7, Stuttgart 1992, S. 141-432.

18 R. R. Palmer: *Das Zeitalter der demokratischen Revolution. Eine vergleichende Geschichte Europas und Amerikas von 1760 bis zur Französischen Revolution*, Frankfurt/M. 1970.

Prinzip der Volkssouveränität in der amerikanischen Revolution Bahn, hier konstituierte sich die Nation als verfassungsgebende Gewalt. Das Wunder der auf der Freiheit gleicher Individuen beruhenden Republik, die »amerikanische Freiheit« und ihr politischer Kern, die souveräne Nation, besaßen in Europa einen durchschlagenden »Demonstrationseffekt«[19]. Das Volk als aus eigener Kraft Recht setzende Gewalt war nun keine bloß philosophische Idee mehr, sondern eine praktische Möglichkeit. Vollends mit der Französischen Revolution avancierte die Nation dann zum Zauberwort. Der Souveränität des Fürsten entgegengesetzt, verstand sich der Dritte Stand, der den berühmten Worten des Abbé Sieyès zufolge alles ist und sich zur Nation konstituiert, als politisch verfasstes Staatsvolk freier, politisch gleicher Bürger. Von ihm allein geht alle legitime Macht aus, wie es in der von der *Assemblée nationale* feierlich verabschiedeten *Déclaration de l'homme et du citoyen* ausdrücklich heißt: »Le principe de toute souveraineté réside essentiellement dans la nation. Nul corps, nul individu ne peut exercer de l'autorité qui n'en émane expressément.«[20]

Seit der demokratischen Revolution ist der Begriff des Volkes zweifach konnotiert: als Souverän ist es die einzige Quelle aller politischen Legitimität (*demos*), nach seiner Herkunft und in Unterscheidung von anderen ist es Zugehörigkeit (*ethnos*). Dies birgt im Grunde das politisch schillernde Kaleidoskop des modernen Nationalismus, der zu teleologischen Kontinuitätskonstruktionen neigt, welche die Nation als seit jeher existierenden geschichtlichen Akteur unterstellen – in Wirklichkeit eine *post festum*-Projektion des modernen, souveränen *demos* in graue Vorzeiten. Da am Ende des 18. Jahrhunderts Flugschriften, Zeitungen und Zeitschriften in Europa ebenso rasch zunahmen wie das lesende

19 So Reinhard Bendix: *Könige oder Volk. Machtausübung und Herrschaftsmandat*, Frankfurt/M. 1980, Bd. 1, S. 28 und Bd. 2, S. 41. Zur Amerikabegeisterung der französischen Aufklärer, die sich verknüpfte mit der Feindschaft gegen England im Zeichen des Krieges, vgl. auch R. R. Palmer, a.a.O., S. 257-305.

20 Hier zitiert nach Peter Graf Kielmannsegg: *Volkssouveränität. Eine Untersuchung der Bedingungen demokratischer Legitimität*, Stuttgart 1976, S. 16. Die Volkssouveränität als Fundament der modernen Nation steht im Mittelpunkt der noch immer instruktiven Studie von Heinz Ziegler: *Die moderne Nation. Ein Beitrag zur politischen Soziologie*, Tübingen 1931.

Publikum, sprach sich die Französische Revolution noch schneller herum als die der neuen Welt. »Ein herrlicher Sonnenaufgang«, wie Hegel begeistert formulierte. Hinzu kam, dass die Revolutionskriege die Verhältnisse der Ancien Régimes auf dem ganzen Kontinent zum Tanzen brachten. Beides trug dazu bei, dass das Vorbild von 1789, Kant zufolge, »zu sehr mit dem Interesse der Menschheit verwebt und ihrem Einflusse nach auf die Welt in allen ihren Teilen so ausgebreitet« war, um nicht unter günstigen Umständen »zur Wiederholung neuer Versuche dieser Art« zu animieren.[21] Gerade dadurch, als Reaktion auf das leuchtende Vorbild und aus der handfesten Berührung mit der französischen Okkupation bildeten sich anders geartete, eigene Modelle heraus[22], das folgenreichste in Deutschland mit seiner Politisierung des Volksbegriffs. Entstanden als Reaktion auf Revolution und Okkupation, kaschierten seine Vagheit und romantisch-emotionale Aufladung, dass staatsbürgerliche Gleichheit und politische Freiheit noch auf sich warten ließen: »›Volk‹ wird gleichsam ein spezifisch deutscher Kompensationsbegriff, der einlösen sollte, was der französische Nachbar mit ›nation‹ nicht nur auf den Begriff gebracht hatte, sondern auch verwirklicht zu haben schien.«[23] Der Ideengeschichtler Heinz Gollwitzer pointierte: »Dem aus französischer Wurzel hervorgegangenen Nationalismus der Volkssouveränität stand der in Deutschland beheimatete Nationalismus der Volksintegrität gegenüber.«[24] Dieser trat in Widerspruch zum revolutionären Vorbild, da er sich nicht nur gegen die napoleonische Fremdherrschaft richtete, sondern bald auch gegen die Revolution. Zusammen mit Aufklärung, Rationalismus und Naturrecht geriet sie zur »welschen« Negativfolie, vor der sich das Selbstbild der deutschen Nation abhob. Im Zeichen dieser »Franzosenfresserei« wurde Johann Gottfried Herder seiner aufklärerischen Grundhal-

21 Immanuel Kant: »Streit der Fakultäten«, 1798, hier zitiert nach Klaus Träger, (Hg.): *Die französische Revolution im Spiegel der deutschen Literatur*, Frankfurt/M. 1975, S. 302.

22 Benedict Anderson, a.a.O., S. 72-87. Später spricht er von einer »Aufeinanderfolge von Modellen«, S. 115.

23 Reinhart Koselleck: »Volk, Nation, Nationalismus, Masse«, S. 149.

24 Heinz Gollwitzer: *Europabild und Europagedanke. Beiträge zur deutschen Geistesgeschichte des 18. und 19. Jahrhunderts*, München 1964 (2.Aufl.), S. 173.

tung entledigt und in einen romantischen Künder des Volkes und des Volkstums umgedeutet.[25]

Anders in der Schweiz. In der Helvetischen Revolution 1798 erhoben sich die Untertanengebiete und abhängigen Orte, um individuelle Emanzipation nach französischem Vorbild und politische Gleichberechtigung mit den souveränen alteidgenössischen Republiken einzufordern. Das geschah oft noch vor dem Einmarsch der französischen Armeen, die von vielen begeistert begrüßt wurden. Die neuen revolutionären Vertretungskörperschaften nannten sich meist *Assemblée nationale.* »Nationalversammlungen« in Genf, Basel, Schaffhausen oder im Unterwallis etc.[26] geben ein beredtes Zeugnis davon, wie eindeutig damals »national« noch nichts als konstitutionell bedeutete. In der Helvetischen Republik wurde erstmals eine Schweizer Nation proklamiert und zentralistisch organisiert. Von außen angestoßen, war sie indes keine *creatio ex nihilo,* als die der Terminus der »Erfindung« oft falsch verstanden wird.[27] Vielmehr rekurrierte man auf ältere populäre Vorstellungen. Schon die Schweizer Aufklärer des 18. Jahrhunderts verbanden ihr Engagement für individuelle Freiheitsrechte, politische Gleichheit und einen neuen gesamtschweizerischen Patriotismus gern mit den alten Gründungsmythen: Wilhelm Tell, Rütlischwur, Winkelried, Burgensturm und alte »Schweizer Freiheit«. Der Helvetismus, wie die aufklärerische Erneuerungsbewegung nach der 1761 gegründeten »Helvetischen Gesellschaft« genannt wird, stellte mit seinen Zeitschriften und Lesegesellschaften erstmals eine politische Öffentlichkeit mit gesamtschweizerischem Anspruch her. Er feierte hymnisch die Naturschönheiten der Heimat, besonders die neuentdeckte Erhabenheit der Alpen. In diese projizierte man auch den Topos vom *bon sauvage:* in

25 Vgl. dazu Michael Jeismann: *Das Vaterland der Feinde. Studien zum nationalen Feindbegriff und Selbstverständnis in Deutschland und Frankreich 1792-1918*, Stuttgart 1992.

26 Vgl. die exzellente Studie von Holger Böning: *Der Traum von Freiheit und Gleichheit. Helvetische Revolution und Republik (1798-1803) – Die Schweiz auf dem Weg zur bürgerlichen Demokratie*, Zürich 1998, S. 1-98.

27 Eric Hobsbawm und Terence Ranger (Hg.): *The Invention of Tradition*, Cambridge 1983. Das ist auch das Problematische an der deutschen Übersetzung des Titels von Benedict Andersons Buch, der im Original lautet: *Imagined Communities. Reflections on the Origin and Spread of Nationalism.*

Gestalt des einfachen und freien Bergbewohners, des *homo alpinus* mit seinen unverfälschten, urigen Bräuchen. Der Waadtländer Pfarrer Philippe-Sirice Bridel brachte das auf die Formel: *ex alpibus salus patriae.*[28] Eine an der Antike orientierte republikanische Tugendlehre, gegen die aristokratische Ordnung der alten Eidgenossenschaft gerichtet, bediente sich zur Erweckung eines neuen Gemeinsinns einer breitenwirksamen Nationalhistoriographie. Sie verklärte die Gründungslegenden zur Antizipation moderner Freiheit, wie sie die Alpen mit sakralem Pathos auflud und zum natürlichen, von Gott geschaffenen Schutzschirm der Nation stilisierte – ideologische Konstrukte, die bis heute zum populären Eigenbild gehören und der nationalen Integration dienen.

1798 beginnt auch die mehrsprachige Schweiz. Das Direktorium erließ sämtliche Gesetze dreisprachig. Wichtiger war, dass die ehedem untertänigen Tessiner und Romands in den Verfassungs- und Territorialkonflikten zwischen 1798 und 1815 mehrfach für ihre Gleichberechtigung als Schweizer eintraten und sich der Annexion durch die gleichsprachigen Nachbarstaaten widersetzten. »Die Sprache lädt zur Vereinigung ein, sie erzwingt sie nicht«, denn »beim Menschen gibt es etwas, das der Sprache übergeordnet ist: den Willen«, formulierte Renan.[29] Herbert Lüthy hat in einem brillanten Essay diese Entscheidung der sprachlichen Minderheiten das »wohl größte Wunder« in der Schweizer Geschichte und »das Geburtsdatum der modernen Schweiz« genannt.[30] Es lässt sich aus drei Faktoren erklären. Zum einen trug in großen Teilen des Welschlands der calvinistische Protestantismus zur Abgrenzung vom katholischen und monarchischen Frankreich wie zur schweizerischen Integration bei. Politologen nennen das Auseinanderfallen von sprachlichen und religiösen Grenzen *overlapping memberships* oder *cross-cutting cleavages.*[31] Zum anderen

28 Hier zitiert nach Guy P. Marchal und Aram Mattioli: *Erfundene Schweiz. Konstruktionen nationaler Identität. La Suisse imaginée. Bricolages d'une identitée nationale*, Zürich 1992, S. 17. Vgl. zum Helvetismus neben der schon genannten Studie von Holger Böning auch das reiche Material bei Markus Im Hof: *Mythos Schweiz. Identität – Nation – Geschichte 1291-1991*, Zürich 1991, S. 85-111.

29 Ernest Renan, a.a.O., S. 52.

30 So Herbert Lüthy: *Die Schweiz als Antithese*, Zürich 1969, S. 11f.

31 Vgl. Arend Lijphart: »Consociational Democracy«, in *World Politics*, Bd. 21, Januar 1969, S. 207-225.

gründete diese Entscheidung in der Aussicht auf ein höheres Maß an politischer Partizipation – sie schien im kleinräumigen Kanton der nach der Helvetik bald wieder föderalen Schweiz größer als in vergleichsweise riesigen, hyperzentralistischen Einheitsstaaten. Hinzu kamen schließlich antimonarchische Reflexe: »Ein Republikaner ist aus dem einfachen Grunde stets enger mit seinem Vaterland verbunden als ein Untertan mit dem seinen, weil man das Eigene mehr als seinen Herrn liebt«, wusste schon Voltaire.[32]

1848 gelang es der Schweiz nach dem Sonderbundkrieg, eine fast fünfzigjährige revolutionäre Umbruchperiode aus eigener Kraft zu beenden und im modernen, föderalistischen Bundesstaat die bürgerliche Emanzipation und die alteidgenössische Bundestradition souveräner Orte miteinander zu versöhnen. Die siegreichen Schweizer Radikalen unterstützten die revolutionäre nationale Bewegung in Italien und Deutschland anfangs aus ganzem Herzen, Einzelne beteiligten sich auch bewaffnet als Freiwillige. Doch wurden sie bald durch großdeutsche Töne oder italienische Annexionsgelüste vor den Kopf gestoßen. In der Paulskirche tauchten nationalistische Kraftmeiereien auf, die später bei der Rechten wiederkehren: Die Klage über »abtrünnige Gaue am Quell und an der Mündung des Rheins«, Appelle an »die deutsche Ehre«, Deutschlands Macht und die Kraft seines Schwerts.[33] Solche sprachlich oder ethnisch begründeten Ansprüche empfand man in der Schweiz als bedrohlich. Bundesrat Segesser schlug wiederholt vor, das Recht auf nationale Selbstbestimmung als demokratisches »Selbstkonstituierungsrecht« zu verstehen, um es gegen seine ethnische Verengung abzugrenzen.[34] Mit ihrem neuen Bundesstaat fühlten sich die Schweizer Radikalen zugleich allen Nachbarn, bei denen die Revolution von 1848 gescheitert

32 Hier zitiert nach Hans Kohn: *Die Idee des Nationalismus,* Heidelberg 1950, S. 301 [eigene Übers., B.S.].

33 Wilhelm Mommsen: *Größe und Versagen des deutschen Bürgertums. Ein Beitrag zur politischen Bewegung des 19. Jahrhunderts, insbesondere zur Revolution 1848/49,* München 1964 (2. Aufl.), S. 113-115; ferner Dieter Langewiesche (Hg.): *Die deutsche Revolution von 1848/49,* Darmstadt 1983, vor allem die Beiträge von Hans Rothfels und Günther Wollstein.

34 Zitiert nach Guido Hunziker, a.a.O., S. 79.

war, deutlich überlegen. Das sollte sich indes ändern, als im letzten Drittel des 19. Jahrhunderts das Nationalitätsprinzip in Europa überhand nahm: Ungeachtet dessen, dass die nationalstaatliche Einigung Italiens und Deutschlands von Piemont und Preußen erzwungen worden waren, machte die nationale Perzeption der Ereignisse Schule. Damit veränderte sich die Lage der Schweiz zweifach. Einmal war sie jetzt ein Kleinstaat, angrenzend an drei große Nationalstaaten und die Donaumonarchie; zum anderen war sie sich angesichts des rundherum triumphierenden Ethnonationalismus und des geradezu als Naturgesetz erscheinenden Nationalitätsprinzips ihres eigenen nationalen Charakters zusehends weniger sicher.

Im Ersten Weltkrieg fielen das, was die Schweizer im Anschluss an Renan gern ihre »Willensnation« nennen[35], und die sprachlich-kulturell begründeten Sympathien und Antipathien der Romands und der Deutschschweizer auseinander. Dadurch wurde ein Graben zwischen dem Welschland und der deutschsprachigen Schweiz aufgerissen, wie es ihn niemals zuvor und auch seither nie wieder gegeben hat. Als der Schriftsteller Carl Spitteler ihn 1915 mit seiner Mahnung zur patriotischen Einheit zu überbrücken versuchte, ging er von dem Gefühl eines nationalen Defizits aus: »Wir haben nicht dasselbe Blut, nicht dieselbe Sprache, wir haben kein die Gegensätze vermittelndes Fürstenhaus, nicht einmal eine eigentliche Hauptstadt. Das alles sind, darüber dürfen wir uns nicht täuschen, Elemente der *politischen Schwäche*.«[36] Der Stolz von 1848 war seit dem späten 19. Jahrhundert einem Neid auf Nationen gewichen, die auf einer vermeintlich natürlichen Grundlage ruhten.

So schrieb Carl Hilty 1875: »Weder nach Raçe, noch nach Sprache, noch nach Geschichte bilden die Völker der heutigen Eidgenossenschaft ein altherkömmliches Ganzes. Ihr Zusammenschluss beruht auf einem politischen Gedanken von neuerem Datum, ihre Nationalität ist noch heute *nur* das Werk einer

35 Wer diesen Begriff geprägt hat, weiß ich nicht. Manche schreiben ihn Denis de Rougemont zu.

36 Carl Spitteler: *Unser Schweizer Standpunkt*, Zürich 1915, S. 8 [Hervorh. von mir, B.S.].

Idee.«[37] Und Karl Dändliker bedauerte 1884 in seiner *Schweizer Geschichte:* »Das Schweizervolk genoss also nicht den Vorzug, dessen sich seine Nachbarn erfreuen: eine Nation im wahren und buchstäblichen Sinne des Wortes, d.h. ein sprachlich und ethnisch einheitliches Gebilde zu sein. Der Schweizerstaat ist nicht eine von Natur gegebene Schöpfung, sondern das Produkt rein geschichtlicher Verumständungen.«[38]

Der Rekurs auf die Natur besitzt, wie man aus dem naturalisierten Marxismus in der Sozialdemokratie im späten 19. Jahrhundert und im Marxismus-Leninismus weiß, im Zeitalter der Wissenschaftsgläubigkeit eine durch nichts zu überbietende Legitimationskraft. Bei diesem Mangel konnte und wollte man es in der Schweiz nicht bewenden lassen, sondern suchte ihn mittels verschiedener Strategien zu kompensieren. Sie sollten sowohl der Fliehkraft des Ethnonationalismus entgegenwirken als auch in Zeiten wachsender sozialer Gegensätze die sozialintegrative Wirkung der staatlich betriebenen »Nationalisierung der Massen« (George L. Mosse) nutzen. Zu diesen kompensatorischen Ideologisierungen, die teilweise bis in die Gegenwart wirken, zählen: Die eigene »übernationale« Willensnation wird zu etwas moralisch Besserem stilisiert, als sittliche Überwindung bloß natürlicher Größen wie Stämme, Rassen oder Ethnien. Ferner gilt die Neutralitätspolitik als vorbildliche Friedenspolitik, die man ungeachtet unzähliger Landsknechte, die das Land im Lauf der Jahrhunderte als Söldner exportierte, weit in die Geschichte zurückprojiziert und als Bestandteil schweizerischer Eigenart ausgibt und geradezu sakralisiert, nicht selten in Verbindung mit dem segensreichen Wirken der in Genf ansässigen internationalen humanitären Organisation, die nicht zufällig weltweit unter der spiegelverkehrten Schweizer Nationalfahne agiert. Hinzu kommt, dass die Mehrsprachigkeit der Schweiz in ein geradezu weltgeschichtliches Korrektiv gegen alle nationalstaatlichen Homogenisierungen umgemünzt wird; die friedliche Koexistenz mehrerer

37 Carl Hilty: *Vorlesungen über die Politik der Eidgenossenschaft*, Bern 1875, S. 16 [Hervorh. von mir, B.S.].

38 Hier zitiert nach François de Capitani und Georg Germann (Hg.): *Auf dem Weg zu einer schweizerischen Identität 1848-1914*, Freiburg 1982, S. 25.

Sprachen hat man immer wieder als utopische Antizipation des künftigen Europas empfohlen. Außerdem rekurrierte man abermals auf die ins 16. Jahrhundert zurückreichende Tradition der idealisierten eidgenössischen Gründungsgeschichten und -legenden:[39] Seit dem späten 19. Jahrhundert sind sie in Gestalt von Schulbuchliedern, Tellspielen, Denkmälern, Museen, Schulreisen aufs Rütli, Wallfahrten zu den alten Schlachtorten, Hunderten von jährlichen Reden zu dem 1891 als Nationalfeiertag eingeführten 1. August und der von jedem Ferienhäuschen flatternden Nationalflagge eingegangen in den Alltag: Diese Omnipräsenz nationaler *lieux de mémoire* (Paul Nora) verleihen dem berühmten Renanschen *plébiscite de tous les jours* einen Sinn, der weniger das Plebiszit betont, als die *tagtägliche* Bekräftigung und Wiederholung dessen, was Jean-Jacques Rousseau »Zivilreligion« nannte.[40] Schließlich immer wieder der in unzähligen Liedern und Hymnen besungene Mythos der Alpen, der sich als eherner, natürlicher und ewiger Schutz der Nation zumal in Zeiten nationaler Bedrohung rasch wieder beleben ließ. Das genau tat das »Alpenreduit« während des Zweiten Weltkriegs.[41] *Ex alpibus salus patriae.*

All diese Bemühungen zielen darauf, die eigene, im Zeitalter des Nationalismus offenbar als prekär empfundene Nation durch eine moralische Mission einerseits zu überhöhen und sie andererseits quasi-naturalisierend zu stärken, wobei beides Hand in Hand geht. Die mehrsprachige, konfessionell gespaltene, zudem von Gegensätzen wie dem zwischen Stadt und Land oder dem zwischen Bergbevölkerung und Flachlandagglomerationen geprägte

39 Zum ersten Nationalfeiertag schenkte Wilhelm Oechsli, der erste ETH-Professor für Schweizer Geschichte, seinem Land eine Nationalgeschichte, die bald kanonische Bedeutung gewann: *Die Ursprünge der schweizerischen Eidgenossenschaft.* Gezielt verband sie »Sage, Geschichtsschreibung und Poesie, ... um die Wiege der schweizerischen Eidgenossenschaft mit einem lichten Strahlenkranze heroischer Gestalten und Ereignisse zu schmücken« und beendete damit den Einfluss der kritischen Historiographie, die sich nur auf urkundlich belegbare Aussagen verließ. Vgl. sbu: »Schweizergeschichte als Heimatfilm. Wilhelm Oechsli – Bildmagier im Dienste des Vaterlandes«, in: *Neue Zürcher Zeitung,* 4./5. Dezember 1999, S. 57.

40 *Der Gesellschaftsvertrag*, a.a.O., S. 495-505.

41 Vgl. dazu André Lasserre: »Le peuple des bergers dans son ›Réduit national‹« und Walter Schaufelberger: »Das ›Réduit national‹ 1940, ein militärischer Sonderfall«, beide in: Guy P. Marchal und Aram Mattioli (Hg.): *Erfundene Schweiz*, a.a.O., S. 191-216.

Willensnation ist, wie es scheint, in ganz besonderem Maß auf gemeinsame und gemeinschaftsstiftende Traditionen und Symbole angewiesen. Ob sie eine Zukunft hat, wird sich weisen. Paradoxerweise ist es diesmal weniger der Volksnationalismus, als vielmehr der Erfolg der europäischen Integration, von der sich viele Schweizer verunsichert fühlen und Zuflucht bei den alten nationalen Topoi suchen, derer sich populistische Politiker geschickt zu bedienen wissen. Auch in der Schweiz entspringt der Nationalismus mithin nicht der Vergangenheit, sondern stellt eine Reaktion auf die Gegenwart und Bedrohungen der Zukunft dar. Schon Carlton J. Hayes wusste, dass der Nationalismus als Weltphänomen Hand in Hand mit der Maschine aufkam.[42] Das Rätsel der geheimnisvollen Wirkungsmacht des Nationalen löst sich auch am Beispiel der Schweiz nicht aus den vorgestellten Inhalten der Nation, sondern verweist auf gesellschaftliche Prozesse. Das aber steht auf einem anderen Blatt.

42 Carlton J. Hayes, a.a.O., S. 48.

Ist die menschliche Natur unmenschlich?

Paul Parin

Rache, Hass und Vergeltung haben immer wieder das Verhältnis zwischen den Völkern auf dem Balkan geprägt. Die Politik hat solche Gefühle für ihre Ziele instrumentalisiert. Den drei Phänomenen ist ein besonderer Umgang mit aggressiven Gefühlen gemeinsam. Sie gelten als »anthropologische Konstante« und wirken als Stereotyp; das heißt, dass sie nicht hinterfragt und bei Bedarf abgerufen werden können. Alle drei Begriffe setzen voraus, dass aggressive Gefühle sich nicht sogleich als Wut oder Zorn äußern und in Handlungen abgeführt werden. Hass entsteht aus der Steigerung oder Wiederholung des gleichen Anlasses, wenn der Affekt aus äußeren Gründen oder wegen innerer Hemmnisse nicht zu einer Abfuhr oder Entladung kommen kann. Ethnologen legen beim Studium fremder Kulturen oft eine Art Wörterbuch für *emotional concepts* an, für Bezeichnungen des Gefühlslebens. Bei der Aufzählung aller Gefühlsbezeichnungen in der Sprache der Inuit, kanadischer Festlandeskimos, kommt im ausführlichen kritischen Wörterbuch der Forscherin Jean Briggs auf fünfundfünfzig Seiten Druckseiten »Hass« nicht vor.

Von Rache spricht man, wenn die Tat, die gerächt wird, bereits vollzogen ist. Vergeltung rückt Rache in einen kulturellen Kontext. Vergeltung heißt das Prinzip, Gleiches mit Gleichem zu ahnden. Der Wunsch nach Vergeltung entsteht aus einem Gefühl, das ich mit einem Fremdwort bezeichnen muss: Ressentiment. Gibt es im Deutschen keinen Ausruck für dieses Gefühl, weil wir gewohnt sind, Vergeltung kalt zu üben, objektiv-sachlich, ohne unsere Rachegefühle überhaupt wahrzunehmen?

Mein Gesprächspartner Abinu, ein Pflanzer vom Volk der Dogon in der Malirepublik, hat nicht verstanden, wieso ich mich mit einem Gendarmen nicht in ein freundliches Gespräch einlassen wollte. Die Gendarmerie der Kolonie war eine korrupte Truppe gewesen, die mit Drohungen und Folter Geld erpresst hatte. Mit der Entlassung in die Unabhängigkeit ein halbes Jahr zuvor war die Truppe vollzählig von der Republik Mali übernommen worden und die Gendarmen verhielten sich seither korrekt. Ich erklärte Abinu mein Ressentiment. »Vielleicht ist es gut«, meinte er, »dass Sie so empfinden. Ich kann das nicht. Wenn man mir Übles antut, schlage ich zurück.« Den Dogon ist die Fähigkeit, Aggressionen zurückzuhalten, bis Vergeltung möglich wird, nicht zugänglich.

In der christlichen Lehre hat der Herr erklärt: »Die Rache ist mein.« Die Kirche ist bereit, Vergeltung lange aufzuschieben, vielleicht bis zum Jüngsten Gericht. Wem es nicht gelingt, seinen Nächsten zu lieben, sollte zumindest erlittenes Unbill verzeihen. Das Jenseits ist nicht frei von Vergeltung. Schon vor dem Jüngsten Gericht wird Sünde mit Höllenqualen und Fegefeuer bestraft. Die christlichen Kirchen und der Islam haben den Ausweg gefunden, einzelne Menschen oder ganze Menschengruppen aus der humanen Gemeinschaft auszuschließen: die Juden, die Ketzer und Renegaten und immer wieder jene, die die Gesetze ihres Gottes missachtet haben. Ihnen braucht nicht verziehen zu werden.

Unsere Einstellung gegenüber aggressiven Gefühlen ist längst nicht allein über religiöse Moral geprägt. Doch hat die Aufklärung an der Überzeugung, dass Verzeihen unmöglich ist, wenig geändert. Heinrich Heine, ein aufgeklärter Mann, hat geschrieben: »Gewiss werde ich [meinen Feinden] vor meinem Tode alle Unbill verzeihen, die sie mir im Leben zugefügt haben. Ja, man muss seinen Feinden verzeihen, aber nicht früher, als bis sie gehenkt werden.«

Ob es der Weltöffentlichkeit und dem Internationalen Gerichtshof in Den Haag gelingen wird, statt Vergeltung ein objektiv urteilendes Gesetz anzuwenden und den Wunsch nach Rache zum Verschwinden zu bringen, daran ist zu zweifeln. Sigmund Freud hatte die Zweifel bereits im Jahr 1912 formuliert: »...und die Strafe gibt den Vollstreckern nicht selten Gelegenheit, unter der Rechtfertigung der Sünde dieselbe frevle Tat auch ihrerseits zu begehen.

Es ist dies ja eine der Grundlagen der menschlichen Strafordnung und sie hat, wie gewiss richtig, die Gleichartigkeit der verbotenen Regungen beim Verbrecher wie bei der rächenden Gesellschaft zur Voraussetzung.«[1] Während Freud diese Grundlage der menschlichen Strafordnung als allgemein gegeben annahm, kann die Ethnologie einwenden, dass unsere Strafordnung nicht das einzige Mittel ist, das Menschen erfunden haben, um mit frevlen Taten umzugehen.

»Ausgleichende Gerechtigkeit« haben wir das herkömmliche Rechtswesen der Akanvölker in Ghana genannt. Ich selbst habe im Jahr 1955 in Cape Coast (Ghana) einem Prozess beigewohnt, in dem ein Mann, der seinen Schwager im Rausch erstochen hatte, wegen Totschlags zu lebenslänglichem Gefängnis verurteilt wurde. Das mit Afrikanern besetzte Gericht verfuhr geradezu vorbildlich korrekt nach Recht und Prozessordnung des British Empire. Seltsam war, dass der Angeklagte in fröhlicher Stimmung gewesen ist und sich überhaupt nicht schuldig fühlte, obwohl er die Tat offen eingestanden hatte. Das Verfahren kam ihm vor wie eine groteske Maskerade. Das Urteil nahm er als unausweichlich hin wie eine Naturgewalt. Die Erklärung für sein Verhalten war leicht zu erfahren: In den anderthalb Jahren seit dem Totschlag hatten Verhandlungen zwischen den Familien des Getöteten und des Schuldigen zu einem Vergleich geführt. Die Entschädigung für den erlittenen Verlust an einem Mann und Vater, die ein traditioneller Schiedsrichter festgesetzt hatte, war bezahlt worden. Die Tat hatte keine Sühne nötig. Es gab weder Schuld noch Rachegefühle, die Vergeltung verlangten. Ähnliche Prinzipien bestimmen Rechtsphilosophie und -verfahren zahlreicher Völker in Westafrika. Sozialer Schaden muss ausgeglichen werden, verletzte Gefühle sollten gestillt, fortdauernde Rachegefühle vermieden werden.

Doch bestimmt die Vergeltung nicht nur die Politik auf dem Balkan. Auch die Institutionen unserer Kultur sind durch dieses Prinzip charakterisiert. Die Drohung gegen das Regime des Slobodan

1 Sigmund Freud (1912/13): »Totem und Tabu«, in: *Gesammelte Werke* Band IX, London, Imago Publishing 1940, S. 89.

Miloševič war genau so konzipiert wie eine Polizeiaktion. Der fehlbare Potentat ist für die Untaten verantwortlich und muss bestraft werden; er und sein Volk sind potenzielle Verbrecher. Der Umstand, dass das Verbrechen, die Vertreibung der Albaner aus dem Kosovo mittels Terror, wegen eines neu definierten Rechts, des »Verstoßes gegen Menschenrechte«, geahndet werden sollte, ändert nichts daran, dass dies aus dem gleichen Motiv der Vergeltung geschieht, das unserer gesamten Rechtsordnung zugrunde liegt. In der öffentlichen Meinung, im Druck, der von Parteien und den Medien ausgeübt wird, ist der Ruf nach Vergeltung ständig latent da. Ein Überhang an Ressentiment senkt sich gleichermaßen auf Rechtspflege und Rechtsbrecher. Der immer wieder laut werdende Ruf nach härteren Strafen und nach der Todesstrafe ist ein Zeichen für das Prinzip der Vergeltung, das unsere Zivilisation durchdringt.

Man befürchtet, dass die Politik der Völker im ehemaligen Jugoslawien auch zukünftig von Vergeltung und Rachegefühlen bestimmt wird. Das gleiche Prinzip gilt für die Mächte und Institutionen, die den unheilvollen Kreislauf womöglich unterbrechen wollen. Ein Ausweg ist nicht denkbar, wenn dieses Prinzip in der Natur des Menschen verankert wäre. Doch gibt es menschliche Gemeinschaften, die Gefühle der Rache nicht kennen; und das Prinzip der Vergeltung kommt in manchen Rechtsordnungen nicht vor. Es handelt sich demnach nicht um eine anthropologische Konstante.

Zu den Autoren

Benedict Anderson, geboren 1936 in Kunming, China. Aaron L. Binenkorb-Professor für Internationale Studien an der Cornell University; Professor für Government and Asian Studies; Direktor des Cornell Modern Indonesia Project. Buchveröffentlichungen u.a.: *Java in a Time of Revolution,* Cornell University Press 1972; *Imagined Communities. Reflections on the Origin and the Spread of Nationalisms,* London 1983 (überarbeitete und erweiterte Ausgabe 1991; dt.: *Die Erfindung der Nation. Zur Karriere eines folgenreichen Konzepts,* Berlin 1998); *In the Mirror. Literature and Politics in Siam in the American Era,* Bangkok 1985; *Language and Power,* Cornell University Press 1990; *The Spectre of Comparison. Nationalism, Southeast Asia and the World,* London 1998.

Detlev Claussen, geboren 1948 in Hamburg. Professor für Gesellschaftstheorie, Kultur- und Wissenschaftssoziologie am Institut für Soziologie der Universität Hannover. Buchveröffentlichungen u.a.: *Spuren der Befreiung – Herbert Marcuse. Ein Materialienbuch zur Einführung in sein politisches Denken* (Hg.); Darmstadt und Neuwied 1981; *List der Gewalt. Soziale Revolutionen und ihre Theorien,* Frankfurt/M. 1982; *Vom Judenhaß zum Antisemitismus. Materialien einer verleugneten Geschichte,* Darmstadt und Neuwied 1987; *Grenzen der Aufklärung,* Frankfurt/M. 1987, erweiterte Neuauflage 1994; *Mit steinernem Herzen. Politische Essays,* Bremen 1989; *Was heißt Rassismus?*, Darmstadt 1994.

Dan Diner, geboren 1946 in München. Professor für Zeitgeschichte an der Universität Tel Aviv; Direktor des Simon Dubnow-Instituts für jüdische Geschichte und Kultur in Leipzig. Buchveröffentlichungen u.a.: *Israel in Palästina. Über Tausch und Gewalt im Vorderen Orient,* Frankfurt/M. 1979; *Keine Zukunft auf den Gräbern der Palästinenser,* Hamburg 1982; *Ist der Nationalsozialismus Geschichte? Zu Historisierung und Historikerstreit* (Hg.), Frankfurt/M. 1987; *Zivilisationsbruch. Denken nach Auschwitz* (Hg.), Frankfurt/M. 1988; *Der Krieg der Erinnerungen und die Ordnung der Welt,* Berlin 1991; *Verkehrte Welten. Antiamerikanismus in Deutschland,* Frankfurt/M. 1993; *Kreisläufe. Nationalsozialismus und Gedächtnis,* Berlin 1995; *Das Jahrhundert verstehen. Eine universalhistorische Deutung*, München 1999.

David A. Hollinger, geboren 1941 in Chicago, Illinois. Professor am Department of History der University of California in Berkeley. Buchveröffentlichungen u.a.: *Morris R. Cohen and the Scientific Ideal,* MIT Press 1975; *In the American Province. Studies in the History and Historiography of Ideas,* Indiana University Press 1985; *The American Intellectual Tradition. A Source Book* (mit Charles Capper), Oxford University Press 1989; *Postethnic America. Beyond Multiculturalism,* New York 1995; *Science, Jews, and Secular Culture. Studies in Mid-Twentieth Century American Intellectual History,* Princeton University Press 1996.

Oskar Negt, geboren 1934 in Kapkeim. Professor für Gesellschaftstheorie und Sozialphilosophie am Institut für Soziologie in Hannover. Buchpublikationen u.a.: *Aktualität und Folgen der Philosophie Hegels,* Frankfurt/M. 1971; *Die Konstitutierung der Soziologie als Ordnungswissenschaft. Strukturbeziehungen zwischen den Gesellschaftslehren Comtes und Hegels,* Frankfurt/M. und Köln 1974; *Geschichte und Eigensinn. Geschichtliche Organisation der Arbeitsvermögen* (mit Alexander Kluge), Frankfurt/M. 1982; *Lebendige Arbeit, enteignete Zeit. Politische und kulturelle Dimensionen des Kampfes um die Arbeitszeit,* Frankfurt/M. 1984; *Modernisierung im Zeichen des Drachen. China und der europäische Mythos der Moderne,* Frankfurt/M. 1988; *Unbotmäßige Zeitgenossen. Annäherungen und Erinnerungen,* Frankfurt/M. 1994; *Achtundsechzig. Politische Intellektuelle und die Macht,* Göttingen 1995; *Kindheit und Schule in einer Welt der Umbrüche,* Göttingen 1997; *Königsberg – Kaliningrad* (mit Hans Werner Dannowski), Göttingen 1998.

Berndt Ostendorf, geboren 1940 in Südoldenburg. 1976-1981 Professor für Amerikastudien in Frankfurt/M., seitdem Professor für nordamerikanische Kulturgeschichte an der Universität München mit Gastprofessuren in New York, Massachusetts, Harvard, New Orleans und Venedig. Veröffentlichungen u.a.: *Black Literature in White America*, Brighton, Sussex 1982; *Amerikanische Ghettoliteratur. Zur Literatur ethnischer, marginaler und unterdrückter Gruppen in Amerika,* Darmstadt 1983; *Die Vereinigten Staaten von Amerika,* Frankfurt/M. 1992; *Die multikulturelle Gesellschaft. Modell Amerika?*, München 1994; *Creoles and Creolization. The Concepts and their History,* Odense 1998. Weiter Publikationen zur Kulturtheorie, zur Amerikanisierungsdebatte und zu den deutsch-amerikanischen Beziehungen.

Paul Parin, geboren 1916 in Polzela, Slowenien, lebt seit 1939 in Zürich. Ausbildung als Psychoanalytiker, Forschungsreisen nach Westafrika, seit 1990 Schriftsteller. Buchveröffentlichungen u.a.: *Die Weißen denken zuviel* (mit Fritz Morgenthaler und Goldy Parin-Matthéy), Frankfurt/M. 1983; *Der Widerspruch im Subjekt. Ethnopsychoanalytische Studien* (mit Goldy Parin-Matthéy), Frankfurt/M. 1986; *Untrügliche Zeichen von Veränderung. Jahre in Slowenien,* München 1980; *Es ist Krieg und wir gehen hin. Bei den jugoslawischen Partisanen,* Hamburg 1991; *Krakul. Erzählungen,* Hamburg 1993.

Bruno Schoch, geboren 1947 in Zürich. Projektleiter an der Hessischen Stiftung Friedens- und Konfliktforschung (HSFK). Buchveröffentlichungen u.a.: *Marxismus in Frankreich,* Frankfurt/M. 1980; *Die internationale Politik der italienischen Kommunisten,* Frankfurt/M. 1988; *Deutschlands Einheit und Europas Zukunft* (Hg.), Frankfurt/M. 1992; *Die europäische Friedensordnung und die Souveränität der Staaten* (Hg.), Frankfurt/M. 1998; *Die Schweiz – ein Modell zur Lösung von Nationalitätenkonflikten?* HSFK-Report 2/1998. Seit 1995 einer der Redakteure des Friedensgutachtens, das von den drei großen Friedensforschungsinstituten der Bundesrepublik jährlich herausgegeben wird.

Britta Waldschmidt-Nelson, geboren 1965 in Dortmund. Wissenschaftliche Assistentin am Amerika-Institut der Universität München. Buchveröffentlichungen: *From Protest to Politics. Schwarze Frauen in der Bürgerrechtsbewegung und im Kongreß der Vereinigten Staaten,* Frankfurt/M. 1998; *GegenSpieler. Martin Luther King und Malcolm X,* Frankfurt/M. 2000.

Michael Werz, geboren 1964 in Neuss. Wissenschaftlicher Assistent am Institut für Soziologie der Universität Hannover. Buchveröffentlichungen: *Bosnien und Europa. Die Ethnisierung der Gesellschaft* (Hg. mit Nenad Stefanov), Frankfurt/M. 1994; *Antisemitismus und Gesellschaft. Zur Diskussion um Auschwitz, Kulturindustrie und Gewalt* (Hg.), Frankfurt/M. 1995; *Grenzen der Säkularisierung. Zur Entstehung der Ideologiekritik,* Frankfurt/M. 2000.

Victor Zaslavsky, geboren 1937 in Leningrad. Professor für politische Soziologie an der Freien internationalen Universität für Sozialwissenschaften in Rom (LUISS). Buchveröffentlichungen: *In geschlossener Gesellschaft,* Frankfurt/M. 1982; *Soviet-Jewish Emigration and Soviet Nationality Policy* (mit R. Brym), London und New York 1983; *Das russische Imperium unter Gorbatschow. Seine ethnische Struktur und ihre Zukunft,* Berlin 1991; *From Union to Commonwealth. Nationalism and Separatism in the Soviet Republics* (Hg. mit Gail W. Lapidus), Cambridge 1992; *The Neo-Stalinist State. Class, Ethnicity, and Consensus in Soviet Society,* Neuauflage New York 1994; *La Russia senza Soviet,* Rom 1996; *Storia del sistema sovietico: l'ascesa, la stabilità, il crollo,* Rom 1997; *Togliatti e Stalin. Il PCI e la politica estera staliniana negli archivi di Mosca* (mit Elena Aga-Rossi), Bologna 1997; *Il crimine e la menzogna: il massacro di Katyn,* Rom 1998.